智元微库
OPEN MIND

成 长 也 是 一 种 美 好

直观的经营

直観の経営

「共感の哲学」で読み解く動態経営論

知识管理系列

直观的经营

哲学视野下的
动态管理

[日]野中郁次郎（Ikujiro Nonaka）
[日]山口一郎（Ichiro Yamaguchi）　著

陈　劲　蔡　怡　译

人民邮电出版社

北京

图书在版编目（CIP）数据

直观的经营：哲学视野下的动态管理 / （日）野中
郁次郎，（日）山口一郎著；陈劲，蔡怡译. -- 北京：
人民邮电出版社，2024.8
（知识管理系列）
ISBN 978-7-115-64517-3

Ⅰ．①直… Ⅱ．①野… ②山… ③陈… ④蔡… Ⅲ．
①管理哲学 Ⅳ．①C93-02

中国国家版本馆CIP数据核字(2024)第105572号

版 权 声 明

CHOKKAN NO KEIEI「KYOKAN NO TETSUGAKU」DE YOMITOKU DOTAI KEIEIRON
©Ikujiro Nonaka, Ichiro Yamaguchi 2019
First published in Japan in 2019 by KADOKAWA CORPORATION, Tokyo. Simplified Chinese translation
rights arranged with KADOKAWA CORPORATION, Tokyo through BARDON CHINESE CREATIVE
AGENCY LIMITED.

◆ 著 [日] 野中郁次郎（Ikujiro Nonaka）
　　　 [日] 山口一郎（Ichiro Yamaguchi）
　 译 陈 劲 蔡 怡
　 责任编辑 刘艳静
　 责任印制 周昇亮
◆ 人民邮电出版社出版发行　　　　北京市丰台区成寿寺路 11 号
　 邮编 100164　 电子邮件 315@ptpress.com.cn
　 网址 https://www.ptpress.com.cn
　 河北京平诚乾印刷有限公司印刷
◆ 开本：720×960　1/16
　 印张：16　　　　　　　　　　　2024 年 8 月第 1 版
　 字数：260 千字　　　　　　　　2024 年 8 月河北第 1 次印刷
　 著作权合同登记号　图字：01-2023-5754 号

定　价：79.80 元

读者服务热线：（010）67630125　印装质量热线：（010）81055316
反盗版热线：（010）81055315
广告经营许可证：京东市监广登字 20170147 号

译者序

以“知识管理”赢得现代管理的新发展

在全球经济竞争日益激烈的时代，以“知识管理”的观点设计组织发展的哲学、运行体系、管理模式等显得尤为重要。

这是因为100多年来，管理学主要经历了两个重要的发展阶段：第一，以弗雷德里克·温斯洛·泰勒（Frederick Winslow Taylor）等人为代表的把员工视为“经济人”的科学管理阶段；第二，以彼得·德鲁克（Peter Drucker）等人为代表的把员工视为“知识人”的知识经济和知识管理阶段。

泰勒首次将管理视为一门科学。他指出，建立各种明确的规定、条例、标准，将一切管理内容科学化、制度化是提高管理效能的关键；并且他主张把计划职能从工人的工作内容中分离出来，由专业的计划部门去做。从事计划职能的人员被称作“管理者”，负责执行计划职能的人被称作“劳动者”。泰勒的理论在当时收到了很好的效果，但也存在一定的局限性。首先，泰勒的思想主要是解决工人的操作、现场的监督和控制问题，管理的范围比较小，内容涉及面也比较窄，基本没有涉及组织的供应、财务、销售、人事等方面。此外，虽然泰勒的理论使生产过程的管理控制合理化，但把雇员和业务都排斥在决策过程之外。法国的亨利·法约尔（Henry Fayol）、德国的马克斯·韦伯（Max Weber）等人对泰勒的管理思想进行了补充和完善。他们的管理思想聚焦于组织结构和管理原则的合理化，以及管理者职责分工的合理化，由此奠定了古典组织理论的基础。在科学管理的基础上，法约尔和韦伯等人的管理思想形成了成熟的质量管理和项目管理模式，并强调采用基于数据的管理体系。工业经济时代创立的管理学体系强调控制，但控制就意味着自上而下、强制性的管理。

早在 20 世纪 60 年代初，彼得·德鲁克就已经提出了知识工作者和知识管理的概念。在知识社会，最基本的经济资源是知识，知识工作者将发挥越来越重要的作用。每一位知识工作者都是一位管理者，知识型员工具有更高的素质、良好的自我管理能力，严格控制在他们身上显得多余。同时，严格控制会限制知识型员工的创造力。在工业社会，工作方法和程序由专家定义，而且一旦被定义，就不允许改变。因此，不管员工有多强的创造力，展露天赋的机会都大大减少。进入 20 世纪 80 年代，德鲁克提出"未来的典型企业以知识为基础，由各种各样的专家组成，这些专家根据同事、客户和上级提供的大量信息自主决策和自我管理"。

在"知识人"视野下，企业管理的哲学、风格、制度等应做出更大的转变。首先，减少"控制"思想，倡导"支持与关爱"模式。今天，管理者应该更多地关心和激励员工，创造适合的环境和条件，激发员工的潜质和创造力，使其实现自身的价值，进而帮助和引导员工实现自我管理。这种管理模式还蕴藏着另一个重要理念——无论成功或失败，皆有再挑战和激发勇气的精神，这是新时代企业管理的重心。

20 世纪 90 年代中后期，素有"知识创造理论之父"和"知识管理的拓荒者"之称的野中郁次郎进一步发展了面向知识人的管理体系。在《创造知识的企业》一书中，他提出了知识创造理论，以创造知识的能力诠释日本企业的成功。该书是该领域的经典之作，于1996年被美国出版协会评为"年度最佳管理类书籍"。

有别于其他学者将日本企业的成功归结为各种"日式管理"特色，野中郁次郎通过研究索尼、松下、本田、佳能、日本电气和富士复印机等日本公司的创新案例，归纳出组织的知识创造能力——能"有组织地"充分调动蕴藏在员工内心深处的个人知识。他以波兰尼的知识两分法为基础，从"显性知识"和"隐性知识"的关系入手，认为知识管理的一个很重要的目标就是挖掘隐性知识，即不仅对客观信息进行简单的"加工处理"，还要发掘员工头脑中潜在的想法、直觉和灵感。

野中郁次郎不仅系统地论述了隐性知识与显性知识的区别，还构建了知识创造的SECI模型：社会化（Socialization）、外化（Externalization）、组合化（Combination）和内化（Internalization），这为我们提供了一种利用知识创造的有效途径。英国管理史学者摩根·威策尔（Morgen Witzel）认为，野中郁次郎对现代管理学的主要贡献体现在两个方面：第一，他是世界上知识管理领域最重要的思想家之一，他的论述几乎覆盖该领域的每个方面；第二，对西方读者而言，他是日本管理方法及技巧最主要的解读者之一。

野中郁次郎认为，建立在西方传统哲学基础上的组织理论归结为笛卡儿式科学思维的产物，如泰勒的科学管理理论就立足于用"科学"代替"经验常识"，西蒙的信息处理范式受到计算机和认知科学发展的影响，过分强调人类推理和组织决策过程的逻辑方面。他觉得，在这种科学理性视野下的组织，本质上是没有知识创造能力的"刺激—反应"式机器。他认为，企业并不是机械地处理来自周围环境的信息，而是有意识地创造信息，他在1985年出版的《组织进化论》中提出了该观点。

在研究中，野中郁次郎发觉，现有的信息处理理论不足以解释企业的创新行为。因为除了信息处理，创新过程还包括知识的取得、创造、运用与保存等多项活动。更重要的是，通过访谈许多创新者，野中郁次郎发现，创新通常来自创新者个人的信念。通俗地讲，这些信念就是他们对世界的看法，学术界称之为"心智模式"。传统的西方管理思想认为，企业是信息处理的机器，唯一有用的信息是可以计量的数据，而野中郁次郎认为企业是创造知识的平台。"在一个只有不确定性能确定的经济环境中，持续竞争优势的一个确定性来源是知识。"知识创造理论从认识论和本体论两个维度进行阐述，包括SECI模型、创造知识的"场"和推动知识创造螺旋的组织方式。他构建的"自中向上而下式"的管理模式，从理论上阐释了企业中层管理人员的实践智慧在创造知识的过程中所发挥的作用，而"超文本组织"结构体现了东西方管理智慧的现代结合。

野中郁次郎运用东西方哲学智慧以及日本式思考和模糊处理方法，在日本企业成功实践经验的基础上建构了知识创造理论，以SECI模型为中心，将主观与客观、隐性知识与显性知识、直接经验与逻辑分析有机地结合起来，创造了一系列知识管理领域的经典之作。他的知识创造理论强调"人是最重要的资产，知识是企业的战略性资产"，并"以人为本"，统领现代组织管理理论。

多年来，野中郁次郎心无旁骛地把自己的精力集中在知识创造这一领域。他跟踪观察日本制造企业由弱到强的变化规律，深入研究了日本企业的知识创新经验，对佳能、本田、松下、NEC、日产、花王等企业新产品和新工艺的开发过程进行详细的剖析，准确地揭示了知识生产的起点与终点，清晰地辨识了知识生产模式的常规类别，创造了一个全面评估企业知识管理绩效的工具，并提供了促进知识创造的方式方法。他的研究涉及知识管理的各个方面，如"自中向上而下式"的管理模式确立了中层管理人员在企业知识创造过程中的重要地位，超文本组织结构则吸收了官僚制和任务团队的优点，将企业运作效率、稳定性、知识创造的有效性与动态性有机地结合在了一起。

近年来，野中郁次郎不顾年事已高，坚持每月深入企业进行案例研究；同时，他积极学习东西方哲学思想的精髓以发展组织管理理论，如知识如何向智慧演化，特别是他引入了古希腊哲学家亚里士多德的实践智慧概念。根据亚里士多德的观点，实践智慧应该是一种审慎的、基于实际的、有道德的智慧，也是在特定背景下对共同利益做出的最佳判断，更是一种高质量的隐性知识。

实践智慧的提出，将超越组织发展的"经济目标"和量化管理，而把培养具有高度伦理价值的信仰、为人类发现更多的善意作为重点，使其成为一个有使命感的组织。例如，本田宗一郎为本田公司提出的"三喜理念"（生产者的喜悦、销售者的喜悦和购买者的喜悦）、京瓷的稻盛和夫为企业制定的座右铭——"敬天爱人"，这些都是实践智慧型领导力的经典事例。

实践智慧的提出，也将进一步在德鲁克提出的目标管理的基础上，将信念管理理念更好地在企业管理实践中落地，即组织发展更应该关注调动员工的工作激情，激发企业持续创新，推动个人价值与企业愿景同步实现。

展望未来，企业管理的重点虽然需要依靠科学管理的思想，但是大数据和数字化转型也应成为中国企业管理的方向，基于 PDCA 的质量管理和 IPD 的项目管理仍然需要进一步发展。在经济价值和社会责任并重、科学管理和人文精神同步的新时代，我们应高度重视隐性知识的积累和共享，以及基于 SECI 模型螺旋上升的知识管理。需要进一步指出的是，野中郁次郎认为，新的知识管理将更多地依赖愿景型领导者、共情型领导者，知识管理也将从传统的管理工具走向新管理思想的营造，特别是要用亚当·斯密的"道德情操观"而非"国富论"来引领组织未来的发展。

陈劲

前　言

回顾我长期的研究生活，我认为我与哲学，特别是现象学，以及与山口一郎先生的相遇，都绝非偶然。以我在加州大学伯克利分校的博士论文研究为基础，从撰写《组织与市场》（千仓书房，1974 年）一书开始，到撰写《组织现象的理论与测定》（合著，千仓书房，1978 年），一直到完成《日美企业的管理比较》这本书（合著，日本经济新闻社，1983 年）为止，我在当时主导学说的基础上，进行了统计分析等传统的数量化和实证性研究。这些研究都是以"信息资讯处理模式"为基础，将组织视为像计算机一样的"信息资讯处理系统"。

然而，在我回到日本并开始以日本企业为研究对象后，我对传统的西方管理理论中将组织视为机械的观点逐渐产生不满。作为对这一观点的回应，我写了《企业进化论》（日本经济新闻社，1985 年），这本书揭示了日本将组织看作生命体的观念。我在序言中提到，传统的管理理论是建立在"对人类能力的悲观观点"上的，并质疑这"是否实际上剥夺了人类的自由和自律性"。另外，序言中还提出了"在这个充满未知的环境中，企业必须主导性地创造信息，并向外部环境提出积极的建议"的观点。

如今 30 多年过去了，随着信息通信技术（ICT）和人工智能（AI）等技术的发展，市场和组织都面临着急剧的变化。在这样的时代里，我们应该以什么为依据来生存呢？我认为，答案只存在于两种"知识"之中：一种是经历了无数巨变的时代后，仍然多次存活下来的、人类无意识创造出来的"隐性知识"；另一种是有意识创造出来的"显性知识"。然而在撰写《企业进化论》时，我采用的副书名是"信息创造的管理"，虽然文中有"信息创造和知识化"这样的表述，但是对于"知识化"这一概念，我并没有进一步解释，因为那时"知识创造"的想法还没有形成。

在 5 年后出版的《知识创造管理》（日本经济新闻社，1990 年）一书中，我终于提出了"知识创造"这个概念。又过了 5 年，英文书 The Knowledge-Creating Company[①]（合著，1995 年），提出了组织性知识创造理论，这一理论包含 SECI 模型理论［即经由社会化（Socialization）→外化（Externalization）→组合化（Combination）→内化（Internalization）的变化过程，将个人隐性知识转化为组织共享的知识形式框架］，可以用于解释组织性知识创造过程。这些著作获得了研究者和实践者的双重高度评价，出乎意料地获得了广泛的认可。

与英语中"a piece of information"这个短语字面所描述的"零碎信息"不同，知识最大的特点在于，它体现了"a body of knowledge"所表现的"体系性"，而这种"体系性"是在人与人的关系中建立起来的。在这些关系中，最为紧密的联系存在于组织和地域之间，也就是个人和社会之间的"小社会"之中。组织和知识是绝对密不可分的。我们也可以认为

---

① 中译本《创造知识的企业》2019 年 9 月由人民邮电出版社出版发行。——编者注

组织存在的理由，就是知识创造。

　　知识这一概念，虽然是一门需要逐渐深入研究的学问，但是作为哲学的一个分支，通常被译为"知识论"或"认识论"，即"epistemology"。因此，若是想要理解知识的话，就不能忽视哲学。正因如此，我开始自学哲学。而进一步加深了我对哲学兴趣的，是我在石川县北陆先端科学技术大学院大学（JAIST）——日本首个大学院大学 ① 的时期。彼时，我被聘请为世界上首个知识科学研究科的科长。JAIST 的创校校长——庆伊富长先生，与提出 SECI 模型中不可或缺的"隐性知识"概念的迈克尔·波兰尼（1891—1976）相识。尽管波兰尼被视为接近诺贝尔奖的学者，但他在 50 岁时将研究领域从物理化学转向了科学哲学。庆伊富长先生出版过波兰尼的日文译著——《创造性想象力》（ハーベスト社，1987 年）以及一本关于它的解说书《创发的隐性知识》（合著，青玄社，1987 年）。

　　此外，JAIST 所在的石川县，也被认为是日本第一位哲学家西田几多郎（1870—1945）的出生地。我有机会带领学生们参观了位于旧宇之气町的石川县西田几多郎纪念哲学馆，并且阅读了他的著作。他的哲学被称为"场所的哲学"，因此我也得以将"场"这一新的概念，加入组织性知识创造理论中去。

　　在随后出版的《管理流程》（合著，东洋经济新报社，2010 年）一书中，我继续将哲学作为知识创造理论的基础进行研究，而本书所涉及的一个主流哲学流派——现象学，则进一步丰富了我对 SECI 模型的理解和解释。现象学是由德国哲学家埃德蒙德·胡塞尔（1859—1938）创造的思想

---

① 日本的"大学院大学"指仅开展继大学本科教育之后更高层次教育活动的机构。——编者注

流派。为了帮助各位读者更深入地理解现象学，本书是以我与日本现象学泰斗山口一郎先生合著的形式呈现的。本书包含了山口先生和我的对话，以及我们分别就现象学和管理学进行论述的部分。在当今这个充满变化的世界中，作为复杂决策和行动的依据，人文艺术的核心——哲学思考，其重要性正在被重新评估。我们希望通过了解哲学所揭示的本质，读者能够有机会重新认识管理。

　　从开始构思这本书，到我与山口先生进行互动，一直到成书出版的这段时间里，我受到了许多人的照顾和帮助。首先，与本书中出现的案例企业相关人员的对话，对我来说就是非常宝贵的财富。此外，在由瑞可利职业（Recruit Works）研究所发行的、已迎来第 100 期的组织与人事管理杂志 *Works* 进行采访的过程中，我得到了胜见明先生和荻野进介先生的许多建议。当时，他们正在进行全国旅行，类似于电影《弥次喜多道中记》中的情节。此外，我有幸与从《创造知识的企业》出版以来一直携手深耕研究领域的合作伙伴——梅本胜博先生一起，通过学术对话和知识的相互碰撞，不断精炼文笔，显著提升了书稿的整体质量。而在野中研究室中，研究助手川田弓子、宇野宏泰和三原光明，也都充分运用了他们专业的学术知识和强大的体力，为这本书的出版付出了努力。另外，角川（KADOKAWA）出版社的藤冈岳哉先生，在"管理学 × 哲学"这一具有挑战性的主题上给予的耐心支持，使这本书最终圆满付梓。在此，我要对与所有这些人的"相遇"表示感谢。感谢他们为此做出的贡献。

野中郁次郎

目　录

对　话

将管理学"置于括号内"

野中郁次郎 × 山口一郎

世界各地管理学者的访问

山口

说起野中先生，他是当今世界上众多享有国际盛誉的管理学者之一。

他与竹内弘高（哈佛商学院教授）合著的《创造知识的企业》一书，得到了英国《经济学人》等杂志的高度赞赏。书中提到的关于着眼于个人隐性知识的 SECI 模型理论，作为由日本首发的世界级管理理论，被广泛地传播。2008 年，野中先生作为唯一的日本人，被评选为《华尔街日报》"最具影响力的 20 位商业思想家"之一。

当然，我其实早就久仰大名。但是当野中先生突然来拜访我的时候，我感到非常惊讶（笑）。这大概是 20 年前的事情了。

野中

我第一次见到山口先生是在 1997 年。对此，我至今记忆犹新。为什么这么说呢？是因为一开始他说的话，我完全听不懂，搞得我一点头绪都没有（笑）。

山口

在 1985 年，我出版了一本翻译自德语博士论文的书——《他者经验的现象学》。我记得当时野中先生在读了那本书以后，由于想要了解有关胡塞尔哲学的事情，特别是被认为很难理解的"主体间性"的概念，所以特意来找我。

野中

当时，我在完成《创造知识的企业》这本书以后，虽然开始着手准备撰写一本以"变化的状态"作为关键词的书——《管理流程》，但是，我当时对出生于英国的数学家兼哲学家阿尔弗雷德·诺思·怀特海（1861—1947）的"历程哲学"非常感兴趣。

在怀特海生活的时代，社会和科学都经历着前所未有的变化。怀特海讨论的是"有机体"的概念。简单来说，他提出了"分科的学问"（科学）如何与作为"有机体"的社会整体之间相互关联的观点。这给我们带来了重要的启示。

而我所提倡的知识创造理论，是对传统的将组织视为"信息处理装置"的管理学观念进行了重新定义。在这个理论中，我认为组织是一个"创造知识的生态系统"。

在这个生态系统中，我们将尚未被语言化的技能、时机、窍门等隐性知识进行"社会化"，并在组织内部进行共享（即"外化"）。然后，将共享的知识与其他形式的知识相连接，进行系统化（即"组合化"），并通过实践系统化的知识，再次在个体内积累隐性知识，如技能、时机、窍门等（即"内化"）。在这个循环的生态系统中，组织在不断创造知识，它的本质并不是"静态"的，而是极其"动态"的。

然而，世间百态，千变万化。在不断变化的环境中，我陷入了对"如何探寻取得普遍的真理"这件事的困惑之中。所幸，那时我拜读了山口先生的著作。阅读完毕后，我虽然从中获得了一些感悟，但也意识到书中有些内容我尚未完全理解。因此，我决定拜访山口先生，向他请教，并迅速采取了行动。

SECI 与 PDCA

山口

SECI 模型虽然与所谓的 PDCA 循环（Plan，计划；Do，执行；Check，检查；Action，处理）相似，但实际上，这是两个完全不同的模型。PDCA 循环，首先是以"计划为先导"的追求效率的模型。即无论循环多少次，都不会超出最初计划的内容。相比之下，SECI 模型是以"体验为先导"的。它是一种能够从隐性知识中创造具有附加价值知识的模型，并通过这个螺旋产生新的创新。

野中

特别是在经济泡沫破裂以后，日本企业越来越有意识地将科学的视角引入管理之中。像"战略""选择与专注"这样的词语的流行，就可以证明这一点。当然，用科学的价值观来思考问题是非常重要的，这将会成为说服他人的有力的客观依据。

然而，结果是，分析主义的管理手法使得日本企业日渐虚弱。这一点已经成为普遍的共识，尤其是在经历过以结果为导向的方法繁荣和崩溃、瓦解的今天。过度地适应欧美流行的方法，比如过度分析（over-analysis）、过度计划（over-planning）、过度遵从（over-compliance）等，明显地剥夺了日本企业的活力。许多人对此的实际感受，都是可以证明的吧！

山口

从哲学的角度来看，将科学的界限进行理论性的展示，是相对容易的。那么，就让我们以"空间"和"时间"为例，思考一下吧！

有一位名叫马丁·布伯（1878—1965）的哲学家。他在 14 岁的时候，就被一些问题深深困扰："空间是否有界限，或者说空间是无限的吗？时间是否有开始和结束，或者说是没有的吗？"

对此，从人肉眼可视的范围出发，空间确实是有限的。但是，根据宇宙物理学可以得知，当前的宇宙仍在膨胀，并且在不断地无限向外扩张。我们通过逆推宇宙膨胀的速度，推导出了宇宙起源理论。即在大约 138 亿年前，发生了一次名为"大爆炸"的巨大能量释放。从那时起，宇宙本身就此存在。与此同时，还产生了空间和时间。

像这样的宇宙物理学的观点，解答了一部分困扰布伯的问题（关于空间和时间的起源问题）。然而，在这一点上，一个新的疑问又浮现了：在大爆炸发生前的 1 亿年（即 139 亿年前），是否仍然存在着时间呢？

因此，一旦我们划定了空间和时间的边界，就会引发"那之后呢？那之前呢"这样的疑问。而这些问题将永无止境地困扰我们，没有终结。由于这些疑问的困扰，布伯陷入了神经症而无法再去学校。就在这个时候，他读到了伊曼努尔·康德（1724—1804）所写的《形而上学导论》（*Prolegomena*）。它其实是康德《纯粹理性批判》一书的导论。

导论的内容可以简要地概述为："空间和时间对我们来说，就如同与生俱来的'眼镜'，我们只能通过它来感知世界。这里所谓的'眼镜'，是我们以五种感官感知世界时的一个'感性的形式'。"而"感性的形式"，并不属于这个世界的现实存在。因此，即便问及世界本身的"空间"和"时间"的界限，也会"由于得不到答案，而没有必要提出疑问"。所以，布伯最终从这些问题的束缚和压抑中得到了解放。

这里我们来举一个例子。被称为"客观"的自然科学，也被认为主观上"不探讨意义和价值问题"。而人类除去对"生的意义和价值"的探求，剩下的就只有不再过问"科学是为了什么"、丧失生存方向的虚无主义了。这正是现象学的创始人——胡塞尔，所关注的"问题意识"。

野中

与过去相比，"how to"这样的提供实用指导和指南的方法，现如今已经不再适用，未来的商业人士应该学习人文知识（Liberal Arts）。这是因为在无法预测的 VUCA（Volatility，变动性、不稳定性；Uncertainty，不确定性；Complexity，复杂性；Ambiguity，暧昧性、模糊性）的世界中，传统知识中所包含的"how to"的局限性已经显露了。

然而，无论是被称为人文知识的哲学还是历史，如果学习它们仅仅只是作为一种目的，那么最终它们只会变成一种方法论的教养，而不可能成为人们生活中的血肉。

近年来，设计思维成为一种流行的理念。它强调通过设计师创造性思维的视角来解决问题，而不是仅仅依靠逻辑思维。然而，最终它是否可能会被归类到"how to"这样一种操作指南模式中呢？我们尚未可知。事实上，我们确实需要深入思考"教养究竟是什么""人类拥有智慧，意味着什么"等本质性的问题。然而，在当今的管理学中，这种问题意识似乎被忽视了。

胡塞尔追求哲学的原因

山口

将一切都归类到"how to"这样一种操作指南模式中，是一个非常严重的问题。不仅是管理学，哲学的情况也同样如此。正视并且诚恳地面对这样的状态，如同我之前所提到的，正是现象学的创始人胡塞尔所关注的问题意识。

事实上，众所周知，在投身于哲学研究以前，胡塞尔是一位数学研究者。在德国的时候，他进行了足以成为数学教授水平的研究。不仅是他的博士论文，他的教授资格论文也都是以数学为主题撰写的。

那么，这样一个数学专家为何突然转向哲学研究呢？在探究数学基础理论时，胡塞尔试图理解"'计数'到底意味着什么"以及"数学这一学科是如何从我们的实际生活经验中诞生的"。他不仅将现象学看作"数学的现象学"，还将其视为哲学中的一个核心议题，进行了深入探索。

胡塞尔在 1938 年出版了一本名为《欧洲科学的危机与超越论的现象学》的著作。这本著作通常被简称为《危机书》（*Krisis*）。在这本著作中，他提出了以下问题：

"尽管西方文明深受犹太教、基督教的希伯来文化和希腊的古典文化这两大深厚传统文化的影响，但在第一次世界大战时，欧洲却遭遇了前所未有的文明危机。那时，欧洲各国为了自身的国家利益而相互敌对残杀。虽然当时的学术是有所发展的，但是政治、经济层面可以毫不夸张地说，是一片地狱般的景象。那些原本被认为具有智慧的人类，为什么会陷入这样的境地？"

胡塞尔找到的答案是这样的：在我们生活的"生活世界"（Lebenswelt）中，问题的根源在于人们对知识的盲目信仰，误以为一切都可以通过数学公式来解决。原本应该通过理性为人类展示未来的学问，已经陷入了变成仅仅是事实性学问的"危机"。这种"对自我智慧的盲目自信"的起源，在于人类通过自己的智慧，将世界分割为主观和客观两个部分，并认为或许可以从主观的角度来解释客观，或者认为，或许可以从客观的角度来解释主观。但是人类没有意识到，这样的二者选其一的形式，是一种对自身能力的贬低，由此导致了问题的产生。

为了从根本上解决这种二元对立的问题，现象学作为一种新的哲学应运而生。因此，胡塞尔彻底审视了"以数学为基础的自然科学究竟立足于何种学问理论之上"。在此过程中，他也通过《危机书》揭示了"生活世界的数学化"的问题。

野中

确实，这与管理学所经历的道路是一致的。退一步想就能明白，无论科学技术如何发展，理论如何精练，最终，进行管理的还是"人类"。

然而，现代的管理学似乎忘记了"人"的存在。尽管管理学的实质是"如果不实践就毫无意义"，但负责这些实践的，除了人，还能是谁呢？

管理学，与其说它是科学，不如说实际上更像是"人文与科学"的结合吧？为什么这么说？这是因为拥有身体的人类，始终生活在人文的世界中。当然，正如之前所说的，"通过数字化可以清晰地展示事物表面现象"的理论也并没有错。

然而，其中并没有出现现象学所谈论的"意义赋予"和"价值赋予"的问题。如果我们不理解数字背后的真正含义，那么不进行实践也就不足为奇了，不是吗？

"意义赋予"和"价值赋予"的概念

山口

"意义赋予"和"价值赋予"所指向的"意向性"的概念，是现象学中非常重要的概念之一。本书接下来的第 1 部分将对这两个"赋予"概念的重要性进行解说。在这里就先简要地概括一下重点吧！

假设我们乘坐的电车，突然急刹车。在那样的情况下，我们会站立不稳，会摇摇晃晃地移动脚。这时，我们就会意识到移动前的脚部位置（动作的起始位置）与移动后的位置（动作的结束位置）之间存在着距离。也就是说，空间扩展了。

与此同时，当我们意识到脚部移动时，如果我们不小心地"踩到他人脚"，大多数人会向被踩到的人说声"对不起"。这是因为我们对自己给别人造成了不便这件事情，进行了"价值评估"。

也就是说，当我们的"脚步移动"并不是出于有意识的选择时，我们身体对周围空间的"意义"感知和对"无意中踩到他人脚"这一不良事件的"价值"评估结合起来，使得我们会向受影响的人道歉。我们通常将其称为"意义赋予"和"价值赋予"，这体现了所谓的"意向性"。换言之，在我们完全意识到某事（例如，在脚步移动结束后意识到移动的脚步）之前，我们其实已经生活在一个充满"意义和价值"的世界中。简言之，这便是现象学中的"意向性"概念。

野中

说起管理学，虽然近年来的战略理论主要集中于客观和分析的层面，但若希望超出分析层面，追求"意义赋予"和"价值赋予"所构建的人文世界的丰富性的话，不仅需要依赖科学的方法，更重要的是激发组织内部每位成员的共情能力，释放他们的潜在能力。

山口

正如您所说，虽然数学构成了科学方法论的基石，并存在像"真理的世界"

那样的客观体系，但是，即使是数学的天才，他们也不是完全与主观的意义和价值无关的个体，仍然有自己的主观情感和价值观。

虽然这个问题在本书的第 1 部分中有详细的说明，但是我们究竟应该如何追求"意义赋予"和"价值赋予"呢？我们应该如何在生活的世界中，将它们培养出来呢？对于这两个问题，我们可以通过胡塞尔关于"意向性的生成（产生）"的观点来进行明确的解释。

> **野中**

在我看来，当前的管理学正经历着与"胡塞尔描述的危机"相似的情况。因此，我认为非常有必要让管理学暂时进入现象学所提到的"置于括号内"，又称悬搁的状态。

> **山口**

所谓的"置于括号内"，其实是实现现象学中另一个非常重要的概念——"现象学还原"的一种方法。简单来说，"现象学还原"的方法就是"回归经验本真的状态"的方法。它意味着从潜意识中，摆脱身体已经具备的"先入为主的偏见和观念（例如科学性的世界观）"。假设对"时间"进行"现象学还原"，那么"置于括号内"的就是"被钟表测量的时间"。

在将"被钟表测量的时间"置于括号内后，我们可以通过"回归经验本真的状态"来阐明"时间是如何直接影响我们的意识的"。最终就可以揭示"被钟表测量的时间"本身是如何在我们的意识中进行构建的，进而接近现象学所追求的"时间的本质"这一概念。

> **野中**

仅仅依赖形式逻辑而不深挖事物的真实本质，会导致隐性知识的巨大潜能得不到充分利用，进而使这股力量渐渐衰退。当隐性知识被遗忘时，我们可能会在不经意间失去对生活真正意义和价值的洞察。在这样的情境下，即便借助形式逻辑来构建模型，我们也难以接触到那些人类普遍追寻的真、善、美的境界。

　　因此，如何将那些深刻影响我们生活方式的人文知识真正地融入社会科学，而不仅仅使其流于时尚之表面呢？可以说，这种思考对于探索管理学的未来之路至关重要。

追溯到人类本能世界的哲学

山口

　　让我再补充一些关于"意义赋予"和"价值赋予"的内容吧！正如野中先生所说，肩负着人文和科学使命的是人类。这也可以理解为人类既是"知性"和"感性"的化身，又是"客观"和"主观"的结合体。而现象学的独特之处在于，它彻底地思考与探索了"在'客观'和'主观'、人文和科学有所区分之前，人类究竟生活在怎样的世界中"这一核心问题。

　　举个例子，假设这里有一个母亲和她的婴儿。当婴儿想要的不是玩具小汽车，而是旁边的布偶娃娃时，如果母亲递给了他那个布偶娃娃，他就会高兴起来。但如果给他递上了玩具小汽车，他就会明显地表现出不满。也就是说，对于婴儿想要的东西"是玩具小汽车还是布偶娃娃"这一"客观事物的同一性"，通过婴儿的情感表达，在母子之间得到了确认。

　　另外，据说婴儿在差不多四个月大之前，是无法区分自己身体内部的感受和外界带来的感受的。所以，当其他婴儿啼哭时，他就会感觉自己也在哭，从而引发"传染性啼哭"。然而，在这个"传染性啼哭"的阶段，也就是世界分化为"主观"和"客观"之前，母亲就已经开始哄哭着的婴儿了。而婴儿对此也会做出相应的反应，就这样，母子之间情感的互动就相应地建立了起来。在这种情感的确认中，通过递交玩具小汽车、布偶娃娃等物品，"客观事物的世界"在母子之间也就形成了。

　　没有什么能比母子间的"确认"更有说服力了。正是通过这种持续的"确认"交互，婴儿开始逐步认识到自己所在世界的构建方式。在这个过程中，事物作为一种中介，在"确认"中助力婴儿形成一个先于自然科学的客观世界认知。这一现象由现象学的创始人胡塞尔通过"主体间性"的概念来描述。

野中

然而，当我们尝试将"主体间性"这一概念作为自然科学的研究课题来探讨时，得到的结论实际上是无趣的。例如，当我们尝试将发展心理学或脑发展心理学等领域的研究客观化或对象化时，我们可能会产生如"婴儿和母亲看到的玩具小汽车或布偶娃娃是不是同一事物"或"基于概率，婴儿会做出怎样的判断"这样的思考。

山口

这样的方法实际上忽略了婴儿的"生存动机"。简言之，它忽视了婴儿为了生存的基本驱动。如果失去了对这种动机的关注，那我们又该从何处寻找人类意义和价值的根本来源呢？

野中

从这一层意义上来说，现象学正试图从更底层的角度来把握人文和科学这两方面。它试图追根溯源到人类的本能世界，来解释人类的生存动机。那么，能够提出这样的哲学观点的，除了现象学家还有其他人吗？

山口

不论是康德，还是格奥尔格·威廉·弗里德里希·黑格尔（1770—1831），在现象学出现之前的哲学研究时期，都没有针对这一部分进行深入的探讨。不过，有一个人，一个名叫戈特弗里德·威廉·莱布尼茨（1646—1716）的哲学家，通过"微知觉"的概念，对这种无意识的领域进行了一些考察，但是他的分析远远不如胡塞尔的深入。

野中

对于您刚才的话，按照我的理解是，尽管客观无法孕育出主观，但主观确实有能力塑造客观。事实上，现象学的观点与 SECI 模型有着高度的一致性。每个人的思考、直觉和经验都能与他人的主观产生共振和共鸣。尽管在不同的场合和环境中可能会产生分歧，但只要双方深入交流，往往能触及那由情感构成的、似地下水流一般的共享领域。一旦双方建立起初步的共鸣，主体间性就会不断加深。

创新，就是在持续探寻共同点后，再由共同点的不断扩展延伸而产生的。当各种主观观念相互交锋时，就很容易突然"叮"的一下，产生灵感，形成共鸣。我认为这是推动创新发展的关键因素。那么，就让我们在这样的论调基础上，在本书的第 1 部分中，向山口先生请教一下关于"现象学究竟是什么"这一现象学的本质问题吧！

山口一郎

为什么现象学如此了不起

⋮

第1章

现象学是一门充满挑战的学问
——既包含自然科学，又包含人文科学

回归"经验本真的状态"的哲学

就像诺贝尔物理学奖和诺贝尔经济学奖一样，无论是物理学还是经济学，它们各自的研究领域都是有所区别的。只有限定了各自的专业领域，各个学问才能成为独立的学科。物理学、化学、天文学等，都是属于研究自然的"自然科学"。而经济学、社会学、政治学、心理学等，则是属于研究人类精神层面的"人文科学"（社会科学）。

但是，哲学却致力于将"自然"和"精神"一起纳入"世界整体"，并将其作为对象来研究。与此同时，哲学家们无穷无尽的知识探索欲望，还不止于此。他们对于将整个世界明确地分为"自然"（物质）和"精神"这两大领域持有怀疑态度。面对这种划分，他们要求提供一个合理的理由来解释为何要这样进行分类。

自然科学家认为，通过对自然的深入研究，我们不仅可以理解物质世界，还能够解读精神层面的现象。他们甚至相信可以通过药物干预来治疗精神上的疾病。而从精神科学的视角看，它不仅认为自然是受到精神支配的对象，更认为即使是自然灾害，也可以仅凭研究做到可预测和可控。而研究属于一种精神活动。

像这样，人们常常陷入"究竟是自然还是精神"的二选一的困扰，并非没有原因。自古至今，困扰人类的最根本疑问无外乎关于"生与死"的问题。具体来说，就是"人死之后，其灵魂将何去何从"的问题。

关于这个问题，两种观点截然不同。第一种观点认为："死亡只是人类回归自然的过程，因此不必过于忧虑，只是归于浩渺的自然之中。"第二种观点则是：

"死后，人的灵魂将被宇宙中更宏大的精神所接纳。既然死后灵魂仍然存在，那么人们在有生之年应努力修炼。"前者是唯物主义者的观点，他们坚信外部的现实，也就是真实存在的自然，才是一切；而后者是唯心主义者的看法，他们相信一切都源于内心，即人的内在精神才是宇宙的本质[1]。

然而，这里首先需要指出的是：事实上，本应以世界整体为研究对象的哲学家，也被这样的分类所束缚。被认为是近代西方哲学的奠基人的勒内·笛卡儿（1596—1650）[2]，主张心灵与物质将自然分成两部分，提倡"二元论"。基于这种二元论，唯物论与唯心论分别按照各自的方法论展开了研究，而哲学本身也将对世界的理解方式分为两种：一种是从实际存在的自然现象出发来解释世界的"实在论"，另一种是从内在的精神和意识角度来理解世界的"唯心论"。

对此，批判这种二分法（将世界整体分为自然和精神两个部分）的，正是现象学。它视此为人类为了理解世界整体而采取的过于简化和武断的方法。

现象学主张，在尝试对这个世界进行二分时，我们其实是在体验"丰富多样的感受"。为了捕捉这种多样性，无论针对自然还是精神，现象学都努力地"反映所经历的事物"，即从"我们真实体验的角度"去理解。正因为它始于"真实的体验"，这一哲学思想才得名为"现象学"。

例如，对于先前讨论的"生死的问题"，现象学家不是仅看重现实中的"自然"，也不完全强调内心的"精神"。当我们提及"死后返回自然"时，他们会深入研究这里的"自然"是何含义；而当说到"死后融入更宏大的精神"时，他们关心的是这"精神"代表什么。他们探求我们对此有何种深厚的体验。现象学强调"直面各自经验的本真状态"，并以"Zur Sache selbst!"（"回归事物本身！"）为其核心理念。

然而，此时读者们可能会产生以下的疑问：我们究竟如何才能真正接触到"各自所经历的事物本身"呢？例如，在谈论到"生死的问题"时，如果要求按照"所经历的真实体验"来说的话，那似乎只有"经历死亡才能知晓"生死的问题。这是否意味着我们无法对"生死问题"发表任何见解？如此说来，"经验本真的状态"到底意味着什么呢？

唯有"你自己"才是出发点

当我们谈论"生死的问题"与"经验本真的状态"的关系时，首先指的是"每一位读者的内心对于这些词语（包括生死）的理解是独特的，是基于个人的直接经验而非外在定义"。

然而，"生死"这样的词语所表现出来的意义，似乎因人而异。经历过亲人离世的人和未经历过亲人离世的人，经历过宠物死亡的人和未经历过宠物死亡的人，他们对于"生死"体验的深度是无法用准确的语言来表达的。

现象学谈到的"经验本真的状态"，指的是在"每个人的心中"对个人经验的一种审视，这也是"经验本真的状态"的核心。而当我们说到"回归事物本身！"并以"每个人的内在感受"为起点，将目标定为明确"经验本真的状态"时，这正体现了现象学所倡导的"踏上哲学探索之路"的觉悟。

在这里特别强调"做好觉悟"，背后有其深意。例如，在涉及"生死的问题"的时候，人们可能会得到医生等专家对于生死状态的观点，也有可能从他人的经验之谈或者与亲近的人的对话中学习。但是，最终如何接受生死、如何决断生死还是取决于"你自己"。哲学的出发点，只存在于我们自己的判断之中。

尽管如此，现象学并不是毫无情面地"随你自己一个人去"。具体来说，它是在提议我们应当在"各自所经历的真实体验"里，去追求任何人都可以接受的、不让人怀疑的"经验本真的状态"，即去追求一种经验，这种经验是每个人在内心深处直接体验的"感觉"。也就是说，去探索"感觉这种经验的本真状态"。

什么是"感觉的世界"

在这里，"感觉这种经验的本真状态"，指的是个人通过"五种感官"（视觉、听觉、触觉、味觉、嗅觉）体验到的独特的"感觉的世界"。例如，口渴喝到水的瞬间，感受到的"好喝"；在山顶迎接日出时，感受到的"美好"；地震时身体所体验到的"摇晃"以及工作紧张时体会到的"疲倦"；等等。

这个"感觉的世界"的第一个特征是，无论别人怎么说，都无法动摇"我就是这样感觉到的"这个事实。简单来说，无论在梦中，还是在现实中，自己亲眼所见的东西，就是真实存在的；好吃的东西，就是美味的。

"感觉的世界"的第二个特征是，虽然每个人似乎都认为自己拥有独有的感觉，但是实际上每个人也会与其他人产生共鸣，产生同理心。例如，在看电影、听音乐或者观看体育比赛时，正是因为大家在一起可以共同感受到快乐并产生共鸣，所以即使需要花钱，人们也愿意亲身参与其中。

同样，在我们的社会生活中，当谈到一个人的行为"究竟是故意的还是无意的"时，共鸣的作用尤为关键。以一个例子说明：在挤满乘客的电车上，由于突然急刹车，某人不小心踩到他人的脚。在这样的情况下，虽然存在一个"行为责任"的问题，但是从当时的情况来判断，双方都知道"这不是故意的"。所以，如果踩他人脚的人向被踩的人道个歉，通常就会得到"没关系"这样的回答。

那么，让我们再仔细思考一下。虽然踩到他人脚的人明确感觉到"是自己的脚先动的"，但对于被踩到的人，他们并不能直接感知"这个动作是在急刹车之前还是之后产生的"。但即使这样，他们还是能够辨别出"故意"与"无意"，并回应说"没关系"。这种"无意"的共识，难道不是双方之间的"共鸣"或同理心所带来的奇妙现象吗？

因此，在日常生活中，每当我们面对"究竟是故意的还是无意的"这种涉及"行为责任"的议题时，实际上我们正在探讨的是"共鸣的感觉方式"。特别是在人与人的交往中，"共鸣"如何显现为同理心，这经常成为讨论的焦点。现象学也一直致力于深入研究这个话题。

作为共通语言的"概念"

现象学的核心，是围绕我们所体验的"感觉的世界"。它不仅解答了"如何看待生死""自然是什么""精神是什么"以及"世界是什么"等问题，还揭示了这些事物（现象）跨越时代和文化后，依然保持不变的普遍"本质"。更为重要的是，现象学提供了一个直接洞察这些"本质"的方法。

在现象学中，可以用特定的术语将这样的方法称为"本质直观"（eidetic intuition）。关于这个方法的具体内容，我们将在第 2 章中进行详细的解释。在本章中，我们将概述它的大致情况。

虽然现象学拥有"本质直观"这一方法，但它与诗人、作家、艺术家创作中的"灵感"有所不同。它是一个纯粹且具有学术性的哲学方法。与此同时，它与追寻客观真理的自然科学的方法也存在差异。

在自然科学中，我们通过"共通语言"来表达客观性，例如"用数字和符号来表示方程式，用数值来表示系数"。但在哲学中，这种"共通语言"如果用哲学术语来说的话，就被称为"概念"。

例如，日语中的"花"这个词语，对应德语中的"Blume"，同时也对应英语中的"flower"。这些看起来外观不同的词语，表达的"词义"却大致相同。如果这些词义不相近的话，翻译就无法进行。因此，像这样根据各自语言中"大致相符的感觉"进行翻译，这种感觉就被称为"概念"。

对于千变万化的世态（现象），为了探知其超越时代和文化空间后依然不变的普遍"本质"，现象学认为，无论是哪个国家的语言，都大致具有相似的意义，并使用"概念"这样的"共通语言"来交流。在此基础上，我们就能了解"花究竟是什么"这样的本质问题。

如何探讨人权的本质

然而，这样的做法可能导致一些问题。例如，对于诸如"花""鱼""火"这些具有实体性概念的事物，我们可以通过它们与我们"感觉的世界"之间的连接，更接近它们的"本质"。

不过，对于像"人权"这样的概念，又该如何探寻它的本质呢？"人权"，与我们的五种感官是没有直接关联的。它不能被触摸，也无法被闻到、看到或听到。那么，我们应该如何将无法通过这五种感官进行感受的人权的概念，与我们的

"感觉的世界"联系起来呢?

面对这个问题，我们回想一下之前提到的"在人满为患的电车上，由于急刹车不小心踩到他人脚"的例子。在这种情况下，当我们判断"不是故意踩到他人脚，而是脚先于我们的意识进行移动"时，毫无疑问，这种实际的感觉就已经存在于我们的"感觉的世界"中了。

在"行为责任"需要被追究的现代社会生活中，这种"行为的真实感受"是区分"故意"与"无意"的重要支持依据。即便个人的"行为责任"这一概念，似乎并不直接隶属于"感觉的世界"，但是，若是没有"自己的脚先移动了"（自己的行为先于意识行动的感觉）这样的真实感受作为支持，就无法达到和他人相互理解的境地。另外，即使是像"人权"这样直接又具体的、无法触及个人感觉的抽象概念，也都与每个人的感受和感觉息息相关。

而且，"人权"这个词，在日语中本来是不存在的。"人权"这一概念，原本是扎根于欧洲思想的概念。它经由希腊哲学、宗教思想以及近代启蒙思想等思想潮流发展而来，通常被理解为"人文主义"（人道主义）。

为了准确把握这个在日语中原本并未被使用的"人权"概念，我们需要"正确理解"它在日语中的含义。为此，我们要研究在欧洲国家，例如德国，"Person"（人格）和"Menschenrechte"（人权）这样的词语是怎样形成的。我们也须了解它们在当今德国社会中是"如何被运用的"。当我们掌握了这些词语的"使用方式"时，就能明白德国人是如何将自己的情感转化为言语的。只有这样，我们才能真正领悟到在德国文化背景下，"人权"这个词的真正含义。

感觉和语言的关系

让我们进行更深入的思考吧。上文提到的"电车急刹车时不小心踩到他人脚"的例子让我们思考了"感觉与语言的关系"。通常情况下，踩到他人脚以后，会先道歉说"对不起"，而被踩到的人也会回应"没关系"。

这种简短的语言交流，虽然是基于社会规范（道歉和接受的伦理性规范）的，但这种语言交流能够有效进行的前提是，双方都能够实际感受到这并非故意的，而是无意之过。也就是说，当事双方都能够对发生的事情有所"共鸣"。

换句话说，当社会生活的规范涉及"人权"时，我们首先需要考虑语言的应用。这种语言的应用依赖于一个前提，即与他人共享一个"共鸣"的感觉世界。正因如此，通过深入研究德国和日本这两个不同社会中的"感觉与语言"的关系，我们可以初步建立起基于语言应用的社会伦理判断的基础。这样，我们才能既合理又正当地理解（本质直观）"人权的本质"。

从不可怀疑的"感觉的世界"出发，现象学试图通过"实际感受"来探索世界的结构。它进一步研究在描述这些感受时使用的语言及其使用上的差异。基于这些研究，现象学提出了一个超越这些表面差异以深入探索事物本质的方法，这就是所谓的"本质直观"。

"感觉的本质在于共鸣"吗

关于"感觉"和"语言"的区别（关系），让我们进一步思考一下吧。

例如，我们可以直接感受到用语言无法完全传达的东西，比如描绘了"水的清甜""日出的美丽"等绘画之美，以及音乐所表现的深沉的悲伤和高昂的喜悦，等等。

这种丰富的、超越"语言"的"感觉的世界"，构建了一个不需要"语言"却能让我们共享的"共鸣的世界"。

在这个共享的"共鸣的世界"中，当我们看到对方在我们眼前哭泣时，那么，即使我们自己没有感受到悲伤，也会因为看到对方哭泣的表情而"莫名其妙地流泪"。如果我们自己的悲伤只能在自己的身体中感受到，而他人的悲伤也只能在他人的身体中感受到的话，那么从根本上来说，对方的悲伤又是如何传递给我们的呢？

应该很难有人会真的相信，"由于我们自己在悲伤时候的表情（实际上并没有见过自己的表情），与对方在同样情况下的表情非常相似，所以，通过想象这种与自己的悲伤相似的对方的情感，我们就能感受到对方的悲伤"这种令人费解的解释吧[3]。

或者，当听众陶醉在环绕着他们、让他们深深感动的演奏中的时候，没有人会产生"让我感动的是这个部分，而让他人感动的是那个部分"这样的想法。因为，音乐所带来的感动，实际上就是在音乐家与聆听者之间通过演奏建立起来的"深刻的共鸣"中实现的。

当我们面对那些超越语言的"共鸣"世界时，现象学的创始人胡塞尔以及具身现象学的研究者莫里斯·梅洛－庞蒂（1908—1961）都主张，"感觉的本质在于共鸣"。他们认为，我们的"感觉"原本就是从"共鸣"中诞生的。甚至梅洛－庞蒂还认为，"人们自己所独有的深沉的悲伤和痛苦"实际上是一种错觉（幻觉）。

然而，面对这样的观点，那些刚经历牙齿治疗的人或是刚刚失恋的人可能会觉得有些难以置信。他们可能会认为，自己的牙痛和失恋的情感仅仅是自己所体验到的。不过，本书主要阐述的是胡塞尔和梅洛－庞蒂的观点，即"感觉的本质在于共鸣"。他们强调感觉并不仅仅是个体的体验，更多的是与他人的连接与交流。我们将以简单易懂的方式对这一理论进行阐释，希望你能够在阅读过程中获得深入的理解并享受这一探讨过程。

感觉在自然法则中的作用

也许有人会持有这样的想法：就算勉强接受"感觉的本质在于共鸣"这一主张，但是这样的主张仅仅局限于现象学，与科学（自然科学）是没有任何关系的。

很多人可能基于"感觉是个体主观上的体验，而科学则是对所有人都适用的客观规律"这个说法来看待问题。但实际上，即使在被视为具有科学性（客观性）的自然法则中，感觉所引发的刺激也仍然扮演着至关重要的角色。

例如，阿尔伯特·爱因斯坦（1879—1955）在广义相对论中提出了这样的假设：空间会因为星体的引力而弯曲。这个假设，在日全食发生时得到了证实。当恒星的光经过太阳附近的弯曲空间时，多个观察者都"看到了"（由于弯曲，恒星的位置看起来发生了偏移）那样的情况。假设的证实并不仅仅是因为那些观察者们"看到了那样的情况"，更是因为在这种情境下，任何观察者都会得出"看到了那样的情况"（所经历的感觉）这一相同的结论。

在脑科学研究中，也有与此相似的发现。当我们听音乐时，"某个特定部位的脑被激活"，这一点在脑部影像中是"可见的"。也就是说，当多个观察者都"看到了那样的情况"（通过他们的视觉得到的确认）时，这为科学的观点提供了验证。所以，无论在物理学还是脑科学中，对自然现象的观察都是基于我们的感觉器官所产生的感觉。总之，我们无法否定感觉与科学之间的密切联系。

瓦雷拉的"神经现象学"的构想

如果我们都承认感觉与科学之间存在密切的联系，那么现象学在科学中应该处于什么样的位置呢？请回想一下，现象学的观点既否定了自然科学家认为的"现实存在的自然就是一切"这种外部世界观，也否定了精神科学家认为的"内在精神就是一切"的内部世界观。虽然科学领域的观点往往与自然科学家的观点一致（也就是一切现实均存在于外部），但现象学不仅认可了自然科学的研究及其成果，还通过"本质直观"方法（第 2 章会详细阐述）将其视为研究对象，并整合为更高层次的统一理论。

作为现象学融合与整合最前沿领域——脑科学的一个实例，我们来介绍一位成功地将先进的脑科学与现象学结合在一起的智利生物学家——弗朗西斯科·瓦雷拉（1946—2001）和他的"神经现象学"吧。

瓦雷拉，与同样来自智利的生物学家温贝托·马图拉纳，一起创立了被称为新生命科学的"自生系统论"。简要地说，自生系统论认为，即使是单细胞生物，生命体也可以通过自我构建细胞这种结构来维持生存。由于是通过"自行构建并维持其结构的完整性"，所以也被称为"auto poiesis"（自我制作，自我创造）。

这种"生命体的自我构建"思想，对于理解脑神经的功能具有重大影响。在这个过程中，瓦雷拉从方法论的角度学习了现象学，并受到了胡塞尔和梅洛－庞蒂的深刻影响。瓦雷拉还有两篇非常重要的论文，名为《神经现象学》和《现在——时间意识》[4]。在《神经现象学》这篇论文里，关于脑科学研究与哲学领域中现象学的关系，我们将详细阐述以下几个论点。

①脑科学研究和现象学研究是相辅相成的互补关系。

②脑科学研究在探索其方法时，须深入借鉴现象学中的"现象学还原"方法（也就是说，如本章所述，"回归每个人的真实经验"）。这种方法的熟练掌握与应用是不可或缺的。并且，若不能精准地运用这一现象学的方法，生命科学的未来发展将面临巨大挑战。

③脑科学研究，也应该熟悉和掌握作为现象学研究方法的"本质直观"方法（本章中也介绍了其概要，下一章将更详细地说明）。

④脑科学研究和现象学研究，必须在研究共同体的公共性中展开[5]。

这里所提及的"现象学还原"和"本质直观"均源于数学的方法论，它们是严密而客观的现象学方法论的核心内容。通过深入了解这两种现象学方法，我们不仅能够洞察科学如何被融入具有哲学性质的现象学之中，还能明确地界定精神科学研究在现象学框架内的地位。在此，我们首先会在第2章中讨论"本质直观"方法，然后在第3章中讨论"现象学还原"。通过这样的方式，我们将详细全面地说明每一种方法。

第2章

所谓"本质直观"方法
——从"事例收集"到"自由变更"

本质直观与人称关系

在第 1 章中，我们提及了"现象学采用了一种能够把握事物本质的方法"。这也被我们称作"本质直观"方法。在本章中，我们将探讨"本质直观是什么"这一问题，并详细阐述这种方法的实施过程。

在这个过程中，"人称关系"是一个核心概念。如大家所知，人称指的是在对话中特定人或物的代名词，它能代表说话者、听话者或其他特定的对象。我们将重点探讨由第一人称（我）、第二人称（你）和第三人称（非我或你的其他人或物）构成的两种关系："第一人称与第二人称的关系"和"第一人称与第三人称的关系"。这种"人称关系上的区分"不仅与第 1 章讨论的科学与现象学的关系紧密相连，为理解人称关系与科学和现象学的联系提供了线索，还与"本质直观"有紧密的联系。

首先，请看图 2-1。

图 2-1 是由心理学家埃德加·鲁宾（1886—1951）设计的。在某些人看来，中心图案可能像一个"杯子"。但是，在另一些人看来，两侧的图案可能像"面对面的两个人的侧脸"。

这种图案被称为"反转图形"。所谓的反转，是指当某人看到图案并将其识别为"杯子"时，"面对面的两个人的侧脸"便会被视为"背景"；反之，当看到图案并将其识别为"面对面的两个人的侧脸"时，"杯子"便会成为"背景"。20 世

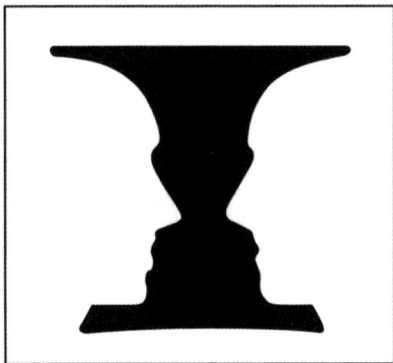

图 2-1　鲁宾的杯子

纪的一个心理学流派"完形心理学"（Gestalt Psychology）对这种反转图形产生了浓厚的研究兴趣。他们探讨了为何人们在初次看到这个图形时，会立即将其视为"杯子"或"面对面的两个人的侧脸"。

关于第一人称与第三人称的关系

当我们审视这种图形时，不妨思考一下其中的"人称之区别"。在观察图 2-1 的过程中，正在浏览该图的"我"（也就是读者）被称作"第一人称"。而图中展现的如"杯子"或"面对面的两个人的侧脸"等视觉形象，则被归为"第三人称"。"第三人称"这个词，常在"第三方机构的评价"或"第三方的看法"中出现，它带有一种特质，即排除了在"我与你"的"第一人称与第二人称关系"中容易涉及的好恶等情感化的主观判断，通过营造一种距离感来进行客观的评估。

自然科学（科学）的研究方法所追求的，正是这种"第一人称与第三人称关系"。比如，进行动物实验的脑科学家，会尽量以对待实验对象的方式去对待被实验的动物，而不是像对待自己的宠物（第二人称）那样。因为，如果不这样做的话，自己的感情可能会被带入其中，导致无法适当地进行实验，进而影响获得客观的实验数据。

在前面所述的完形心理学中，我们试图深入探讨"图与背景的反转原理"。只要这种反转被多数人（第三者）所确认，那便"足矣"。即便有好酒者看到图形表示"在我眼中这仅仅是个酒杯"，这种基于个人喜好的看法也会在"反转原理的研究"中被忽略。第三人称的观察会摒弃观察者（第一人称）的个人主观倾向，提出"完成反转所需的时间"这类问题，再测量观察者的脑波（作为第三人称的检测目标），旨在明确"反转的机制"。

关于第一人称与第二人称的关系

请观察图 2-2。照片左侧的人物是现象学之父胡塞尔，而右侧则是世界畅销书作家唐娜·威廉姆斯（1963—2017）。她在 1992 年出版了描述她幼年时期的回忆录——《无名小卒：一个自闭症女孩的非凡自传》（*Nobody Nowhere: The Extraordinary Autobiography of an Autistic Girl*）。

当观看图 2-2 中这两幅素描图时，我们可能会被图中胡塞尔和威廉姆斯的目光吸引。尽管这些都是素描作品，没有生命的动态，但它们可能仍然给我们一种被"直视"的感觉。

图 2-2　胡塞尔和唐娜·威廉姆斯

资料来源：東洋大学哲学科編（2004）「哲学を使いこなす」『東洋大学哲学講座 2』（知泉書館）181 頁

此外，胡塞尔和威廉姆斯的目光，会给人留下不同的印象。当我们看到胡塞尔的目光时，我们可能会感觉自己被看穿了，感觉自己正在被审视和评判；而当我们看到威廉姆斯的目光时，我们可能会有一种"不确定是否被看到"的感觉，也就是说，我们可能并没有感觉威廉姆斯在看人。

然而，当我们在讨论和观察这两幅素描图时，与之前的反转图形不同，两幅素描图与我们之间确实形成了一个"我在看你"的关系，我们可以称之为"第一人称与第二人称关系"。

需要注意的是，每个"第一人称"对于"第二人称"的感知和印象都是基于两者之间的独特关系产生的。例如，当胡塞尔的妻子马尔维娜·胡塞尔和他的弟子路德维希·兰德格雷贝分别看到胡塞尔的这幅素描图时，由于他们与胡塞尔的关系不同，他们的感受应该是不同的。这种差异是因为每个"第一人称的我"观察他人时的感受，都受到了"与对方的个人交往历史"的影响，其中包含了双方长时间的相互了解和经历。

如此，当读者观看图 2-2 时，观察读者的我——书的作者（即"第一人称"）与读者的关系，我们可以称之为"第一人称与第二人称关系"。当读者观看图 2-1 时，观察读者的我——书的作者（即"第一人称"）与被读者观看的图 2-1（即"第三人称"）之间形成的关系，我们可以称之为"第一人称与第三人称关系"。

通过对比这两种关系，我们得出以下结论：如之前所述，自然科学始终专注于"第一人称与第三人称关系"的研究。这意味着在自然科学研究的"观察—实验—验证"过程中，研究者（第一人称）与研究对象（第三人称）之间应维持客观关系，避免研究者（第一人称）与他人（第二人称）之间的主观交流影响研究的客观性。另外，现象学则将这种自然科学研究视为一种"现象"—— 研究"第一人称与第三人称关系"的一种探索方式。换言之，现象学不是在研究自然科学所研究的自然现象，而是把自然科学研究作为一种人类活动的现象，试图理解和分析自然科学的研究活动本身的性质和特点。然而，虽然现象学接纳并认可自然科学的研究方法，但它并不认为仅通过自然科学的研究方法就能彻底揭示事物的本质。

在第 1 章中，我们提到，"现象学将自然科学的研究视为一个研究对象，并将其整合到现象学的框架中"。这意味着，现象学不只探讨自然科学中关于"第一人称与第三人称关系"的研究，而且更进一步地融合和考虑每个人的独特体验与经历。由此，我们可以深度探索如"我和你"之间的"第一人称与第二人称关系"，并理解这种关系是如何形成的，以及它与"第一人称与第三人称关系"的不同之处。

"本质直观"的第一阶段"事例收集"

与自然科学主要关注"第一人称与第三人称关系"不同，现象学更广泛地考虑到了"第一人称与第二人称关系"。基于这种考量，我们接下来会详细探讨现象学中的"本质直观"这一概念。

首先，我们来阐述"本质"和"直观"这两个词。"本质"是指某事物的"核心属性"，而"直观"描述的是某事物"清晰地被意识察觉且无疑得到了认知"。在第 1 章中，我们举了"电车急刹车时踩到他人脚"的例子。在这里，由于电车突然刹车，人们的脚可能会先行反应，这可能是因为惯性。但只是经过短暂的时间，人们就可以真正意识到自己踩到了他人。在此情境下，人们毫无疑问对于自己踩到他人这一无意之举有清晰的认知。也就是说，踩到他人的人在事后深信自己确实踩到了他人。

"本质直观"的方法分为两个阶段，第一阶段是探讨"本质是什么"。为了解答这一问题，我们需要收集多种情境下的例子。在现象学领域，这种做法被称为"事例收集"。

为了解释"事例收集"的过程，让我们以第 1 章提及的"感觉的本质是什么"为例。

一方面，现象学会从自然科学中收集与"第一人称与第三人称关系"相关的事例，例如"感觉科学"的研究。这种事例收集方式是客观的，因此，任何人都能通过互联网等方式进行。具体地说，可以查阅百科网站上的"感觉"条目，下载科学家的论文，或者翻阅与"感觉"相关的专业书籍，进行事例的收集。

另一方面，在收集关于"第一人称与第二人称关系"的事例时，方法会相对复杂。首先，我们必须认识到，每个人都通过五种感官——视觉、听觉、嗅觉、味觉和触觉，用自己独特的方式来感知和体验这个世界。例如，回想"口渴时水的清甜""观赏夕阳时的宁静之感"或者"听音乐时的深深感动"，这些回忆不仅包含我们自己的体验，还可能引发与其他人，也就是与"你"互动的回忆。当我们尝试深入这些回忆，并努力用言语来描述这些感觉和情感，然后将这些详尽的描述记录下来时，我们实际上就在进行关于"第一人称与第二人称关系"的事例收集。这种事例收集的过程是寻找和分享我们与他人互动中的真实感受和经验。

然而，考虑到每个人的经验都是无限且独特的，我们不禁思考，如何妥善地收集这些丰富的经验呢？要解决这个问题，关键在于明确地理解并区分两种不同的感觉经验："我们个体所经历的'第一人称与第二人称关系'的感觉"与"其他人经历的'第一人称与第二人称关系'的感觉"。这涉及如何理解和感知他人的直接体验，以及这些体验是如何传递给我们（作为第一人称）的。你可能会问，为什么这样的区分如此重要？我们将在第7章中详细解释，此刻我们的目的是明确表达在"第一人称与第二人称关系"中，如何区别和捕捉个体自身与他人的感觉经验。随后，我们会进一步探讨"本质直观"的第二阶段。

里贝特的"意识的0.5秒延迟理论"

在自然科学研究中，那些专注于基于感觉的"第一人称与第三人称关系"研究的学者认为，"第一人称与第二人称关系"中的感觉经验或经历，包括个体的和他人的，都是主观的。从客观的角度看，这些主观的经验或许并不值得收集，因为它们无法直接回答"感觉是什么"的问题。对于这种观点，我们应该怎样看待呢？

在第1章中，我提到了爱因斯坦的广义相对论被认为是客观的，因为它能以多个人观察到的现象为基础，从而得到客观的结论和验证。在本章中，我也希望从相同的视角出发，阐明为什么以 "第一人称与第三人称关系" 的研究为基础的自然科学，在现象学的事例收集过程中，会出现不足之处。

感觉科学，尤其是最尖端的脑科学所揭示的感觉世界，是极其引人入胜的。其中最令人震惊的发现可能是，我们通过视觉、触觉、味觉、嗅觉、听觉体验到的 "五感" 感觉，并不是在我们意识到这些感觉的那一刻就产生的。这一点，被脑科学家本杰明·里贝特（1916—2007）的实验结果证实，他发现 "感受到某物之前，需要大约 0.5 秒的大脑活动"。这一发现已被世界各地的脑科学家通过多次实验验证，被客观地确认为是准确的事实[1]。

然而，你可能会想，如果真的有这么长的延迟，我们就无法及时走出快要关闭的地铁车门，也无法顺利通过旋转门。实际上，脑科学家解释说，尽管存在大约 0.5 秒的时间差，我们依然能够感受到这些事件似乎是同时发生的。这是因为人类从幼年时期开始就通过 "学习" 来适应外部世界的变化，从而缩短了这 0.5 秒的延迟，使我们能够在刺激发生的那一刻立即做出反应。

关于这个观点，我们此处不深入探讨。大家可以参考第 3 章、第 6 章和第 7 章中的相关描述。

"镜像神经元" 的发现

除了 0.5 秒的意识差，更为震撼的脑科学发现是 "镜像神经元"（一种如同镜子般的脑神经细胞）。这些镜像神经元可以准确地映射出他人的行为意图和情感变化[2]。

镜像神经元的存在是在实验中被意外发现的。当实验者拿起花生准备吃的时候，被试对象——猴子看到了这一动作后，它大脑里的镜像神经元（神经细胞）被激活了。这意味着，尽管猴子并没有真正吃花生，仅仅是观察实验者的动作，它的大脑却仿佛在指挥自己进行这一动作。通过脑部成像技术，研究者们能够观察到这一神奇的神经活动。

这就体现了一个现象：在 "吃东西" 时活跃的神经元，仅仅在看到食物时也会被激活。这意味着，尽管你只是看着食物而并未真正进食，大脑也依然处于活跃状态。

脑科学家们发现，当观察他人的行为时，大脑里有一群神经元会反映出相似的活动，就好像自己正在做同样的事情。这群特殊的神经元被称作"镜像神经元"。经过一系列的实验，研究者们证实了这种"镜像神经元"不仅在猴子的大脑中存在，也存在于人类的大脑中。他们还进一步探讨了这些神经元在大脑中的位置以及它们的工作模式。此外，研究发现，自闭症患者的"镜像神经元"功能存在异常，这导致了他们在情感交流方面的困难——既难以表达自己的情感，又难以理解他人的情感。

通过镜像神经元，我们能够感知并理解他人行为的意图，以及从他人的表情中解读情感。因此，脑科学的研究进一步证实了人类的感知能力确实涵盖了"共情能力"这一特性。

镜像神经元理论的不完善

当现象学讨论"感觉的本质在于共情能力"时，其并不完全指向脑科学中关于镜像神经元的发现。尽管现象学认同脑科学在"第一人称与第三人称关系"方面的研究成果，但它也明确表示，这些研究成果还未能完全揭示"感觉的本质"。

当我们观察他人行为时，通过镜像神经元的活动，我们可以感知到他人的意图。例如，当看到有人突然插队，尽管我们自己并没有插队，我们的大脑仍能够区分出他人的意图与我们自己的行为意图。根据"镜像神经元理论"，这种区分的关键在于神经元的不同激活率（神经元活动的活跃化数值）。当我们观察自己的行为时，镜像神经元的活动会更加活跃，激活率稍高；而当观察他人时，因为行为执行者并非我们自己，激活率会稍低。若要形象地描述这一理论，我们可以联想到"测谎仪"，尽管它已不再被广泛使用。

另外，我们再来看一下在第 1 章中提到的"电车急刹车时不小心踩到他人脚"的例子。对于"是故意的，还是无意的"这种判断的区分，当事人是能够清楚地

（直观）感知到，"自己的脚移动了"和"意识到踩到了他人脚"这两个事实之间的先后顺序的。因此，这两个事实之间存在着多少时间差，就不再那么重要了。

而当我们有意识地去做移动身体这个行为（例如故意去踩他人脚）时，我们是不会感觉到时间上存在延迟的。因为，我们的动作和意识几乎是同时发生的，我们很快就会意识到自己的移动。而当我们的动作是在无意中产生时，我们才会感觉到，我们的动作发生的时间，和我们意识到这个动作发生的时间之间存在着时间差。也就是说，动作已经发生了一段时间，而我们的意识才稍稍滞后地察觉到这个动作的发生。虽然目前的脑科学尚未对这样的先后顺序进行明确的解释，但事实上，在某个研讨会上，我曾经向专门研究运动的脑科学家提出了关于"随意运动"和"非随意运动"的区别问题。这里，"随意运动"指的是有意识的、由意识控制以后的运动；而"非随意运动"指的是不伴随意识的运动，也就是无意识运动。对此，脑科学家回答说："这种区别更多地隶属于外部行为观察研究的领域，而不是脑科学研究的主要关注点。"

因此，脑科学的研究范围，主要是基于"第三人称的视角"对个体的经验内容进行观察和分析。例如，当研究涉及"是故意的，还是无意的"这样的议题时，这些议题关乎自由、责任和人类行为的"意义和价值"，脑科学只能从现象本身提供解释。当探索事物或人类行为的根本特性，尤其是那些超越时代和国家的普遍性问题时，脑科学只能局限于关注现象，而不能深入到"本质"，即"定义某种存在的不可缺少的性质"层面。

"本质直观"的第二阶段"自由变更"

让我们再次回顾一下"本质直观"的方法。在介绍了第一阶段的"事例收集"之后，我们即将探讨第二阶段的"自由变更"。这一阶段也被誉为"自由想象的灵活运用"。此处的"自由想象"与我们在第一阶段"事例收集"中提到的主要为了收集他人感觉经验的想象，是截然不同的。这里的"自由想象"更偏向于我们主动、明确且有意识地使用想象的能力。

　　为什么这个第二阶段是非常必要的呢？这是因为，当我们在第一阶段进行有关共鸣方面的"事例收集"时，虽然我们可以收集到一些有关共鸣的事例，但是我们还是需要思考：为什么在特定的情况下，我们只与某些特定的人产生共鸣，而无法与其他人产生共鸣呢？所以，当我们考虑到产生共鸣的条件时，我们就需要进行这个第二阶段，也就是"自由想象的灵活运用"。

　　在这里，现象学所选择的核心方法是"思想实验"。通过这一"思想实验"方法，我们可以到达第二阶段的"自由变更"。不过，要注意，"思想实验"与我们常见的、基于自然科学进行的实验有着明显的区别。接下来，我将通过一些例子为大家详细解释"思想实验"具体是如何操作的。

思想实验 1：颜色和扩展性

　　想象在一个阳光明媚的午后，"我们躺在草地上，抬头看向那片湛蓝的天空"。像"请试着思考一下"或"请试着想象一下"这样的引导方式是哲学探索的特征之一，被称为"思想实验"。它并不像自然科学那样需要设置严格的条件，然后进行实验，而是通过设定各种各样的情境，基于假设和思考可能的结果来进行实验性的探索。

　　现在，请想象逐渐缩小眼前那片湛蓝的天空，直到只剩下一个小小的蓝色点。尽管这只是一个微小的点，我们仍然可以清楚地看到它的蓝色。这意味着，即使是一个如此小的点，在我们眼中，它也有自己的存在感和空间。

　　"思想实验"的关键时刻，就是接下来的这个瞬间。现在，请将我们眼前的可视空间逐渐缩小，直到完全消失或者不存在任何可视的空间。当这个空间完全消失时，我们可以知道我们不仅看不到蓝色，也无法看到任何颜色。相反，当我们看到某个空间时，我们也可以得出这样的结论："在这个空间中，存在着任何一种颜色（包括黑色和白色）。"也就是说，无论我们看到什么样的空间，这个空间都包含着一些颜色。即使是黑色和白色，也算作这个空间中颜色的一部分。

　　因此，颜色和空间存在以下几种关系：①颜色在没有空间的情况下，是无法存在的，即颜色需要空间；②空间在没有颜色的情况下，是无法被感知的。所以，无论是黑色、白色，还是其他颜色，都是空间的一部分；③颜色和空间是互为必要、不可分割的。它们相互依存，彼此不可或缺[3]。

通过这个"思想实验"，我们深入探讨了颜色与空间的关系。但这种观点不能通过自然科学的实验来证实，因为我们无法实际测量空间消失时的颜色。尽管如此，这种观点被视为关于"颜色和空间本质"的真理，是从事颜色研究的科学家不得不接受的事实。

正如我们之前提到的，所谓的本质是指"定义某种存在的不可缺少的性质"。因此，在自然科学中研究颜色时，我们必然认为颜色与空间是密不可分的。然而，自然科学研究通常从第三人称的视角进行，它将现象学提及的这种本质关系视为明确的、不言而喻的，并将其当作基础前提，从而局限于"客观的第三人称的观察"中。

值得补充的是，当我们对比"颜色是什么"和"颜色（事物）的本质是什么"这两个问题时，它们的主要差异只在于后者增添了"本质"一词，使得询问更具针对性。简言之，这两个问题实质上是相同的，仅仅是表达方式有细微的区别。这是因为二者都在探索颜色或其他事物的核心属性，都注重对事物内在特质的理解。

思想实验 2：声音与持续

让我们再来看另一个"思想实验"的例子：音乐有其开始和结束，设想我们将一首歌的起始音逐步缩短，直到这个音的长度为零。在这种情况下，我们将听不到任何声音。这会让我们得出一个无法反驳的结论："若音乐的声音没有一定的时间持续性，我们将无法感受到它。"

我们可以从中得出如下的洞见：①声音，如同细水长流，需要时间的河床去承载，方能传入我们的耳中；②当声音无法被听到时，我们也就无法体验到它在时间上的存在；③声音与时间，犹如舞者与舞曲，缺一不可，彼此紧密相依。

从上述分析中，我们可以深刻地理解"声音的本质是什么"与"时间的本质是什么"之间的密切联系。对此，我们甚至可以断言，即使是耳鼻喉科的医生，在进行听力检查时，也会对这一观点表示赞同。

思想实验 3：尝试画一个正方形

让我们再来看一个与前面提到的"镜像神经元的发现"相关联的"思想实验"吧。在这个思想实验中，让我们先试着想象一下用圆珠笔在纸上画一个正方形（见图 2-3）。当然，读者们也可以尝试实际画一下。

在绘制这个正方形的过程中，首先需要从 a 到 b 绘制一个线条，然后从 b 到 c、c 到 d、d 到 a 依次绘制线条。而当绘制者绘制从 a 到 b 这个线条时，绘制者需要理解并明确"绘制直线"的含义，还要了解如何用圆珠笔来绘制这条"直线"，以及绘制过程中手在移动时的感觉（即绘制线条时，手的"运动感觉"[①]）。如果绘制者缺乏对这些方面的理解，他将无法完成这些线条的绘制。因为，绘制者对手的运动感觉的理解，会直接影响到最终呈现的"所绘制的线条"的结果。

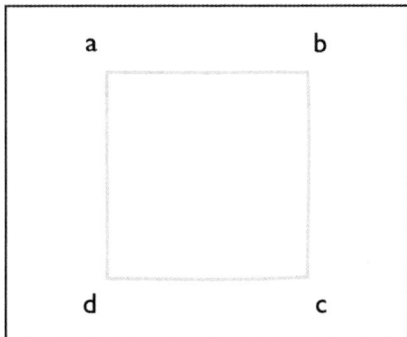

图 2-3　绘制一个正方形的思想实验

这就意味着，手的"运动感觉"与"所绘制的线条"之间，存在着密切的视觉上的对应关系。如果绘制者笔直地绘制线条，那么呈现的线条就会是笔直的，是与手的运动感觉相匹配的。如果手在绘制的过程中稍微颤抖，或能感觉到手在

[①] 现象学中的"运动感觉"（kinästhese）与我们通常理解的"事物运动的感觉"有区别，胡塞尔也使用"动感感觉"来标识前者。——编者注

进行绘制曲线的运动，那么所绘制的线条也将是相应颤抖的或是曲线的样子。因此，这里存在一个明确的规律性，即：运动感觉为 a ➝ b，会产生线条 a ——b 作为视觉影像的结果；而运动感觉 a ⤳ b，则会产生线条 a ⌒ b 作为视觉影像的结果。这里形成的特定的运动感觉，与相应的视觉影像的线条是相互匹配的。

当然，即使我们理解"直线"这个概念，也有可能由于纸张的凹凸不平或手颤抖等原因，无法画出完全笔直的线条。尽管如此，"以这种方式进行绘制的话，就能画出这样的图案"——这样的运动感觉与相应的视觉影像之间的对应规律，是我们从小经过多年的练习后就已经掌握了的。

运动感觉和视觉影像的结合

在这里，让我们比较一下前文提到的，脑科学发现的镜像神经元的功能，与运动感觉和视觉影像之间的匹配关系吧。

我们之前提及，得益于镜像神经元的作用，我们能够通过"观察对方的行为"来洞察其意图。脑科学告诉我们，负责"观察外部行为"的感知系统（感知外界时，进行活动的神经组织系列）与执行"有目的的动作"的运动系统（身体运动时，进行活动的神经组织系列），是通过脑中的镜像神经元相互联系的。值得注意的是，这些镜像神经元并不是与生俱来的，而是在儿童早期的学习阶段逐步形成的。

然而，在目前的脑科学研究中，这种学习的过程尚未被明确地解释清楚。脑科学认为，运动感觉的数据虽然被"转换"或"翻译"为视觉影像的数据，但是这种"转换或翻译的机制"尚不明确。所以，这将成为未来的一个研究课题。那么，在自然科学中，对于"第一人称与第三人称关系"的探求深度，可能也就到此为止了。

对此，在现象学的探索中，我们首先会深入考察当"我们以某种方式移动手指来绘制线条"时手部的感觉，以及"绘制线条"过程中眼睛所捕捉到的视觉变化；接着，会进一步明确这两种感觉在本质上的不同，也就是它们的"感觉实质"

（也被称作感觉内容，在脑科学中被描述为"Qualia"——质感）。

而当我们谈到运动感觉和视觉的"感觉实质"的时候，尽管它们之间存在着明显的差异，但是在之前提到的"用圆珠笔画正方形"的情境中，我们可以直接体验到运动感觉和视觉影像变化的完美契合。现象学将这种对应关系的体验，视为运动感觉与由此产生的视觉变化结合成对（现象学称之为"联结"）。并且，现象学认为无须依赖神经科学的研究，就可以直接揭示，在幼儿内心中这种联结是如何形成的。关于这一方法，我们将在第 7 章中进行详细的说明。

顺便提一下，随着年龄的增长，人的运动感觉与视觉变化的联结也会变得更加坚固，人甚至可以在想象中有效地运用这个联结。例如，运动员在比赛前会进行"意象训练"。以田径运动员为例，田径运动员会通过想象来强化脑部与身体之间的联结，训练身体提高反应速度和协调性。比如，即使他们身体不动，他们也可以通过想象"拉长起跑瞬间的时间幅度"来进行训练；通过想象"听到'开始'的起跑发令之前，左脚的什么部位应该用力，右脚又应该放在什么样的位置上；应该在开跑的时候采取什么样的动作，腰部的位置，双手又应该放在什么地方"等，来进行训练。这样的"意象训练"可以帮助他们在比赛时获得最佳的起跑效果。

在"无我的境界"中产生的共鸣

在本章的最后，我们需要确认的是：当我们谈到"本质直观"时，我们应该知道它不仅仅是个人自身的一种直觉确信，更是能够与他人共享的"普遍有效的直观"。那么，在我们了解这一概念以后，又应该如何保证它的可靠性呢？

例如，在第 1 章中，我们了解到了胡塞尔和梅洛-庞蒂都主张"感觉的本质，存在于共鸣之中"这一观点。这里的"共鸣"意味着，许多人能够感受到的，并且能够体验到的相似的感觉。然而，为什么虽然每个人都有各自独立的身体，却能够跨越个体之间的隔阂，实现这种物理上的共鸣呢？

根据胡塞尔和梅洛-庞蒂的观点，共鸣是指"在个体能够清楚地区分自我和他人之前，也就是在分辨出自己的感觉与他人的感觉之前，就已经在某种程度上产生的一种融合的、身体上的感觉。这种感觉好像是在一个统一的、融合的身体中产生的，而不是在个体的分隔中产生的。在这个融合的身体中，我们与他人拥有并且经历着共同的感受。这种共鸣的感觉，超越了个体之间的界限，让我们能够与他人分享和体验彼此的感觉"。

我们举一个具体的 "融合的身体" 的例子：当婴儿出生不满四个月时，他们还没有具备区别自我与他人的能力。因此当其他婴儿在哭的时候，他们会感觉自己也在哭，从而产生所谓的 "传染性啼哭"。然而，在接下来的成长过程中，婴儿逐渐发展出了 "自我的意识"。他们开始具备 "我与你、我与物" 等 "人称区分" 的意识，并且在上学后逐渐形成更为明确的自我概念。在学校学习的过程中，他们开始（作为第一人称）用语言与他人进行交流，被他人称呼自己的名字，有意识地认识到自我，并且形成了 "第一人称的自我" 的概念。同时，随着时间的推移，这个 "第一人称的自我"，逐渐能够进行数学上的计算，能够数出点心上草莓的数量来与兄弟姐妹比赛，也能够通过在学校学习理科知识来熟悉自然科学的科学研究方法。

在这种情况下，"第一人称的自我" 是指在 "第一人称与第三人称" 的互动中，那个被第三人称评价，并通过学习和实践能力来体现的 "第一人称的自我"。换句话说，这个 "第一人称的自我" 是在与他人的互动和社会的评价中形成的概念，涵盖了自己（第一人称）对自身的认知，和他人（第三人称）对自己（第一人称）的看法。

然而，即便长大成人的我们已经具备了区分自我和他人的能力，但是有时候，我们仍然会经历一些类似于幼儿时期的那种 "不区分自我和他人" 的情况。

尽管能够不受他人目光的影响、"忘我地集中精神" 是一种让人非常难以置信的能力，但是，美国的社会心理学家米哈里·契克森米哈赖通过问卷调查的形式调查的很多关于 "心流"（flow）的实际事例中，都揭示了这种能力的存在。

所谓的 "心流"，就是一种 "人们能够忘却自我，全神贯注地投入事物之中" 的精神状态。它有时也被称为 "无我的境界"。

米哈里进行了一项关于人类创造性活动的社会心理学研究。他通过访谈的方式，探讨了在如舞蹈、体育比赛、音乐表演和医院手术等多种场景中，当多人合作形成一个协同整体时，个体进入的那种"无我""无心"的状态。这就像交响乐团在演奏时的和谐协同。简言之，"忘我"是指成年人在某些情境中出现的"不再区分自我与他人"的状态。

例如，在舞蹈比赛中，舞伴是在"心心相印"的状态下共同起舞的。正如"心心相印"这一短语所表达的字面意思一样，合舞双方在舞蹈时，对舞蹈动作的感觉是共享、共通的，并且是完美协调的。而在之后的采访过程中，合舞的双方都表达了"两人在合舞时，都能够心无旁骛地、忘我地、全身心地投入舞蹈"这样的感想。

在这种"无我"的状态下，虽然可以说舞者"失去了自我（第一人称）"，但是更准确的说法应该是他们回到了婴儿时期对世界全神贯注的"第一人称与第二人称关系"中，即回到了一种更为原始、直接的人际关系的连接状态中。在那样的状态中，舞者不再受限于自身成年后所形成的自我意识，而是在舞蹈中进行动作的协同、默契地合作，以至于他们看起来就像一个整体。同时，他们在情感和意识层面，也同步到了一个和谐的频率，形成了一种"整体的运动感觉的共鸣"。在共同体验舞蹈的时候，舞蹈也就自然而然地（自动地）产生了，而"感觉的世界"也应运而生。因此，只有舞蹈双方都具有"从彼此的自我意识中解放出来，在无心的状态中产生共鸣"这种"心心相印"的状态，才能抵达"忘我的舞蹈"这一境界。

另外，"无我"的状态在佛教人士的身上也有所体现。因为和尚在专心念佛经的时候，他们可能会变得不知道或分不清楚，到底是自己在念诵佛经，还是被佛经引导着唱诵。

事实上，米哈里描述的"心流体验"与著名佛学传播者铃木大拙（1870—1966）在其著作《禅与日本文化》中所描绘的，江户时代（这是禅宗和无我观念盛行的时代）人们在无我境界中的生活态度，存在着显著的相似性。可以说，米哈里的"心流体验"，在无论哪个文化的背景下，都是一种超越文化差异的、具有普遍性的生活态度的表达。

　　当然，不仅仅有这些例子。比如，当我们全神贯注地专注于某个特定活动时，可能也曾经历一种普遍性的精神状态，即可能不确定是自己在驱使这个活动，还是反而被这个活动驱使。读者们，你们有没有过类似的经历呢?

　　也就是说，在被第三方评估的"第一人称与第三人称关系"中，第一人称的自我意识形成之后所出现的共鸣，是在一种"忘却自我"的集中活动中产生的。在这样的时刻，共鸣超越了个体身体的界限，使两个个体成为一个整体，形成了"整体的运动感觉的共鸣"，而这种共鸣毫无疑问是存在的。在第 3 章中，我们将更为详细地解释这一点。

第3章

将先入为主的观念"置于括号内"
——什么是现象学还原

消除先入为主的观念和固有的偏见

在本章中，我们将探讨的是与第 2 章中介绍的"本质直观"同等重要的现象学方法，即"现象学还原"。

简单来说，"现象学还原"的方法就是"回归经验本真的状态"。这个方法的意义在于"返回（回归）"到"本真状态的领域"。

在第 1 章中，我们提及现象学致力于尽可能地从"被赋予的经验本真状态"角度进行理解。它旨在对自然或精神的现象进行深入探讨，确保不会忽视任何自然或精神体验的细节。基于此，神经现象学的倡导者瓦雷拉强调："为了推动生命科学的深层次发展，深入掌握现象学还原的方法不仅非常关键，而且绝对必要。"这与我们先前的观察和分析是一致的。

那么，这里所说的"经验本真的状态"到底是什么意思呢？实际上，这种追求"经验本真的状态"的"现象学还原"方法，可以被视为"本质直观"方法的前置阶段，即为其做好准备的方法。

为何"本质直观"方法在前置阶段要采用"现象学还原"方法呢？这是因为在我们的日常生活中，各种固有的观点和偏见（如主观的推测）经常影响我们的认知和理解。要真正进入"经验本真的状态"领域，我们首先需要摒弃这些先入为主的观念和固有的偏见。只有进入了这一领域，我们才能开始运用"本质直观"方法。也就是说，"本质直观"方法需要"现象学还原"方法作为其前期基础，因为我们要先清楚地识别并剔除影响真实认知的各种预设观念和深层的偏见。这样，我们才能真正看到事物的真实本质，并对其有更深入、准确的理解。这就解释了为何在 "本质直观" 方法的前期，需要 "现象学还原" 方法。

"与呼吸融为一体" 与 "现象学还原"

在第 2 章末尾，我们提到了和尚通过坐禅修行达到 "无我的境界"。因此，在本章开始，我们借用德国哲学家欧根・赫里格尔（1884—1955）的思想来进行对比和阐述。他提出了 "无心之弓" 的概念：射箭手与自己的呼吸融为一体，完全专注于与弓箭的合一，从而达到无我的境界。在这种状态下，射箭手的发射是完全自然的，而非刻意或努力进行的。让我们通过这个例子来探索坐禅与 "现象学还原" 方法之间的联系和对比。

赫里格尔于 1924 年受邀到日本的东北大学，成为哲学讲师。在他于 1929 年返回德国前的这 5 年里，他随着阿波研造这位主张 "弓禅合一" 的射箭大师，深入研习了日本的传统弓箭术。返回德国时，他获得了弓箭术五段的段位认证。他的《弓与禅》[1] 一书详细地描述了他实现 "无心之弓" 的经历。

在被誉为 "弓圣" 的、主张 "弓禅合一" 理念的射箭大师阿波研造的教导下，赫里格尔进行了 "与呼吸融为一体" 的练习。随着练习的深入，他达到了一种深层的精神境界，到了几乎不能确定 "是自己在主动呼吸还是被动呼吸" 的程度。

在坐禅修行（禅修）中，为了集中注意力于自己的呼吸，修行者最初会把吸气和呼气视为一体，按照 "1、2、3……" 的顺序数到 "10"。数完后，再从 "1" 开始重新计数至 "10"。这种重复的练习方法被称为 "数息观"。但随着修行的进深，熟练的修行者不再需要通过数数来集中注意力，而只需专心于呼吸。他们与自己的呼吸达到了一种融合状态，从而实现更高级别的精神集中和自我意识。这种进阶的方法被称为 "随息观"。

通过与修行者相似的练习，赫里格尔体会到了自身呼吸的变化，并感受到呼吸似乎成了一种独立的力量，引领他进行呼吸。因此，他渐渐积累了与呼吸达到

"完全合一"的体验。尽管在单纯的呼吸练习中，实现专心并与呼吸融为一体的状态相对容易，但在弓箭术中，要在拉弓射箭时维持与呼吸"完全合一"的状态，实则并不简单。

另外，拉弓也是需要用力的。因此，当心中涌现出"我已经拉得最紧了"或"是时候释放箭矢了"的想法时，射箭者对呼吸的集中力容易被打破，这也使他们难以进入"无心之弓"的状态。

然而，赫里格尔在射箭大师的细致指导下不断练习后，如"婴儿之手自然地张开，熟透的石榴自然地裂开"般，他体会到了身心完全合一的放箭状态。这，便是"无心之弓"的真实体验。

当我们将赫里格尔实现的"无心之弓"和他为达到这一境界的努力与现象学的探索方法相对照时，可以看到一些清晰的联系与区别。在这个"与呼吸融为一体"的练习中，语言和逻辑思考往往会成为障碍。

禅修的核心是非理性和非语言化的体验，因此，以赫里格尔坐禅修行中"与呼吸融为一体"为背景，我们在第 1 章中提到的哲学所依赖的那种通过概念和语言产生的"共通语言"，对于禅修的实践来说，可能更容易变成障碍。

另外，现象学并不会陷入"是通过概念进行理论的反思，还是超越语言进行实践"这种二者选其一的困境，而会试图把赫里格尔体验的"无心之弓"转化为可以理解和表达的"语言"。通过"语言和概念"的形式，为所有人描绘通向"事物的本质直观"的路径，以便让所有人都理解。

因此，现象学努力将人类的经验转化为"语言"，以便于表述和交流。这种努力覆盖了人类所有的经验领域，包括直观的、不需要言语描述的"由感觉驱动的感性世界"经验，如"无心之弓"、艺术和体育，以及那些需要通过语言、数字和概念来描述的"由逻辑推理驱动的理性世界"经验，如自然科学和社会科学。

换句话说，现象学研究的内容既涉及感觉世界中的"共鸣"和"无心"这类经验，也包括从经验中"质"的方面出发，到自然科学研究中通过数字和数学公式所展现的"量"的世界。

停止判断与"置于括号内"

确定了现象学的目标是将经验转化为语言之后，我们现在将深入探讨"现象学还原"。简言之，这是一种暂时搁置我们的理智判断的方式。它意味着不依赖我们的理智能力，而是将其短暂地放在"括号"内，不加以使用（即"括号化"，置之不理）。通过这种暂停判断和"括号化"的方法，我们能够将人类的思维从根深蒂固的观点和先入为主的偏见中解放出来。

作为暂停判断并将之"括号化"的具体例子，我们要运用"现象学还原"方法来探索时间和空间的"真实面貌"。这将帮助我们更深入地理解"现象学还原"的过程。

通常，我们人类通过时钟来感知和表示"时间"。同样，我们依赖于测量单位（如"毫米""厘米""米""千米"等）来计算和描述"空间"。

当我们沉浸在美妙的音乐中时，我们很少会在心中默数"一秒、二秒……"来度过每一个时刻。这是因为，当我们试图通过时钟去计算这种"流动的时间"时，真正存在于时间和空间中的感受很快就会消失。因此，当我们不受时钟时间的约束时，我们会发现那些"时钟上的数值"其实并不具备真正的意义和价值。

为什么我们会有这种感受呢？这是因为在直接体验和感受到的"经验的本真状态"中，时间呈现出多维度和复杂性，既有对"期待观赏樱花并等待其盛开"这样的对未来时间的感知，又有"正在抬头欣赏樱花"这样的对现在时间的体验，还有"樱花已经飘落"这样的对过去时间的记忆。尽管这世上存在着"过去、现在、未来"这些具有不同意义的时间概念，我们甚至尝试在图 3-1 中使用"$-t$、0、$+t$"这样的标记来描绘它们，但真正的"过去、现在、未来"的时间含义在这些标记中仍然难以捉摸。

想象一下，我们努力在"$-t$"与"0"之间锁定"过去"的时刻，而将"0"定为"现在"。如果说 0.5 秒前是"过去"，那么 0.25 秒前又代表着怎样的时刻呢？显然，它也属于"过去"。0.125 秒前又怎样呢？不论我们怎么无限地切割，都抓不住那一瞬间"过去"起始的时刻，也无法确定时间变为"过去"的具体瞬间，

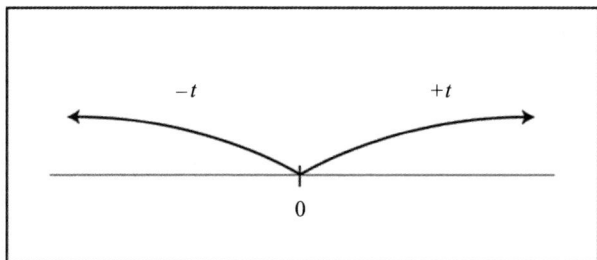

图 3-1 过去、现在、未来的时间轴图例

因为数值是可以无休止地减小的。

关于"未来"也是同理。不管数值多么接近"0"——无论是 0.5 秒后、0.25 秒后，还是 0.125 秒后——我们都不能明确"未来"开始的刹那。这意味着，我们实际上无法确切地锁定那个被标记为"0"的"现在"时刻。那么，我们就不得不开始提问，究竟是谁在这里绘制了这样的一个时间轴，又分别给"$-t$、0、$+t$"这些符号赋予了"过去、现在、未来"的意义呢？而这里的由"过去、现在、未来"的时间所得到经验的意义，又是从何而来的呢？

如果我们带着这些关于时间的疑问去询问一位日本的科学家，他可能会解释说，时间概念的意义基于日常生活中"过去、现在、未来"这些词语的词义。对于这些词的更深层意义，他们可能并不会进一步探讨。就像科学家在观察和实验时，往往以"眼见为实"这样的"感性认知"为前提，不会进一步质疑所观察到的现象。

我们之前讨论的关于时间的观念，同样可以应用到空间的概念上。不论我们在"物理性的测量空间"中如何探索，都难以锁定空间经验的真正意义。当两人面对面站立时，其中一方看到的"右边"空间，对另一方而言则是"左边"。这意味着，如果一方坚信他所处的空间绝对是"右边"，那么对于另一方，这个空间就不应该被视为"左边"。

同样，"上方"和"下方"的概念也因人而异。对于居住在一楼的人，一楼的天花板是"上方"。但对于居住在二楼的人，那个同样的天花板则位于"下方"。

再如，"内部" 和 "外部" 的概念，会随着个体所处的位置而改变。例如，当你位于 A 房间（视为 "内部"）时，B 房间是 "外部"；但当你进入 B 房间（视为 "内部"）时，A 房间则变成了 "外部"。

因此，从物理观察的角度看，客观的空间中并不存在 "左边" 和 "右边"、"上方" 和 "下方"、"内部" 和 "外部" 这样的绝对区分。而那些可以用数值表示的属性，如长度或宽度，也只是被数值定义的属性。说到像 "右手比较有利" 或 "40 平方米的空间很小" 这样的评价，实际上都是人类对于本身没有固定意义的客观空间进行的价值评估。

时间和空间的 "意义与价值" 的含义

决定 "原本的时间和空间经验" 的核心是什么呢？无疑是关于时间中的 "过去、现在、未来" 以及它们所蕴含的意义和价值。例如，"樱花盛开结束后、樱花正处于盛开时期、樱花即将盛开" 所带来的特定意义和情感价值；或者空间中 "内部与外部" 之间的对比，如 "酷热的室外和冷得过头的电车内部" 所蕴含的意义和价值。

正是由于我们在严格的、以数值为基础的物理测量中不能完全捕捉到这些 "意义和价值"，现象学才开始尝试填补这一空缺。在现象学的探索之旅中，研究者们寻求回答诸如 "人们是如何共同理解和使用语言来传达意义和价值的" 和 "我们如何建立和达成共同的价值观念" 等深入的问题。因此，现象学不仅仅是学术研究，更是一次对意义和价值起源的探索之旅。

回顾第 1 章提及的 "电车急刹车" 的例子，我们可以更清晰地理解时间的意义。在这个例子中，首先是 "脚开始移动"，紧接着才是我们 "意识到脚正在移动"。可以说，"脚开始移动" 的行为，在时间线上确实早于我们 "意识到脚移动"。这一明确的时间先后顺序，让我们有强烈的感知，即 "脚的移动" 已经成为过去的事实，带有 "过去的意义"，而 "意识到脚移动" 则是正在发生的，代表 "现在的意义"。这种体验，深刻地展现了我们如何真实地感受和解读 "时间的意义"。

在"电车急刹车"的例子中，我们不仅能够深刻体验到时间的真实意义，还能清楚地感知空间意义的产生。即便我们可能未意识到"脚开始移动"的这一动态，我们仍然能真切地体验空间的变化。这是为什么呢？原因在于，尽管我们可能没有完全察觉到脚的移动，但我们至少可以确切地感知并区分"脚开始移动的起始位置 a"与"脚移动完成的终点位置 b"。

我们拥有区分事物的能力，因此当电车突然刹车时，我们能够感知自己的脚从"起始位置"移动到了"终点位置"，进而察觉这两点间的距离。简言之，我们体验到空间的扩展感，也就是空间的"意义"。我们基于这种实际的运动感受为其赋予了意义，这就是所谓的"意义赋予"。

此外，当我们意识到自己的脚移动了，并"不小心踩到他人脚"时，我们的第一反应往往是对受影响的人表示歉意，说"对不起"。这是因为我们对自己可能造成的不便进行了"价值评估"。也就是说，当"感知到脚的移动"时，我们不仅从物理上认识到这一动作的意义，还会根据"踩到他人脚，做出了一个不应该的动作"这一现实情境进行价值评估，并向受影响的人表示歉意。对于这种基于行为的价值评估，我们称之为"价值赋予"，它与"意义赋予"是相互关联的。

这说明，在我们真正意识到行为或动作发生之前，我们已经身处于一个充满"意义和价值"的世界中。

主动意向性与被动意向性

不考虑"电车急刹车"这种特殊情境，我们在日常生活中的行为总是伴随着明确的、可感知的意义和价值。我们的每一个日常动作，无论设定早上的闹钟、起床、洗脸、吃早餐，还是上班和晚上入睡，都是基于明确的、自我意识到的意义和价值进行的。但同时，就如之前所提及的，在我们真正意识到这些日常行为之前，我们其实已经身处一个充满"意义和价值"的世界中了。

如之前所述，不论我们是否意识到，事物总在某种程度上被我们赋予"意义和价值"。在现象学领域，这被描述为事物"正被我们所关注或意向化

（intendiert）"。这里的"意向"（Intention）实际上表示，广义的意识（即使是那些未被我们直接察觉到的部分）都是"朝向某个事物的"。现象学根据这种"指向某事物"的通用特性，称其为"意向性"（Intentionalität）。

　　这种意向性可以大体划分为两大类。一类是我们可以清晰地意识到的，如早上起床、吃早餐时的各种意向或目的，这被称作"主动意向性"；另一类是那些未被我们意识到的意向或目的，例如当电车急刹车时，尽管我们的脚做出了移动的动作，但这一动作并未被我们意识到，这种情况下的"脚移动了"的意向被称为"被动意向性"。

　　通过阐明这两种意向性，现象学试图以一种令所有人都能接受的方式来解释"我们所直接体验和感受到的经验本真的状态"是如何形成及发展的。

第4章

感觉与感知有什么不同之处呢?
——坐在汽车后座容易晕车的原因

被动意向性的具体事例

在上一章中,我们探讨了自然科学中所使用的"客观的时间和空间",这些都属于用数字和符号表示的"量化的世界"。但在时间经验中,我们无法寻找到"过去、现在、未来"的真实意义;同样,在空间经验里,我们也难以探寻到"左右、上下、内外"的真实意义。这是因为,那种被视为主观的、赋予特定意义和价值的"意向性",并不适合被包含在以客观为核心的自然科学研究中。

现象学的研究焦点与自然科学大相径庭。事实上,现象学的研究内容并不在自然科学的研究领域之内,其主要关注点是"尽管人们可能没有意识到,但他们对已经发生的事物都已赋予某种意义和价值"。正如上一章中提到的,这种特定的赋予方式,被称为有明确目标或方向的"意向性"。

在上一章中,我们已经简要探讨了意向性,并提到它可以分为两大类。第一类是"被动意向性",例如电车急刹车时,我们可能无意识地感到"脚在移动";而第二类是"主动意向性",例如当我们故意踩他人脚时,我们会意识到并感知到"踩到他人脚"这一行为被赋予了某种意义和价值。

在本章中,我们将深入探讨这两种意向性的性质和特点。

我们经常经历"被动意向性"这一现象,它不局限于"电车急刹车时"的自动反应。例如,沉浸在一本书中时,我们可能突然发现"周围环境变得昏暗"。这种视觉体验也是"被动意向性"的展现。因为我们的关注和兴趣都集中在书上,所以未曾留意到环境的亮度变化。

　　为了察觉到"环境似乎变暗了"，我们必须感知"变暗前"和"现在的暗淡"之间的对比。当我们专心读书时，可能并未真正察觉（或意识到）"原先的亮度"和"现在的暗淡"之间的差异。即便我们尝试去意识这种差异，也可能难以明确辨认。但神奇的是，我们仍能察觉到这种变化（即先前没留意的明亮与现在感受到的昏暗之间的对比）。

　　相反，如果突然停电，尽管我们之前未关注房间的亮度，但当灯光突然熄灭时，我们会意识到"原来我们一直在灯光下"。但是，如果我们本来就未留意到灯光的存在（没有感受到灯光），那么，停电导致的黑暗来临时，我们可能并不会感觉到什么不同，也就不会意识到"原先房间的亮度"与停电后的黑暗之间的差异。

　　在这个"周围的亮度"的例子中，我们可以将其与第 2 章的图 2-1 作比较。当图中"面对面的两个人的侧脸"显现时，作为背景的鲁宾的"杯子"虽未被我们明确地意识到，但我们确实"看到了"它（"看到了"在这里表示非有意识地观察）。这意味着，尽管某些事物在我们的视野中可能被忽视，但它们仍然作为背景存在。只有当我们真正去观察时，我们才会真正意识到它们的存在。

　　这里给出另一个例子。想必每个人在学生时代都有过这样的经验：在专心听课时，突然觉得教室变得安静了许多。此时，我们才意识到，是之前一直在工作的空调停止了运转。由于我们当时完全沉浸在课程内容中，所以并未留意到空调的运作声音。但当空调停工时，我们才首次察觉到之前的运转声。尽管我们之前并未真正"注意到这个声音"（意思是我们并未真正意识到这个声音），但我们确实"听到了它"，这也是为什么我们能够察觉到声音的消失。

　　再举一个与"被动意向性"相关的实际例子。我们因为在走路时深陷于思考，未能察觉到人行道上的高低起伏，从而险些摔跤。这时，我们的注意力大都聚焦于头脑中的思考。一般来说，除非身体极为疲惫，我们都可以在"不刻意关注路况"的情况下行走。这种"不刻意关注路况也能走路"的状态意味着，我们在潜意识中确实感知到了路面的稳固性和高低不平，并根据这些特点不经意地进行预判，随之步步前进。简言之，这是一种哪怕我们不专注，仍能感知和区分外界事物的能力。

正因为我们在"不提升到意识层面"的情况下，已经预测了人行道的稳固性和不规则性，并根据这种预测来迈步，所以当这预测与实际路况的高低不平发生冲突时，我们会有摔跤的风险。实际上，在日常生活中，这种无意识的预测始终在发挥其作用，并且大部分时间，真实的情境都与我们的预测相匹配。因此，我们的日常生活得以保持稳定和连续。

我们对"亮度 / 暗度"的视觉感受、走路时的身体运动感觉，或者感知"人行道的坚实度"的触觉，这些多种感觉都附带了它们独特的意义，比如它们"代表了何种感觉"，以及伴随的"舒适 / 不舒适"的基本评价。尽管在这些感觉出现时我们可能并未完全察觉到它们，但它们被赋予了某种意义和价值，因此被称作"被动意向性"。

为了避免误解，我需要澄清一点："被动"这个词在这里并不是指"主动做某事 / 被动做某事"这种与主动对立的概念。当我们"被动做某事"时，我们通常都能意识到自己是在"被动地"进行某个动作。但当我们"无意识地'听着'某个声音"时，我们往往无法意识到这种"听"的行为。如果从日语语法的角度解释，这里的"被动"不仅与主动态无关，也与被动态无关，而更像表示某事情自然而然地发生的"自发"概念[1]。

关于被动意向性引发的被动综合

让我们回想一下第 2 章中关于"本质直观"方法的讨论及其使用的"思想实验"技巧。那时，我们引入了两个问题来进行实验："当我们逐步缩小眼前的蓝天，直至只剩一个无宽度的点，我们是否还能看到颜色"和"当我们逐渐缩短正在听的声音，至其只是一个瞬时的点，我们还能听到声音吗"。面对这两个"思想实验"问题时，我们可以确切地说，"颜色的本质"与"空间的本质"，以及"声音的本质"与"时间的本质"，这些概念是"相互关联且不可分割的"。

也就是说，"颜色的本质"与"空间的本质"是相互联系并相互依赖的。无论我们看到哪种颜色，这个颜色都存在于一个特定的空间范围内。而当我们观察不同大小视野中的颜色时，颜色总是在我们的视野中整体呈现，给予我们完整的感知。现象学在此选择用"综合"这个词来描述颜色作为一个完整体验的概念，而不是使用"整体"。选择"综合"一词的原因是，它涵盖了"每次都带有新的组合特性"的含义。

让我们基于"综合"的理念，重新考虑先前提到的"被动意向性"中"空调的声音"的例子。在这个例子里，空调声音的本质与时间的流逝是紧密相连的。就像我们在思想实验中所提到的"当声音缩短至如同一个没有时长的点时，我们还能听到它吗"，如果声音不能持续，就听不到声音，这说明声音和时间的持续性是相互关联的。因此，即使我们并未特别留意空调的声音，我们仍然能够辨识其"连续的声音整体性"。尽管我们可能并没有完全意识到，这却形成了一个"整体"。在现象学中，这种由被动意向性所产生的、包含意义和价值的整体性，被称作"被动综合"。

被动综合指的是一种在无意识中形成的对整体的意义和价值的感知。这种感知往往是事物发生后，我们才会察觉和意识到的。只有当我们注意到它时，我们才明白它已经产生了影响。比如，当我们走路时，如果感觉到接下来可能会摔倒，这时我们才会突然意识到原来自己在无意中已经感受到了"人行道的坚固和平滑度"，并且一直在对路面情况进行无意识的预判。同样，当我们觉得教室突然"变得安静了"，这时我们才察觉到，原来我们一直在无意中"听着"空调的持续声响。当我们感受到周围环境突然"变得暗淡"，我们才会意识到"房间明亮度"之前是作为一个背景存在的。

关于主动意向性引发的主动综合

我们在成年后能够在行走时进行思考。但在此之前，每个人首先要从爬行开始，逐步学会站立，然后摇摇晃晃地走，最终达到稳定行走。这个过程，特别是在婴儿时期，是一段充满挑战的学习旅程。只有当我们将全部注意力都投入走路这项技能时，我们才能真正掌握它，达到无须再思考就可以行走的状态。

同样，想象一下我们在电车内站立的情境。我们常常会自然地抓住电车的吊环或安全扶手。当电车经过弯道时，我们的身体会自动调整，维持平衡。在这种状态下，我们仍可以顺利地查看手机或阅读。这种调整平衡的能力并不是天生就有的，而是通过在各种情境中不断地练习站立和保持平衡所习得的。因为我们经过训练学会了如何有意识地控制身体，所以即使在电车急刹车的情况下，我们也能在无意识中迅速调整步伐，确保身体的平衡。

类似于这样，我们人类有一种被称为"随意运动"的能力，允许我们通过意识来主动地控制身体运动。正如第 2 章所阐述的，这种随意运动的能力意味着坚定地、有意识地按照个人的意愿和价值观来操纵身体。例如，当我们谨慎地走在结冰的雪路上时，为了避免滑倒，我们会仔细观察前方的道路，确保每一步都踏在稳固的地方。这种有意识和坚定的行为，表现了我们的自觉性意识和价值判断，相对于"被动意向性"，这种行为被称为"主动意向性"。在这个过程中，我们有意识地协调了从 a 到 b 的每一个步伐，这种步伐的统一和协调被称为"主动综合"。

另外，在"电车急刹车"的情境中，我们的身体会自动地、无意识地做出反应。这种无意识的反应体现了我们的"非随意运动"的能力。

"被动综合的被动意识"和"主动综合的主动意识"

当我们对比"不提升到意识层面的、由被动意向性导致的被动综合"与"被意识到的、由主动意向性导致的主动综合"时，一个自然的疑问随之产生：具体而言，当身体展现出"非随意运动"（不由意志驱动的自然动作或反应）时，人们是如何由被动意向性过渡到主动意向性的呢？因为在"某个运动在被意识到之前发生"之后，我们很快就会意识到它，并相应做出反应。既然这一动作在这时被意识到，那么其意向性就从被动转为了主动。

因此，若基于这种观点，那么对于上述疑问，我们应能找到一个合适的解答。

由于成年人的"随意运动"能力相当发达，我们能够迅速应对"电车急刹车"这种突发状况。这意味着，在"非随意运动"触发时，我们可以通过脚部的动作，将其转化为有意的、随意的动作。例如，我们甚至可以"故意踩到令我们不悦的上司的脚"上。然而，如果这样的行为导致了上司受伤，并且我们明白这是有意为之的，我们可能会因为良心的谴责和自己的过激行为而感到内疚。

换句话说，当不随意的脚部移动发生后，我们需要区分两种情境：一是我们仅仅意识到这个无意识的动作；二是我们刻意利用这个已经发生的动作，将其转化为有意识的随意动作。为了区别"只是被动地意识并接受"与"有意识地参与并控制"的行为，我们必须在意识介入的那一刹那进行观察。因为我们都具备"自我意识"，所以能够明确识别主观意识是否在起作用。

因此，当电车急刹车导致我们踩到他人时，如果我们立即意识到了这一失误并对被踩到的人说"很抱歉"，这只表示我们对"非随意运动"有了感知。在这种情况下，该"非随意运动"并未转变为"随意运动"。但当我们"踩到我们不喜欢的上司的脚"时，我们首先会自然地感知到由"非随意运动"引发的动作，随后这种感知将转化为伴随自我意识的"随意运动"的意识。

因此，现象学将被察觉到的、已然发生的"非随意运动"的意识，称为"被动意识"[2]。在被意识到的"随意运动"中，伴随自我意识的运动感觉被称为"主动意识"。为了区分这两种意识，可以这样理解：当"非随意运动"发生时，我们可能在意识层面上感知到"没有伴随意识的运动感觉"。但这并不意味着"被动意向性"已转为"主动意向性"，而是"被动意向性"在被我们意识到时，以"主动意向性"的形态出现。

被融入"主动综合"里的"被动综合"

通常，在我们的日常生活中，直接接受并意识到被动综合的被动意识并不是那么常见的。若是要在我们到目前为止提到过的例子中寻找相关例子的话，就是"电车的急刹车""教室突然变得安静""周围环境突然变得昏暗""因为深陷于思考所以险些在走路时摔倒"等。在这些情境下，被动综合的作用通常不会上升到意识层面，而往往会作为它们已经完成作用之后的结果，体现为被意识捕捉到。

　　紧接着，这些例子发生以后的一系列动作也许是这样的：当电车急刹车踩到他人脚时，我们会马上向被踩到的人道歉；当感觉到教室突然"变得安静"时，我们会重新将注意力集中到课程内容上；当突然觉得"周围环境变得昏暗"时，我们会站起来把灯打开；当边走路边思考险些摔倒时，我们会开始注意脚下的路况。在这些事例发生以后，我们甚至可能都没有察觉到，我们已经按照被动意识去做了一些后续的事情，因为它们已经被包含到持续的主动综合的流程中去了。

　　通过将现象学中的被动意识与脑科学的研究成果（如"意识的延迟说"和"镜像神经元理论"）进行比较，我们可以更明确地看到现象学如何为脑科学的发现赋予了"意义和价值"。

　　在第 2 章中，我们探讨了里贝特的"意识的 0.5 秒延迟理论"。这一理论提出，在幼儿期，人类已经建立了"运动系统与感知系统的联结"。因此，到了成年，我们可以学习追踪大脑内部的 0.5 秒活动，从而实时应对外界的变化。尽管成年人并不会真正感受到这 0.5 秒的延迟，但人们确实能够意识到它的存在。

　　换句话说，作为成年人，我们从幼儿时期就已经学会了如何减少那 0.5 秒的时间感知差，使其变得几乎可以忽略。从早上醒来到晚上睡觉的整个时间里，由自我意识的主动意向性所驱动的主动反应一直在持续不断地运作，让我们几乎感受不到任何时间的错位。但是，当遇到"电车急刹车"这样的情况时，我们会发现，在"我们的脚开始移动"的那一刹那和我们意识到它移动之间，确实有一个明显的时间差。虽然我们作为成年人已经习惯于几乎忽略这种小的时间差，但在类似于电车急刹车的特定场景下，这个时间差却能被我们清晰地感知。

　　想象一下，电车急刹车前，有人沉浸于阅读。他的注意力和兴趣完全集中在书中，正通过主动综合理解内容。但当电车突然急停时，他的注意力必须迅速地从书的内容中转移，专注于"保持不摔倒"这一本能的反应。

　　这种被迫的关注与我们平时的主动关注是大不相同的。比如，当人们看动画时，他们可能会主动地、有意识地将注意力集中于"观看动画中的移动物体"上，这与"运动系统和感知系统的联结"紧密相关。但这种主动的关注和电车急刹车时的反应是完全不同的。在电车急刹车时，人们不得不将注意力转向某一紧急情况，例如"保持身体平衡"以免摔倒。

为什么坐在汽车的后座会容易晕车

在日常生活中，我们时常遇到这样一个有趣的现象：当我们自己开车时很少晕车，但坐在他人汽车的后座上却容易出现晕车的症状。这背后的原因，或许可以解释为一种"强制性"的体验。当我们亲自驾驶时，我们的"运动系统和感知系统"之间的联结，经由被动综合建立，随后这一联结得以在"驾驶"这一行为中实现。在驾驶过程中，我们能够主动地感知并控制车辆的各项动作，比如可以准确地感知"方向盘的转动"与汽车的移动方向，也能够观察道路状况和其他车辆的动态。换句话说，我们有能力按照自己的意识和预期，对汽车的行驶进行主导和控制。

在幼儿时期，我们不断地学习和建立"运动系统与感知系统"之间的联结。因此，当我们主动进行有意识的动作时，这种联结就如同一种"身体记忆"，深植于我们的身体，如影随形。

然而，当我们坐在汽车的后座并深陷于思考时，我们往往不会像驾驶时那样关注前方的路况或预测即将发生的情况。例如，当驾驶时，我们可能会预判："前方的道路正缓慢弯曲，因此，我只需轻轻转动方向盘，风景就会随之改变。"这样的预测是驾驶时所必需的技能。但坐在后座时，我们往往不会使用这种技能。

因此，当我们坐在汽车的后座而不是亲自驾驶时，我们的身体必须适应不可预知的曲线和刹车动作。尽管坐在后座我们无须像驾驶时那样预测前方的路况，但会不经意地感受到"行车中的运动变化"。这些微妙的变化，不断地触动我们的被动感知。

若此时我们有"时间的错位"之感，那是因为在被动综合中，我们无意中经历了"行车中的运动变化"。这种"运动的感觉变化"在被动感知的过程中是至关重要的，因为这恰好对应于里贝特所描述的"大脑活动的 0.5 秒延迟"。

在可以预测的"随意运动"中，不论预测是否正确，我们都能迅速且无延迟地做出反应；但在无法预测的"非随意运动"发生的情况下，确实需要一些处理时间。这就是为什么我们会真实地感受到那"0.5 秒"的延迟，产生时间错位之感。

因此，现象学对研究运动感觉的脑科学提出了批评。这些脑科学研究未能阐明随意与非随意运动时，运动感觉的差异性（即行为的责任基准）。相反，它们将脑内的"0.5 秒"反应活动错误地、简单地解读为纯物理的因果关系，如神经信号的传递和处理。这种理解完全忽略了被动综合现象在意义和价值赋予过程中的作用。

感觉（被动综合）和感知（主动综合）的不同之处

观察婴儿的成长，我们可以看到：在获得"我在移动"这一带有自我意识的有意图的"随意运动"之前，婴儿会展现被视为本能的"非随意运动"。例如，婴儿在真正学会走路前，会先挥动手脚。这些并非婴儿刻意的行为，而是出于本能的。同样，婴儿的啼哭不是他们有意要做的，而是一种不随意的、本能的反应。

婴儿在幼儿期逐渐掌握了基于自我意识的随意运动。例如，他们会爬到沙发后取玩具小汽车，这显示了他们的"对物体的识别"能力，并据此采取行动，这与感知有密切联系。更深入地解读这种识别能力，当我们首次看到"鲁宾的杯子"这一图像时，最初可能只注意到其黑白的图案（基于感觉），但随后会识别出"一个杯子"或"两个人的侧脸"。所以，这里有两个关键的认知：①感觉到的事物会随后被认知；②感知之前总是伴随着感觉。

感觉总是在感知之前出现，这不仅仅适用于视觉领域。无论在听觉中听到某个陌生的声音，在味觉中尝到某种新的味道，在嗅觉中感受到特定的气息，还是在触觉中接触到独特的触感，这些都是首先基于感觉的。在所有这些领域中，感觉都是被动综合的结果，而感知则与自我意识相关，是通过主动综合产生的。

苹果是如何被感知为苹果的呢

在此,我们以视觉为例,深入探讨:"'正在观察某样东西(具体的事物)'的感知是如何建立的?"值得强调的是,尽管感知确实基于感觉,但这并不意味着"感知直接从感觉中产生"。接下来的思想实验将帮助我们解答这个疑问。

为了更真实地呈现我们眼中的苹果,我们可以尝试为一个旋转和移动的苹果拍摄 20 张连续照片,并将这些照片依次排列。每张照片都展示了苹果的某一侧,但无法捕捉到其背面。然而,当我们实际把玩并旋转这个苹果时,尽管我们不能看到其背面,但我们确信它的背面是存在的。这看似是一个理所当然的认知,但如果深入思考,不免产生这样的疑问:难道这不是一个神奇的事情吗?

为了理解我们为何如此确信苹果背面的存在,回想一下第 2 章图 2-3 中"用圆珠笔画正方形"的示例。这个例子突显了当我们"画线条"时,控制身体行动的运动系统与使我们能够看到"所画线条"的感知系统之间是如何相互关联的。当我们缓慢地画线时,我们便看到逐渐形成的线条;而当我们快速地画线时,我们则看到迅速形成的线条。得益于幼儿时期的反复练习,我们逐渐学会了发挥这两个系统之间的协同作用。

在这个过程中,手移动产生的运动感觉与随之变化的视觉影像形成了一系列的匹配。比如,"运动感觉[1]"与"视觉影像[1]"、"运动感觉[2]"与"视觉影像[2]",以及"运动感觉[3]"与"视觉影像[3]"等。简言之,这些可以被视为"运动感觉 – 视觉影像"的一系列匹配对。

基于此,当我们用左手慢慢地顺时针旋转苹果时,假设这个动作是由前面提到的 20 帧"运动感觉 – 视觉影像"组成的连续匹配。那么,我们怎么能确信这20 帧感觉匹配的图片不是 20 张毫无关联的照片,而是展现同一苹果连续动态的20 张照片呢?

首先,我们明确知道,无论是手静止时的感觉,还是手移动时的运动感觉,都是同一只手经历的感觉变化。这种确信源于我们知道移动的手是自己的手,带有明确的"确定性"。进一步地,由于我们对"运动感觉 – 视觉影像"的匹配对中的运动感觉有绝对的信心（确信手的连续性动作），这为与之相匹配的视觉影像（观察到的苹果的连续视觉变化）提供了坚实的支撑。

因此，当我们旋转苹果时，我们手的连续性运动感觉确保了配对的苹果视觉影像也是连续的。简言之，我们对移动的手是自己的手的确信，始终伴随着与其相配对的视觉影像的连续性。由于这一"运动感觉－视觉影像"的匹配关系，即使我们现在看到的苹果的一面被转到背后而不可见，我们也相信那个不可见的背面就是之前可见的那一面。

当我们持着苹果缓慢旋转时，我们可以体验到手指在不同位置上的触摸感，这都与相应的触摸位置的视觉影像相匹配。尽管在旋转过程中，某些位置的视觉影像消失，但那里的触觉是恒定的。比如，当从"触觉^1－视觉影像^1"转变为"触觉^2－视觉影像^2"再到"触觉^3－视觉影像^3"时，即使视觉影像^{3}因转到背后而不可见，视觉上的感知消失，触觉^{3}也仍然与触觉^{1}和触觉^{2}是连续的，都被认为是"自己的触觉"。

正如"运动感觉－视觉影像"之间存在的连续性配对，我们手部的运动感觉的连续性确保了与其匹配的苹果的视觉影像也是连续的。现在，通过"触觉－视觉影像"的配对，我们将连续的触觉与相应的视觉影像结合起来。即便某个视觉影像暂时不可见，我们也坚信它仍然存在，只是目前被遮挡了而已。

从这种角度看，我们可以更直观地理解：当我们看到一个苹果时，我们所看到的苹果的各个侧面，并不是如分开的、不连续的照片那样逐一展现在我们眼前的。我们的视觉不仅与运动感觉形成了配对关系，还与触觉形成了配对。同样，运动感觉与触觉也是相互配对的。因为任何感觉都与其他感觉相互连接，即使其中一个感觉暂时缺失，其他的感觉也可以补足这个缺失。拿苹果来说，即使我们看不到它的背面，我们仍然知道那是这个苹果的背面。

因此，感觉之间的互相配对是非常关键的。这种感觉之间的相互关联，被称作"结对"（Paarung）。这是一个重要的现象学概念，我们在后续的章节中会经常提及，所以请务必记住这一点。

第 5 章

探讨"现在"的形成
——所谓"过去保持"与"未来预设"的意向性

阐明"整合的机制"

在第 4 章中，我们用各种实例阐明了，通过我们的五种感官（视觉、听觉、嗅觉、味觉和触觉），我们能够体验到一些不曾被我们察觉的情境，如"电车急刹车"的瞬间、"空调停止"的静谧或"因为深陷于思考所以险些在走路时摔倒"的状况。这种特殊的感知方式，我们称其为"被动意向性"。而包含这种"被动意向性"意涵的整体结构，我们称之为"被动综合"。

虽然在第 4 章中我们探讨了"被动综合"产生的感觉整体，但未详细解释这个整体是如何形成的。因此，在本章中，我想深入探讨：当五种感官捕获的众多感觉汇集为一个统一的整体时，这种"整合"的过程究竟如何进行。也就是说，我们想要解答"什么是整合的机制"这一问题。

以"声音如何构成旋律"为例子。正如第 2 章中提到的，"听见声音"和"时间的持续"是缺一不可的。如果没有时间的持续性，声音本身就无法被听到。这意味着，在探索"声音如何被整合并听到"的问题时，我们不能将它与"时间如何持续"以及"时间如何流动"的问题区别开来。这两者实际上是密切相关的。换句话说，"声音的整合"和"时间的流动"是相互联系且无法分割的。因此，我想通过这个例子表明：本章会同时从"感觉的方式"和"时间的流动方式"这两个角度进行探讨。

我相信，大多数日本人都熟悉日本那古老的歌谣——《樱花》的旋律。但对于第一次听这首《樱花》的日本成年人（或者外国人），他们又是如何体验这首歌的呢？

想象一下，《樱花》这首歌谣由木琴演奏，每个音都非常清脆。当开始演奏时，我们首先听到的三个日文发音是"sa"（它对应的音符是"so"）、紧随其后的"ku"（也对应音符"so"）和"la"（对应音符"la"）。但是，在我们听到"sa"的那一刹那之后，等待"ku"的声音出现期间，先前的"so"音符（也就是"sa"）的"印象"在我们的短期记忆中开始逐渐模糊，我们对它的感觉也开始渐渐淡去，如图 5-1 所示。

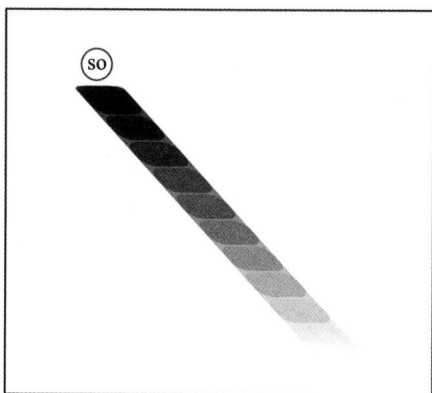

图 5-1   音符"so"的直观力逐渐消退的过程

这里的"印象"不是指实际的"声音余音"。我选择木琴来演奏《樱花》是因为，与弦乐器不同，木琴的声音没有余音或回响。每个音都清晰且之间有明确的间隔，所以不会有余音。因此，图 5-1 展示了当我们听到木琴的第一个音符"so"时，它在我们短期记忆中所留下的"鲜明印象"，以及这种印象是如何逐渐淡化的。

为什么图中描述音符印象的消退为斜线形态呢？这表示印象的逐渐消退与时间的流逝是同步的（图中向右表示时间的流逝）。图中斜线的深浅变化形象地展示了木琴上的音符"so"从最初被清晰地听到，然后在我们的短期记忆中留下一个"鲜明的印象"，之后逐渐减弱直至消失的过程。

在这里，"鲜明"可以被解读为"直观表现形式"。这里提到的"直观"，和我们在第 2 章中所探讨的"本质直观"里的"直观",实际上是同样的概念。为了更好地理解,让我们再次回顾一下关于"直观"的定义。例如,当电车急刹车时,我们对脚的移动感知有时会早于我们的意识反应。这种可以清晰地、不带任何疑惑地感受到的状态,就称为"直观"。因此,"鲜明的"声音印象在意识中逐渐消失,也可以被看作感觉的"直观表现形式"逐渐变弱。进一步说,这种"直观"的展现方式也可以看作"直观的强度",即"直观力"的强弱。

接下来,让我们看一下图 5-2。这张图描述了当第二个日语"ku"(对应音符"so")被听到的情况。它与第一个音符类似,都描述了音符给听众留下的鲜明印象(或称为直观力)如何随时间推移而逐渐淡化。在图 5-2 中,有一个关键词——"重合"。这里,"重合"的意思是,当第一个"so"音的直观力正在降低时,第二个强直观力的"so"音出现,并与第一个"so"音的印象相重叠,形成了一个统一的"so"音的感觉。

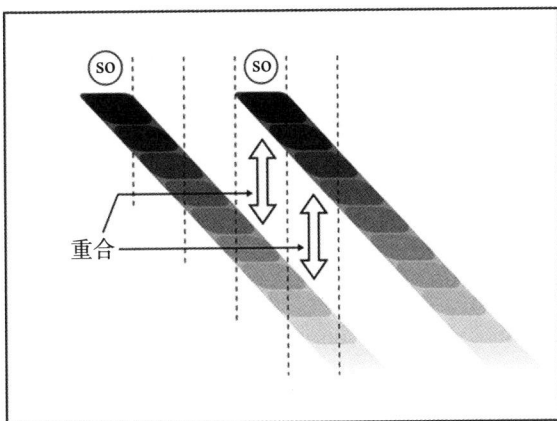

图 5-2　第一个音符"so"与第二个音符"so"的"重合"

现在,我们来看图 5-3。这幅图详细展示了当第三个日文"la"(对应音符"la")的声音出现时的情况。图中那些垂直轴的底部展现了最初的"so"音符逐渐失去其直观力的过程。紧接着的上一层,表示了与之重合但已稍微减弱的第二个"so"音的直观力。最顶端则清晰地描绘了刚刚出现的"la"音的直观力,此刻它是具有最为鲜明直观力的音符。

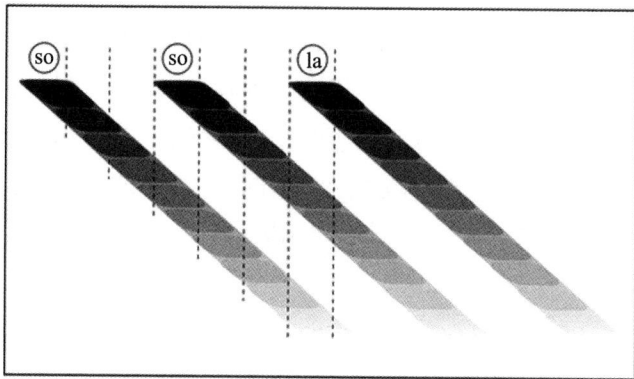

图 5-3 直观力的减退与重合

这个过程好比站在船甲板上，观察一艘潜水艇渐渐沉入深海，直至其影子与时间一同消逝。这与时间的流逝有异曲同工之妙。同理，直观力最弱的第一个"so"音符上方，稍显减退的第二个"so"音符与其叠加，最具直观力的"la"音符则位于最顶部。这些音符的叠加形象地呈现了时间的流逝"次序"。

过去、现在、未来的意义的形成

当我们听到第三个音符"la"时，它的直观力达到了顶峰，让人强烈地感受到一个"就在这一刹那"的时刻。这种强烈的直观力不仅带给我们"此刻"的真切感受，而且使我们深切地体验到了一个充满"时间意义"的瞬间。那么，既然"现在"是这样的，那过去和未来又是如何体现其时间的意义，并让我们真切地感受到的呢？

在这里，我们可以回忆第 3 章所讨论的内容，特别是关于标有"$-t$、0、$+t$"这三个点的直线时间轴。从第 3 章中，我们得知，虽然我们试图在这个时间轴上寻找"过去、现在、未来"的深层意义，但实际上我们发现，这些概念的真正含义是难以明确的。

关于过去，为了深入了解其真正意义以及实际感受到它，我们依然可以采用 "电车急刹车" 的情景作为例子。想象当电车突然刹车时，人们往往会不自觉地先移动步子，然后才意识到自己做了什么。在此，正是因为 "先发生的" 动作顺序（即先做的事情相较于后做的事情被看作 "过去"）让我们体验到了 "过去" 的感觉。这种行为的先后次序，使我们对 "过去" 的含义有了深刻的感受。

对于 "未来" 的含义，我们可以以 "因为深陷于思考所以险些在走路时摔倒" 为例来加以解释。当我们在险些摔倒的那一刹那，未来仿佛被定义为 "或许下一秒我就会摔倒"。这表明，未来是有预期性的。但这种预期与 "下意识地预测人行道的状况" 是不同的。虽然我们可能在潜意识中预测人行道的表面，但我们并没有真正意识到这种预测。因此，只有当我们真正预见并感受到某个将要发生的事情时，未来的意义才会真正地被体验到。

我们真正体验的 "过去、现在、未来" 的时间观念，在时间的前后逻辑中，可以被称为 "时间形式"。同时，发生在不同特定时刻的事件的细节，我们可以称其为 "时间内容"，每一时刻都有其独特之处。

但是在探讨如何通过 "时间形式" 和 "时间内容" 来理解 "时间的意义"（即我们真实体验的时间感）时，有一个核心点要强调——当我们真正体验到 "过去、现在、未来" 的时间感时，我们应先深入体验 "时间内容" 中的具体事件，再思考其背后的 "时间形式"，而非反过来。

所谓的 "反过来" 意味着，首先存在一个 "时间形式" 的框架，接着在这个框架之内，发生了各种事件，这些事件组成了被我们称为 "时间内容" 的部分。

"过去保持" 的意向性

接下来，我们将介绍新的意向性概念，同时进一步探讨为何 "时间内容" 先于 "时间形式" 存在。

虽然我们刚刚谈到了 "过去" "现在" 和 "未来" 这些概念，但仅凭单一的 "现在" 时刻，我们无法真正欣赏到《樱花》这首歌的旋律。这是因为在 "现在"

的那一瞬间，我们是无法听到像"so-so-la"这种由连续的单音音符组合形成的一小段完整旋律片段的。

当第一个"so"音符的旋律轻轻响起时，其生动的"直观力"逐渐退却。随后，当第二个"so"音符再度响起时，我们几乎可以毫不犹豫地确认，我们已经听过两遍"so"的旋律。之所以能够感受到这连续的"so"音符，是因为尽管第一个"so"的鲜明感正在消逝，但它在我们的短期记忆里依然留有余温。正因为每一特殊的过去瞬间在当下仍得以保留，我们才能体会到那连绵不断的旋律。

胡塞尔将这种"维持消逝过去的事物"的意向性称作"过去保持的意向性"。他进一步阐述，旋律的流动性并不仅仅是由此刻的音符构成的，还与"过去保持"的意识的统一同样息息相关。因此，那些已经响起并逝去的音符，仍会在我们的意识中留存，形成一个连续的流程，进而为旋律的统一意识铺路 [1]。

由于"过去保持的意向性"在本书的解读中占据着核心地位，希望大家深入理解并领会其深刻含义。

过去保持的交叉意向性与延长意向性

现在，我们来使用刚刚介绍过的"过去保持的意向性"的概念，尝试解释图 5-3 吧。图 5-3 表示的是听到"so-so-la"这一旋律时，直观力对这 3 个音符的印象走势。当我们观察图中"so-so-la"这一旋律被过去保持的过程时，我们可以发现两个不同的方向：一个，是听到的每个音符在意识中逐渐失去鲜明度的垂直轴方向；另一个，是听到的每个音符在处于"现在"时刻时被意识捕捉的，尚且还留存着印象的水平轴方向。

在图 5-4 中，垂直轴所代表的"过去保持的意向性"被标注为"交叉意向性"。之所以这样称呼，是因为它与"so-so-la"音符在意识中的印象相互交织，且音符的鲜明度随时间流逝而逐渐淡化。这种交织的特性使其被称作"交叉意向性"。而水平轴所代表的"过去保持的延长意向性"，描述了"so-so-la"旋律中对音符在意识里的连续性和扩展的感知，因此被称作"过去保持的延长意向性"。

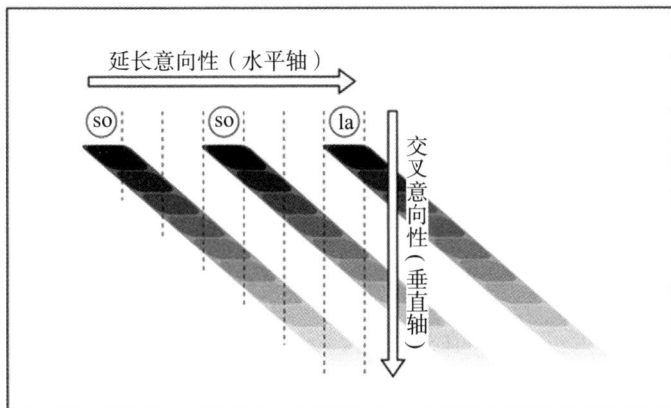

图 5-4　过去保持的交叉意向性与延长意向性

在图 5-4 的垂直轴展示中，"过去保持的交叉意向性" 可以这样理解：当我们听到 "la" 音符时，最底层展现的部分反映了我们首次听到的 "so" 音符在意识中已经失去大部分的直观力。向垂直轴上方移动，我们可以观察到第二次听到的 "so" 音符，它的直观力有所降低，并与最初的 "so" 音符的印象部分重叠。而位于最顶端的，则是我们最近听到的 "la" 音符，此刻，它在意识中具有最为鲜明的直观力。总的来说，图中的 "过去保持的交叉意向性" 揭示了意识中的音符随时间的流逝而呈逐层减弱的状态，形似一个层次分明的沉积过程。

在图 5-4 的水平轴上，"过去保持的延长意向性" 依次展现了三个音符：首先是第一个 "so" 的音符，接着是第二个 "so"，最后是 "la"。但这个顺序并不是基于实际的钟表时间或客观时间的流逝来排列的。例如，我们不能准确地说第一个 "so" 是在什么时刻响起的，同样，第二个 "so" 和第三个 "la" 也不是由某个固定的时间点或数值来定义的。

那么，在进行 "现象学还原"——即 "回归经验本真的状态" 的过程中，却使用了原本应该被 "置于括号内" 的 "时钟时间" 来决定声音的顺序，这种做法实际上就是放弃了 "现象学还原" 的方法，转而采用自然科学的第三人称观察方式。这么做意味着不再专注于解析我们在经验中直接感受到的意义和价值（即 "意向性"），而是转向了一种不同的观察和分析方式。

在这种"过去保持的延长意向性"的背景下，音符的顺序又是如何在我们的感知中真实地呈现和被直观地体验的呢？

"so-so-la"的顺序是如何确定的

首先，在"过去保持的交叉意向性"中，时间的各个层面都是同步构建的。这些层面反映了"时间内容"在鲜明度上的变化。

其次，关于"过去保持的交叉意向性"，时间内容的鲜明度的减少，成了确定"时间内容"在过去与现在出现顺序的主要依据。这意味着，只有当声音的鲜明度随"过去保持"减弱至消失时，我们才能真切地感受到先前与现在声音的区别。并且，只有当我们意识到这种区别时，声音的"顺序"才被明确。

请参照图5-5。图5-5展示了"过去保持的交叉意向性"（垂直轴）中的三个音符在鲜明度上的变化。从鲜明度最低的第一个"so"音符开始，然后是其后的第二个"so"音符，最后是最新听到的第三个"la"音符。

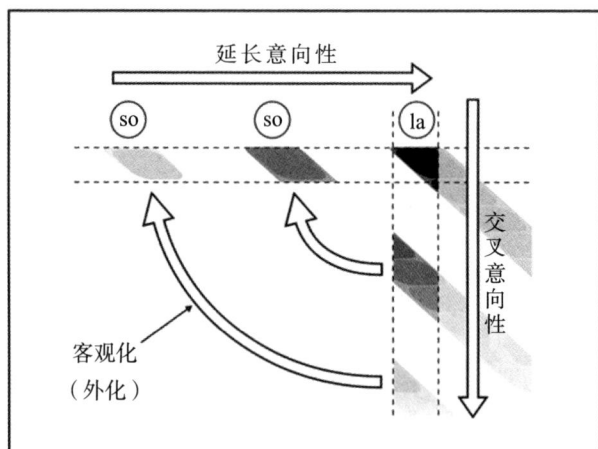

图5-5　交叉意向性到延长意向性的客观化呈现

在图 5-5 中,"时间内容"在"过去保持的交叉意向性"(垂直轴)上得到了清晰的展现。一个向左上方弯曲的箭头进一步揭示了"时间内容"被"客观化"(也可称为"外化")的过程,并与"过去保持的延长意向性"(水平轴)建立了关联。

"客观化"是指将主观的体验表现为客观的形态,"外化"则描述了内部体验被显露给外部的过程。简言之,这代表了主观的体验在超越个人观点的客观世界中获得了意义,也被称为"意向的作用"。在这个情境下,"过去保持的交叉意向性"(垂直轴)体现了"时间内容"的直观力(或鲜明度)的不同程度的客观展现,"过去保持的延长意向性"(水平轴)则展示了时间内容的客观顺序或"定位"。

前文提及了"时间内容"和"时间形式"的关系。在这种联系中,"时间内容"扮演了主导角色,而"时间形式"更像对"时间内容"的补充,是其后的附属概念。

因此,现象学阐述了如何将"过去保持的交叉意向性"(垂直轴)转化或"客观化"为"过去保持的延长意向性"(水平轴)。

潜在意向性与显性意向性的不同

在这个部分中,我们将介绍两个新的"意向性"概念。通过结合前文的"过去保持的意向性"和新的"潜在意向性"及"显性意向性",我们不仅可以与前面的章节相互关联,还可以更深入地理解这两个新概念。

"潜在性"里的"潜在"意味着"隐约存在但不立即显现"。拿《樱花》这首歌曲为例,最初的那个"so"音符随着其在意识中的鲜明度减弱,逐渐转化为"潜在意向性"。相反,"显性"意味着"清晰可见",适合描述那些在当下被清楚感知的事物。

在了解了"潜在意向性"和"显性意向性"这两个新概念后,让我们重新审视第 4 章提到的场景:当教室突然安静下来时,学生们可能突然意识到之前一直在运行的空调已经停止了。对于这个场景,如何将"过去保持""显性意向性""潜在意向性"，以及"被动综合"和"主动综合"这些概念应用其中？这又会带来怎样的新理解？

在这个场景中，首先要明确：与那些专心听《樱花》旋律的人不同，那些专注于在课堂上听讲的学生可能之前并没有意识到空调正在运转。但当教室安静下来时，他们意识到了这一变化。这意味着他们能够感知到"原本的嘈杂声已经消失，现在变得安静了"这一微妙差异。换句话说，他们注意到了某种"变化"的存在。

当我们突然意识到"环境安静下来了"时，这一清晰的感知表明我们对"安静"这一状态赋予了明确的"意义"，并激活了与其相关的"显性意向性"。但要注意到"环境安静下来了"，我们必须分辨"之前的嘈杂状态"和"安静的那一刻"的区别。令人好奇的是，上述课堂情景中的学生似乎没有真正意识到"之前的嘈杂状态"。

为什么会这样呢？在这个课堂情境中，学生的关注点主要集中在讲课内容上。由于他们清晰地意识到讲课内容，这触发了他们的"显性意向性"，并进一步激发了他们的"主动意向性"和由此驱动的"主动综合"。虽然"空调的声音"并未被学生真正注意到，但在"潜在意向性"的作用下，这个声音通过"被动综合"仍然被他们意识到。而这声音的连续性则是通过"过去保持"来维持的。

鸡尾酒会效应产生的原因

通过运用"显性意向性"和"潜在意向性"这两个概念，我们能更清楚地解读第2章中的"鲁宾的杯子"示例。在这个"图像与背景的转换"中，当我们聚焦于其中一个元素（如"杯子"或"两个人的侧脸"）时，它成为主要的图像，而另一个元素则自然退化为背景。

这种"图像与背景的转换"是这样发生的：当我们明确地感知到"杯子"作为主图像（以"显性意向性"的形态展现），那么"两个人的侧脸"就自然淡化为背景，通过"过去保持"的方式变得不太明显（呈现为"潜在意向性"）。相反，当"两个人的侧脸"成为我们的主要注意点（呈现为"显性意向性"）时，"杯子"则转变为背景，通过"过去保持"被淡化（转变为"潜在意向性"）。

在"图像与背景的转换"中，"鸡尾酒会效应"也是一个形象的例子。当我们在聚会中专注地听某人说话，偶尔可能会突然听到自己的名字从周围的对话中出现，这会立即吸引我们的注意。这个效应背后的逻辑是：当我们专心听某人说话（这时，"谈话内容"作为"显性意向性"被我们注意到）时，我们实际上也在不知不觉地听其他人的对话，这种不经意的聆听行为通过"过去保持"被维持为"潜在意向性"。因此，这种模式与"图像与背景的转换"相似。当我们的名字（类似于"图像"）被提及时，它立刻从"潜在意向性"变为明显的"显性意向性"。

这些情境都强调了一个核心点：仅当"潜在意向性"在我们未察觉的情况下，通过"过去保持"的方式默默存在时，它才能变成我们能够明确感知的"显性意向性"。当"图像与背景的转换"现象出现时，那些明确被感知的元素，也会通过"过去保持"的过程转化回"潜在意向性"。

作为"潜在意向性"的"未来预设"

让我们再考虑"在上课时，由于空调突然停止运行而觉得教室变得安静"这一情境。这说明，尽管我们可能并未刻意注意空调的声音，但在我们的意识背景中，"空调的声音"仍旧以"潜在意向性"的状态存在，通过"过去保持"得以保留。正因为这种深藏在意识中的声音印象，我们才会察觉到环境中的微小变化。

但更进一步地思考，我们会发现一些有趣的现象。也就是说，由于此时空调已经停止了，实际上学生们无法听到任何与空调相关的声音。这意味着，他们无法将之前在意识中留存但并未特别注意的"空调的声音"，与此时实际上已经消失的"空调的声音"进行对比。

为了感知这些"已经不存在的声音"并触发这种察觉，我们需要一个与"过去保持的意向性"截然不同的意向性概念。于是，胡塞尔引入了一个特定的意向性并称之为"未来预设"。这个"未来预设"概念意味着，在我们真正意识到某个事件或现象前，我们已经预先对它即将发生的未来进行了某种预期或预测。

实际上，我们在第 4 章中讨论"被动意向性"导致的"被动综合"时，已经涉及了这个"未来预设"概念。以"因为深陷于思考所以险些在走路时摔倒"为例，以下是发生的情况：当我们走路时，尽管"人行道的坚实程度"并未成为我们主观的明确意识，但我们仍然潜在地对其进行了认知。在这种隐性的认知下，我们进一步对"人行道的坚实程度"形成了"未来预设"，也就是预测未来可能发生的情况。因为这次的预测出现偏差，我们才险些摔倒。

"活生生的现在"的结构

通过应用之前探讨的"未来预设"和"过去保持"这两个意向性概念，我们可以深入地解读"注意到空调声音已经停止了"这一"注意到了原本存在但现在消失的声音"的情境。

在我们的意识背景中，"空调的声音"是潜在存在的，但我们并未真正注意到。但这声音仍旧作为过去的记忆被保留着（"过去保持"的声音）。这种隐秘地保存的"空调的声音"代表了我们对它的一个"潜在期望"。我们本以为空调会一直发出声音，这是我们的"未来预设"。但当它突然没有了声音，我们的这个预期并未实现，因此我们突然意识到"空调的声音已经停止了"。

也就是说，我们对"空调的声音"有一个未来的预期，但实际上并未听到与这一"预设"相符的声音。正是因为预期未实现，这种出乎意料的变化才吸引了原先并未关注这个声音的学生，使他们意识到了环境中的这一变化。

空调的持续声音已成为我们过去的经验，这个经验（声音）变成了一种对未来的预期或"未来预设"。每当我们再次听到这个声音时，它就重新被纳入过去的记忆，并再次形成一个对未来的预期。这样，每次声音的出现都触发了一个新的"被纳入过去"的环节，形成了一个持续循环的过程。

这个持续的流程可以被理解为一个"过去保持 ^{1} – 未来预设 ^{1}，过去保持 ^{2} – 未来预设[2]……" 的连续序列。有趣的是，这种连续的 "过去保持" 和 "未来预设" 循环并未真正进入我们的意识中。如果用图形来描述，它可能与图 5-6 有相似之处。

当我们 "听到" 了不太被注意的空调声音 T_1，然后又意识到了同样微妙的空调声音 T_2 时，这个 T_2 实际上和已经 "过去保持" 的声音 R（T_1）是同一种声音，同时也和我们 "未来预设" 的声音 P（T_1）是同样的声音。这里的 "同一种"，是指像图 5-2 所解释的那种在 "时间内容" 中实现的 "重合"。这种重合主要体现在三个方面：不太被注意的空调声音 T_2，已经通过 "未来预设" 转变为 "潜在意向性" 的 R（T_1），以及这种 "潜在意向性" 即将转变为 "未来预设" 的 P（T_1）。而 T_1 与 T_2 的区别在于，T_1 是某一刻的微妙空调声音，作为参照；T_2 是随后出现的，与 T_1 在感觉上非常相似的空调声音。

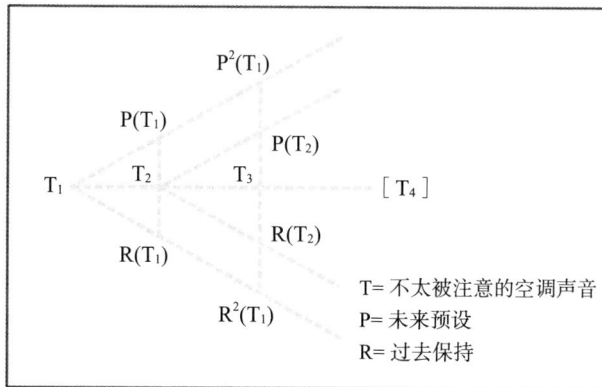

P²(T_1)

P(T_1)

P(T_2)

T_1　T_2　T_3　　　[T_4]

R(T_2)

R(T_1)

R²(T_1)

T= 不太被注意的空调声音
P= 未来预设
R= 过去保持

图 5-6　"过去保持" 与 "未来预设" 的持续过程

那么，在进一步考察代表空调声音的感觉内容 T_3 时，我们可以观察到如下现象：当与 T_1 相似的空调声音的感观内容 T_3 再次出现时，之前已经被保留（保持）在过去的 R（T_2）以及 R（T_1）将会再次被保留（保持）在过去。这一过程，形成了一个被二次重合保留（保持）的层次 R²（T_1），并在 "过去保持" 的概念层面上产生了叠加。同样，当 T_3 出现时，之前已经被预设到未来的 P（T_2），以及 P

（T_1），也将会再次被预设到未来，从而形成一个被二次重合预设的层次 $P^2(T_1)$，并且，在"未来预设"的概念层面上产生叠加。

让我们考虑 T_3 之后的一个特殊情况：我们预期的、潜在的空调声音并未如我们所期望的那样出现。在图 5-6 中，这种未出现的情境可以用方括号［ ］来描述，标识为 T_4。这时因为空调停止了，所以没有声音产生。既然先前预设到未来的空调声音 $P(T_1)$ 和 $P(T_2)$ 并未真正出现，这种未达到预期的情况会让教室里的学生感到"出乎意料"和"惊讶"。

当预测不符合实际时，产生的"意外感"可能并不像行走中因为不注意而几乎跌倒那样强烈。但当教室突然变得寂静，这种"意外感"足以引起人们的注意，并使学生下意识地思考"究竟发生了什么"。

从这个例子中，我们可以更深入地了解"现在"的含义。它不仅是我们当下体验的那个瞬间，更进一步，它包括了对"已过去的时刻"的回忆与意义，即"过去保持"，以及对接下来的未来的不假思索的预测，即"未来预设"。这三者——"过去保持、现在、未来预设"共同构成了一个时间结构，这正是胡塞尔描述的"活生生的现在"。

感觉素材与潜在意向性的相互唤醒

再次讨论《樱花》这首歌曲的例子。本章虽然是围绕着人们第一次听到《樱花》这首歌进行阐述的，但我们要明确的是，第一次听这首歌的日本成年人或外国人，已经有了一个很成熟的"听觉区域"，能区分不同的声音。不止于此，他们还形成了"视觉区域""味觉区域"和"触觉区域"等不同的感觉领域。

所以，当我们进一步深究这个话题时，一个新的疑问浮现出来：为什么我们在听到木琴的"so"音符时，会自然地感知它为那个"特定的音高"（so）？或者说，当"so-so-la"这几个音符接连响起时，我们又是如何准确地辨别"so"和"la"之间音高的差异的呢？

针对这个疑问，现象学认为：从人类胎儿时期开始，有许多种声音通过"过去保持"的形式，已经以"潜在意向性"的方式存留在我们体内。这意味着，这些声音不只是听觉的感觉回忆（或者说听觉的"潜在意向性"），它们更是已经深深地成为我们身体的记忆。

这些丰富的记忆和对应的"潜在意向性"，并不仅仅局限于听觉。它们覆盖了我们所有的感官，如视觉、味觉、嗅觉、触觉以及运动感觉。这意味着，从我们胎儿时期开始，所有这些感觉的种类，都已经以"感觉记忆"或更精确地说是以"潜在意向性"的方式，深深地嵌入了我们的身体中。

当我们听到"so-so-la"这一系列音符时，图 5-7 为我们细致展示了内在发生的现象。特别地，图中放大展示了第一个"so"与第三个"la"音符的响起瞬间。在放大的上半部，我们看到了被称为"感觉素材"的众多元素。在现象学中，这些元素代表那些尚未具形的原始的感觉内容。而这些素材的本质特性仍是一个谜，它们是原初的且未被加工过的。下半部则揭示了我们从胎儿时期起听到的无尽声音。这些声音通过一种"过去的体验"被转化，进而形成了大量的"潜在意向性"，这些意向性随后被深深地嵌入我们的身体记忆中。这部分在图中被虚线框住，被称作"意义的范围"。

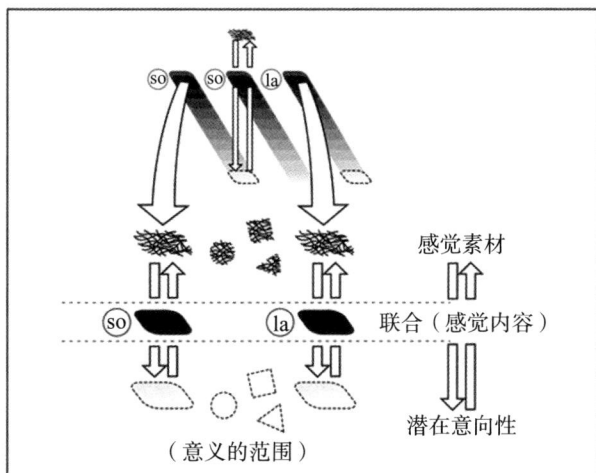

图 5-7　感觉素材和与之相呼应的潜在意向性的"意义的范围"

在图 5-7 的核心部分中，我们看到了两个被醒目标记的音符："so"与"la"。值得注意的是，我们对这两音的识别不是由某个特定的"感觉素材"决定的，而是基于我们过去与这两音的亲密接触和记忆。这种记忆通过"潜在意向性"不仅给予了这两音特殊的意义，还塑造了我们识别它们的方式。

这些"感觉素材"和"潜在意向性"共同界定了"意义的范围"。每次我们感知时，这些素材和意向性好似相互激活、相互呼应，因此我们能够听并识别出"so"和"la"。胡塞尔称这一相互激活的过程为"联合"。

当我们听到"so-so-la"这系列音符时，第一个"so"音符与第二个"so"音符在听觉体验上有所不同。具体来说，对于第一个"so"音符，我们可能会更加关注"这首歌以何种音符开始"这个细节。

当我们听到木琴发出的"so"音符时，我们的"潜在意向性"被激活，使我们回想起过去听过的相似音符。更确切地说，那些与"so"音符相关的记忆和经验被唤起。在这个过程中，听到的"木琴的'so'音"作为一个直接的声音刺激（感觉素材）与我们记忆中的木琴的"so"音（潜在意向性）相互作用，产生了一种"相互唤醒"的效果。这使得我们听到木琴的"so"音时，不仅仅是听到了一个简单的声音，还直观地感知到了这个声音所带有的明确、显性的意向性。

当我们听到第二个"so"音符时，第一个"so"音符已经成为我们记忆中（"过去保持"）的声音，它的直观力已逐渐减弱，最后转变为"潜在意向性"。这使我们能更容易地判断第二个"so"音符与第一个"so"音符是否完全相同，或者是否有细微的差异。

当第一个"so"音符进入我们的记忆，即被"过去保持"，而第二个"so"音符刚刚响起时，我们可以借助与音符相关的"意义和价值"来判断这两者是否相似。这种对比和连接的过程被称为"联合"。正因为有了这一过程，我们才能真正听懂并分辨音符的差异。

关于"联合"的概念，它并不仅仅是实时地比较第一个和第二个"so"音符。实际上，它描述的是当第一个音符逐渐变为"潜在意向性"时，与第二个音符之间的相互关联，即二者是否重合。

以"空调声音"为例。当学生在教室里毫不在意地聆听空调声音时，这一声音既受到了"过去保持"的影响，又受到了"未来预设"的引导。接着，当学生听到与他们的"未来预设"相匹配的空调声音时，这个声音的感觉素材得到了进一步的强化。在这一时刻，空调声音的感觉素材与作为潜在意向性的"过去保持"和"未来预设"之间，产生了一种被称为"相互唤醒"（联合）的现象。整个过程都是在一种直观且自然的状态中发生的，因此学生并没有刻意去比对或回忆听到的空调声音的特点，如音调、音量等是否存在差异。

过去、"活生生的现在"与未来

在这一章中，我们阐明了如何通过"被动意向性"（也就是对过去的保持和对未来的预设）来意识到"声音的持久性和时间的流逝"。

然而，还有一点需要更深入的探讨。这种对"声音的持久性"的意识实际上源于我们对"现在"的认知，这个"现在"不仅仅是一个瞬时的点，更是一个有延续性和宽度的"生动的现在"。更具体地说，当我们通常谈到"过去、现在、未来"时，我们实际上主要是在描述与"声音的持久性"有关的"现在"，而并没有涉及像儿时回忆这样的"过去"，或像未来人生规划这样的"未来"。

在第 4 章中，我们深入探讨了"感觉与感知"之间的差异和联系。我们指出，感觉，由被动综合产生，总是在"活生生的现在"中被体验到。然而，在主动综合引发的感知中，对象的连续性得到了确认和保持。例如，一个特定的苹果可能给我们留下不同的印象，但它始终是"同一个苹果"。正因为有了这种感知，我们才能超越即时的感觉，跨越"过去与未来"，并讨论关于"同一个苹果"的事情，如"昨天买的那个苹果，我打算明天吃掉"。

但要注意，当我们说"昨天买的那个苹果"时，我们不仅仅是在感知"昨天"这个过去的时刻，还需要有一个明确的、主动的意识形态，即"回想"，来回忆起那个特定的时刻。同样，说"我打算明天吃掉它"时，也需要一种有意识的主动意向性，也就是"预期"，来对"明天"这一未来产生某种期待。

在"现在"的这一刹那，我们观察并感知到的苹果，通过"回想"的行为，与"昨天买的那个苹果"被确认为同一物体。进一步地，通过对"明天这一未来"的预期，我们确定"现在"看到的这个苹果，即将来"打算吃掉的那个苹果"。

因此，当我们将传统的"钟表时间"这一时间观念暂时"置于括号内"，转而关注我们的直接时间体验时，有两个关键方面会变得更加明确：一方面，借助于对过去的回想，我们可以更好地理解"已经过去"这一过去概念的含义和起源。其次，通过对未来的"预设"，我们能更加清晰地理解"无意识地预测即将到来的事物"，这一未来概念的含义和起源。

另外，当我们整合不同的感觉，形成对"同一苹果"的统一感知时，这一认知过程让我们得以借助"苹果"把过去、现在和未来联系在一起。例如，我们通过回想认定它为"昨天买的苹果"，这种回想为该事件赋予了"过去"的特定意义。同样，将其视为"明天要吃的苹果"时，我们给予"明天"一个具体的未来时间含义[2]。这种认知方式不仅包括了"过去"和"未来"，还融入了"活生生的现在"——回顾过去和预设未来的时刻。它也为我们在日常生活中对时间的理解提供了基础。

第6章

现象学·脑科学·唯识学
——本能意向性与阿赖耶识的关系

如何击中"看不见的球"

在第 5 章中，我们深入探讨了听到《樱花》这首歌时的听觉感受，碰到了如"过去保持"与"未来预设"这样的新颖现象学概念。一个关键认识是：我们不是首先拥有一个"时间形式"，然后再添加"时间内容"的；而是首先形成"时间内容"，再基于它的多种表现，如鲜明度、直观度等，来确定更模糊的"时间内容"如何按照历时顺序（也就是"时间形式"）排列。

换句话说，从"过去保持的交叉意向性"（垂直轴）中产生的"时间内容"，到"过去保持的延长意向性"（水平轴）中的"时间形式"，均是客观化（外化）得到的。这意味着，"时间形式"并不是原始存在的。

这种关于"过去保持的交叉意向性"和"过去保持的延长意向性"的观点，并非只与《樱花》这首歌有关。本章会深入探讨这两个概念在其他场景中的应用。例如，我们会通过思考"铃木一郎（职业棒球手）这类的强击手（重炮手）是如何在无法看清球的轨迹下，依然准确地打出安打（即成功击中球并跑上垒）"，来探讨"过去保持"和"未来预设"的作用。

在这种情境下，"看不见球的轨迹"意味着球的轨迹并非通过"有意识的"观察得来的。这与我们在第 2 章中介绍的里贝特的"意识的 0.5 秒延迟理论"是有关联的。里贝特理论的核心观点是"人们在看到某个事物后，需要 0.5 秒的脑内活动，才能意识到它"。因此，在当投手以 145 千米每小时的速度投出一个球，并且这个球到达击球手只有 0.45 秒的时间时，击球手是没有足够的时间来意识到这个球的运行轨迹的。所以，当击球手挥棒击球时，这一挥棒的动作更多的应该是在"无意识的状态下进行的"[1]。

里贝特对于为何能击中这种难以察觉的高速直球给出了这样的解释："从婴幼儿时期开始，通过学习，我们可以将这 0.5 秒的大脑反应时间追溯至感官刺激初始发生的时刻，使其似乎同时发生。"他将这种回溯到感觉刺激首次出现时刻的能力称为"精神的能力"。

然而，正如"精神的能力"这一术语的字面意思所表达的那样，里贝特的观点实际上含有一种"唯心论"的哲学立场，主张精神有能力追溯到那 0.5 秒前的感觉刺激的物理起始点。

在第 1 章中，我们已经指出，始于笛卡儿的心身二元论主要包含两种相反的观点。一方面，自然科学家通常持有现实主义观点，强调"外部的、真实的自然界是一切的基础"；而另一方面，精神科学家更偏向唯心论，认为"内在的思维是一切的核心"。作为一名脑科学家，里贝特显然是站在现实主义的角度的。他试图将大脑活动视为一个自然过程，并探讨其内在的因果关系。但是，当他提及那可以回溯至感觉刺激初次出现前的 0.5 秒，并称这种能力为"精神的能力"时，他无疑融入了唯心论的元素，从而也承认了精神（观念）在此过程中的作用。

如果我们不采纳心理与物质的二元论，那应该如何看待这一问题？现象学努力全面地认识我们在世界中的体验，并阐释其内在结构。基于这样的视角，对于"击球手在无意识状态下准确地击中高速飞来的球"这种现象，我们又应该如何解读呢？

球的轨迹与"过去保持"和"未来预设"

在上一章中，我们通过图 5-7 来阐释《樱花》歌曲中旋律"so-so-la"里，为什么第一个"so"音符会被识别为"so"的音高。现在，我们还将利用图 5-7 来分析"准确击中高速直球"的情境。

图 5-7 的上半部展示了我们日常生活中所接触到的无数"感觉素材"；而其下半部呈现了从胎儿时期开始，我们听到的各种声音，这些声音通过"过去保持"的机制，以无数的潜在意向性的形式沉淀下来。这部分，在图中用虚线框标示，表示"意义的范围"。

当"感觉素材"以声音的形式不断累积时，它与"意义的范围"内沉积的无数潜在意向性发生"联合"，引发了一个互相激发和触发的状态，这种状态我们称为"相互觉醒"。

进一步深入分析"击中难以看清的球"的机制，可以这样解释：

当投球手以 145 千米每小时的速度投球时，会连续地为击球手提供大量的感觉素材（即刺激）。这些感觉素材与击球手自小通过持续训练累积的对于球轨迹的潜在意向性（"意义的范围"）形成了联系（联合）。因此，即使在无意识的状态下，击球手也能预测球的轨迹。当球的轨迹被"过去保持"，这个"意义的范围"也会形成一种"未来预设"。因此，当球按照这一无意识的预测所推测出的含有"未来预设"的"意义的范围"飞向击球手时，那么在意识的 0.5 秒反应时间之前，击球手就能无意识地挥棒并成功击中这个球。

当我们聆听《樱花》中的"so-so-la"旋律时，确实经历了有意识的"过去保持和未来预设"过程。相似地，当尝试击中一个我们看不到（或无法意识到）的球时，我们也会经历"过去保持和未来预设"的过程，但这一过程是在无意识中完成的。在这两种场景中，意向性（目标或意图）的实现与加强都有所区别。

当我们深入地聆听《樱花》中的"so-so-la"旋律，我们能明确地感知每一个音符。这是一个有主动目的性的过程（主动意向性），并且增强了我们的意识鲜明度（直观力）。而对于击球手，当他面对一个不容易看见的球（如棒球中的曲球）时，他可能并没有真正地意识到球的具体轨迹。这种情境与我们能"听到但并未真正意识到"的空调声音相似。在这些例子中，尽管由于感觉素材，球或空调的声音确实触发了某种被动意向性，但它们并没有在我们的意识中形成一个清晰的印象。

区分直线球与曲球的方法

尽管击球手看不清球的轨迹，但为了区分直线球和曲球，他们必须在意识不够鲜明或直观的情况下，依然能够感知并辨别球的位置变化。

为了更精确地描述"看不见的球的位置变化"，我们引入了特定的分析框架（见图 6-1）。在这一框架里，"时间内容"基于"过去保持的交叉意向性"（垂直轴）得以形成。经过特定的转化，这个"时间内容"在"过去保持的延长意向性"（水平轴）上为每个具体的时间点确定了位置。这一方法让我们能够更深入地探讨和解释"看不见的球在运动时的位置变化"。

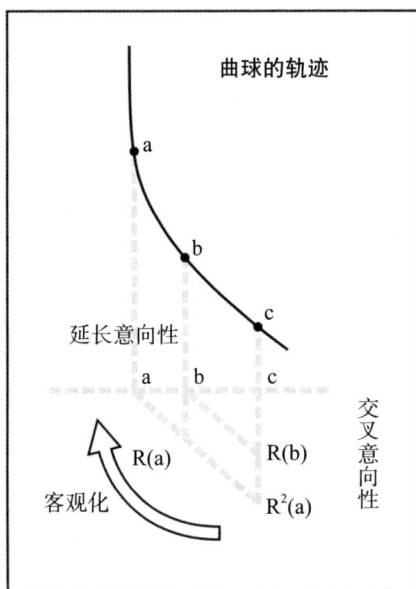

图 6-1　看不见的球的位置的识别方法

在这里，我们考虑的是一个曲线轨迹的球。设想曲线开始变化的位置为"a"，中间位置为"b"，结束位置为"c"。当球经过"a""b"和"c"这些点时，它为击球手带来了不同的感觉素材（刺激）。这些刺激信息都会被储存进击球手的经验库。对击球手来说，成功击中这个球的决定性因素是这一难以察觉的曲线轨迹。更具体地说，关键是"a""b"和"c"三点的相对位置关系。

在图 6-1 中，与图 5-5 中的"so-so-la"音符序列类似，当"c"点的感觉素材被激活时，垂直于"c"点的轴（即"过去保持的交叉意向性"轴）将展现一个通过"过去保持"形成的层面。这一层面包括先前记录的"b"点以及稍早记录的"a"点。

在图 6-1 中，沿"过去保持的交叉意向性"（垂直轴），"a""b""c"三点的时间位置会按照"首先是最模糊的'a'点，接着是稍微模糊的'b'点，最后是清晰的'c'点"的顺序，在"过去保持的延长意向性"（水平轴）上被客观化。这决定了"时间的流逝顺序"。当确定"a""b""c"的时间位置，意味着从"a"到"b"的时间距离和位置设定了曲线的斜率（或角度）。这个曲线的斜率已被纳入过去的经验，并用于预设未来。当"b"到"c"的时间间隔和位置被无意识地预测，并且预测得出的"未来预设"的意向性随后得以实现时，那么在"c"点这个位置，当其作为感觉素材（刺激）被充分体验时，这个曲线的斜率便也确定了。

任何曲球都会产生"适应性"

尽管如此，即便是由同一个投球手投出的曲球，其轨迹也是千变万化的。所以，无论击球手进行多少次击打练习，预测一个从未见过的曲球的轨迹并成功击中，都绝非易事。

接下来，我们将深入探讨击球手成功击中首次遇到的曲球的秘诀。

我们可能需要再次引用《樱花》这首歌为例。当一个人首次听到《樱花》开头的"so-so-la"旋律，他会发现第一个"so"与第二个"so"听起来是有区别的。

当我们首次听到《樱花》的开头部分的"so"音符时，它展现出了特定的响度、音高，并带有木琴的独特音质。基于过去无数次的听觉经验，我们可能会认为这个音符是"似曾相识的，具有相似的响度、音高和音质"。但是，随着第二个

"so"音符的出现，第一个"so"音的清晰度开始减弱，并被保存在我们的记忆中。与此同时，一种与先前听到的"so"音相一致的"未来预设"在我们的意识中形成。当第二个"so"音符响起时，它与我们的预设相匹配，从而使我们在感知的"意义内容"上体验到了一种"联合"。因此，这两个"so"音在我们耳中似乎是相同的音符。

从上述分析中，我们可以领悟到棒球击打的一个关键认识——无论面对何种曲球，击球手总会凭借其"习惯性"进行应对。当首次遭遇新的投球手所投之球时，准确判断其轨迹对击球手而言是极为困难的。但是，通过持续的练习和对不易预测的球的反应训练，这些看似难以捉摸的曲球的轨迹会根据过去的经验，逐渐形成一种潜在意向性（预设）。

特别是在一场比赛中，击球手多次站立于击球区。由于上一轮的投球内容仍然清晰地留在他的记忆中[2]，这与听到第二个"so"音符的情境相似。击球手因此能更精准地感知接下来的球与之前球的相似性或差异。这种基于"过去经验"的累积记忆（"过去保持"）将加强其对"未来轨迹"的预测能力（"未来预设"）。

我们可以确定的是：在每种创造性的活动中，突破性的瞬间很多时候是在无意识中产生的。然而，为了创造这种瞬间，有意识地设定初期的目标并进行集中的训练是至关重要的。这些努力可能体现为某种微妙的直觉或针对某个目标的强烈追求。如果缺少了这些前期的准备，真正的创新就难以实现。虽然所有主动的行动都基于被动的基础，但通过有意识的、持续的努力，这些主动的行为（主动综合）可以转化为"潜在意向性"，从而提高对"未来预设"的预测精度。

解析里贝特的"0.5 秒的脑内活动"理论

现在，我们再次关注里贝特的"意识的 0.5 秒延迟理论"。同时，我们将详细研究第 1 章最后介绍的瓦雷拉的"神经现象学"，以更深入地理解这 0.5 秒的脑内活动过程。请参照图 6-2。[3]

图 6-2 分出了三个层次，从不同的角度解释了里贝特的"0.5 秒的脑内活动"

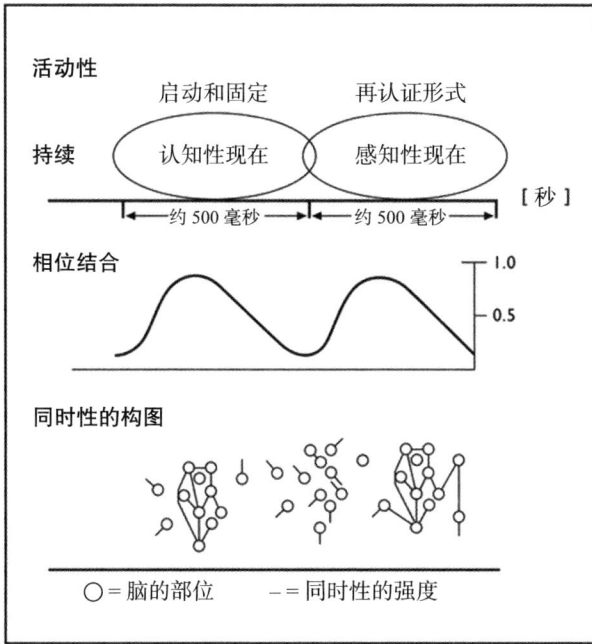

图 6-2　从 3 个视角来描绘 "0.5 秒的脑内活动" 理论

资料来源：山口一郎（2008）『人を生かす倫理』（知泉書館）355 頁

理论。

在这三层结构中，最顶部描述的是用 0.5 秒作为时间单位定义的 "认知性现在"。这意味着，在任何给定瞬间，某物都会被认知或意识到。为了达到这种认知或意识，0.5 秒的时间单位是必要的。

那么，在这 0.5 秒的时间内，大脑究竟进行了哪些活动？请参考图中最下方部分，该部分以 0.5 秒为单位描述了神经细胞之间发生的 "连接" 和这些连接的终止。所谓的 "同时性的强度" 反映了这些连接的不同强度层次。

瓦雷拉将这种神经细胞之间的连接，称为 "神经细胞组合"（Cellular Assembly，简称 CA）。他还认为，是通过这 0.5 秒内神经细胞间的连接，使得某个事物被意识到的。当外界给予大脑感觉刺激（或素材）时，这些神经细胞之间的连接，就通过突触（即神经细胞之间传递信号的结构）进行 "自我选择"（self-selected）。这种"自我选择"的方式，被认为是瓦雷拉与马图拉纳共同创建的"自生系统论"（autopoiesis）的关键概念中的"耦合"（coupling）方式。虽然理应深入探讨"自我选择"与"耦合"的定义，但在本书中，我们将仅止于必要的最简单的术语解释。

在此，我想要传达的核心要点是：瓦雷拉认为，在那 0.5 秒的瞬间，神经细胞群的"自我选择"或"耦合"正是胡塞尔所指的，"对过去的保持和对未来的预设过程中所发生的被动综合"，也称为"联合"。[4]

这种"自我选择"的神经活动在我们形成主观意识之前已经发生，因此它预测了 0.5 秒后我们将意识到的内容。正如"击打看不见的球的击球手"所示，他可以通过无意识地把握过去和对未来的预设，准确判断球的轨迹。

里贝特的脑科学研究基于自然科学，并以"客观性的时间"为前提，来测量形成意识所需的时间。而当瓦雷拉研究"当前的意识"时，他也采用了与里贝特相似的"客观性的时间"概念。但与此同时，瓦雷拉也深入研读了胡塞尔的《内时间意识现象学》（*Phenomenology of Internal Time-Consciousness*），进而对胡塞尔描述的"被动意向性"——即"过去保持"和"未来预设"有了更深的理解。他还努力将这些概念灵活地融入自己的脑科学研究理论中。在瓦雷拉的论文《现在——时间意识》中，他采用了"本质直观"的研究方法，并因此受到了广泛的赞誉。这种方法使脑科学的研究成果被视为时间意识研究的一个重要部分。通过自由思想实验等方法，这些研究成果得到了进一步的探讨和完善，最终展示了时间意识如何被直观地认知和理解。

瓦雷拉的《空性的现象学（Ⅰ）》

瓦雷拉不仅与马图拉纳共同创立了"自生系统论"，还是一位杰出的神经生物学家。更值得一提的是，他不仅深入研究和实践了藏传佛教的冥想，还围绕大乘佛教的核心思想"空"撰写了《空性的现象学（Ⅰ）》[5]。

在这里，"空性"是指梵文的"Sunyata"，通常被译作"空"。这源于佛教的

"无我"观念。如同我们在第 2 章中探讨的"无意中显现的事物的本质"和第 3 章中的"赫里格尔描述的无心之弓"那样，当我们"全身心地融入某个事物"时，"无意识或无我的状态"也在现象学中占据了核心的地位。

在大乘佛教的《般若经》和龙树（Nagarjuna）的《中论》（也称《根本中颂》）中，"空"的观念被深入地探讨。在这些经文中，"无我"的佛教观念，通过对"空"的解读，被视为对事物"实体性"（存在固有性质的观点）的彻底反驳。

在西方哲学的传统中，"实体"一词一直是其核心思考的焦点。到了近代，这种思考进化为"精神（心）与物质（物）"的二元论观点；这里的每一个"实体"，无论精神还是物质，都被看作能够独立存在。这意味着，即使物质世界消失，精神仍可以独立存在，反之亦然。

在西方哲学中，将"精神"和"物质"看作两个独立的"实体"意味着，精神可以在无物质的情况下存在，而物质同样可以独立于精神存在。这也解释了术语如一元论、二元论和多元论的出现，它们实际上是在描述"实体"的数量：一个、两个或更多。笛卡儿的"心灵与物质的二元论"观点构成了西方哲学中实体论的核心。因此，后来这种思考分为两大流派：一是基于"物质一元论"的"实在论"，主张所有事物均可从物质角度解释；二是基于"精神一元论"的"唯心论"，主张所有事物都可从精神或意识层面解释。

与此相对，佛教的哲学对"实体"这一概念采取了不同的看法，全面否定了其存在性。佛教更加强调"法"（Dharma）这一核心观点。在这种思维框架中，"法"是构建法律、秩序和所有实际存在的基础要素的概念。此外，这个"法"的理念被进一步细分为五个部分，被称为"五蕴"，分别是色（物质存在）、受（感觉）、想（表象）、行（意志行为）和识（认知）。如果从现象学的视角来看，所有存在的事物都可以按这五个部分来分类和理解。

在由"五蕴"组成的"法"里，它们在相互作用时都是依赖彼此的，存在着因缘关系（即由其他因素引发的结果）。以一个我们曾提及的例子——"电车急刹车时不小心踩到他人脚"来说，如果从"法的因缘"角度看这种情境，电车的急剧晃动（代表物理上的"色"刺激）与其潜在的意义（被视为"想"的部分）和对这种晃动的感知（作为"受"）之间有相互的联系，它们相互影响。而这种联系可能并没有进入我们的意识层面，也就是"识"。这一切都不是个体有意识的选择，因此会牵涉到是否与"行"的部分有关，即意志。因此，在这个"法的因缘"框架下，很好地展示了"五蕴"如何在它们的关系中互相依赖。

这些被称为"法"的五蕴——"色（物质存在）、受（感觉）、想（表象）、行（意志行为）、识（认知）"——并不是以独立、孤立的方式存在的，而是在一个互相关联且互相依存的系统中紧密地相互作用。值得注意的是，"法"并不被视为固定的实体。因此，"法的因缘"关系并不是一个有意识的主体（如心或精神）去感知一个固定的实体（如物或物质）。实际上，只有当"法的因缘"发挥作用并被我们首次感知到时，它们才会真正成为我们的意识或认知的一部分。

当我们将"法的因缘"这一思想与之前讨论的"在无意识中进行的 0.5 秒脑内活动"相结合时，会出现许多引人深思的观点。

我们注意到，"色"（物质存在）和"想"（表象）在上升到意识层面之前的存在以及它们之间形成的"识"（认知）与胡塞尔描述的早于意识的"感觉素材与过去的潜在意向性的相互作用"在本质上是相似的。这种相似性不仅突显了两种哲学体系中概念的共性，而且为跨文化哲学研究提供了有益的新视角。

这两者之间的共通之处在于，在达到意识层面之前，"法的因缘"和"相互觉醒"的现象已经发生。这意味着在我们形成意识之前，"0.5 秒的脑内活动"已经进行。这与瓦雷拉理论中提到的"神经细胞间的自我选择"（或称"耦合"）是一致的。进一步说，这种"神经细胞组合中的自我选择（耦合）"也与胡塞尔描述的"'过去保持'和'未来预设'所产生的被动综合（或联合）"具有相同的理念。

在此，值得特别提及的是，与瓦雷拉合作的法国现象学家娜塔莉·德普拉斯视"耦合"与"结对"为高度匹配的概念[6]。我们在第 4 章中已经对"结对"这一概念进行了解释。简单地说，当我们手持一个苹果并缓慢转动它时，它的"运动感觉"与"视觉影像"会结合，形成一种"配对"的关联。这意味着，当"某种感觉刺激导致神经细胞中的'耦合'，且该信息上升到意识层面"时，它与胡塞尔的理论中描述的，"感觉素材和潜在意向性经过相互觉醒而形成'配对'联合，此联合随后传达到意识层面"的情景，实际上是一致的。

这些现象——如"法的因缘""相互觉醒"和"耦合"——都有两大共性：一是它们都在"意识形成之前"发生；二是它们都在"人称关系建立之前"显现。这里的"人称关系"指的是第 2 章中所述的"第一人称与第二人称关系"以及"第一人称与第三人称关系"。在这些关系中，"第一人称"代表"我"（自我）。而"法的因缘"描述了一种法的相互依赖，且这发生在自我成为意识对象之前。"相互觉醒"是被动综合的过程，与自我无直接关系。同样，"耦合"作为"配对"存在时与自我无关。因此，这三种现象都在人称关系确立之前起到了关键作用。

瓦雷拉在其著作《空性的现象学（Ⅰ）》中特别引述了大乘佛教中一个核心流派——唯识派的"阿赖耶识"（无意识）观点[7]。按照唯识派的理念，一切存在于世间的事物都是由一个八层的"识"体系所产生和维护的。关于这个观点，相关文献也已经给予了深入的解释和论述[8]。

瓦雷拉将阿赖耶识视为一个"先于人称"的现象，并明确地把它归类到"在人称形成之前"所讨论的范畴中。他认为人类认知活动起源于阿赖耶识，并对唯识派的理论表示了深深的敬意和赞赏。值得注意的是，在阿赖耶识的概念结构中，没有主观意识这样的实体存在，连自我意识都没有包含其中。

潜在意向性与阿赖耶识

在唯识学说中，每当事物被意识捕捉时，它都会在阿赖耶识中留下痕迹。这一过程被称为"熏习"。"熏习"的本意描绘的是"香气在织物上留存"的持久作用。通过这样的"熏习"，所意识到的事物转化为"种子"，并在阿赖耶识中沉淀下来。这意味着，每一个行为，不论其性质是正向还是负向的，都会以"种子"的形式沉淀在阿赖耶识内，进而决定未来的行为轨迹。

如果我们尝试与胡塞尔的哲学进行比较，那么"熏习"可以看作对已过去事物的"过去保持"，而它们留下的痕迹（即"种子"）则与"潜在意向性"这一概念相对应。

在唯识学说中，意识的形成是依赖"法的因缘"来实现的。当一个特定的感觉刺激（也可以称为"素材"，即"色"）出现时，阿赖耶识中的"种子"将被激活，进而诱发特定的意识。这意味着，那些沉淀在阿赖耶识内的"种子"，会基于与它们相符的"色"（感觉刺激）来触发对应的意识。

可以将这个过程比喻为"种子成熟"。当土壤的温度和湿度等条件适当时，或者说，当"潜在意向性"与其他相似的"潜在意向性"相互作用并累积到一定程度时，某种特定的感觉刺激（可以称为"色"）将作为触发器，使这些沉淀的"种子"转化为与其内在意义和价值相匹配的意识。

阿赖耶识在唯识学说的框架下具有以下独特之处：其活动非常微妙，常常不被我们的主观意识察觉。但它不仅对我们的身体产生影响，还对周围的自然环境有所作用。谈及身体意识，阿赖耶识涉及了为保持身体运作而自发产生的各种本能和冲动。这种无意识的运作，如佛教中所描述的"暴流"（意指"强烈的活动"），持续地对我们产生影响。只有当这些本能和冲动的活动强烈到足以触及我们的主观意识时，我们才能真正感知到它们。而我们所感知的，其实都是阿赖耶识活动之后的结果。

因此，若是在"电车急刹车"的情况下，我们通常会意识到"脚先动了"这一无意识的本能反应。按照唯识学说，这种反应其实就是阿赖耶识对环境突变的适应性表现。

关于本能意向性与触发

"先于人称的阿赖耶识中的'种子'能够触发特定的意识"这一观念，与胡塞尔在 20 世纪 30 年代关于"活生生的现在"的分析在很大程度上呈现出惊人的相似性。

20 世纪 30 年代，胡塞尔对他在《内时间意识现象学》中提及的"融合过去保持和未来预设的现在"进行了更深入的探讨。这一深入的研究始于 20 世纪 20 年代的关于"被动综合"的讨论。正如我们之前所强调的，根据这一"被动综合"

的理论框架，所有感觉素材（即刺激）及其相对应的潜在意向性之间的交互作用，都被称为"联合"。这也意味着，理论上，任何给定的感觉素材都可能与和它有关联的无数潜在意向性相对应。

那么问题是，在众多可能的感觉素材及其对应的潜在意向性中，为何只有部分特定的潜在意向性上升到了意识层面？胡塞尔对此解释说："这是因为这些'联合'所形成的意义与价值具有不同程度的触发力。"[9]也就是说，根据人的关注点和兴趣，某些"联合"被突显出来。那些具有强烈触发力的"联合"随后进入意识中。

第 5 章描述的"鸡尾酒会效应"为这个观点提供了一个形象的例子。想象一下在人声鼎沸的聚会上，当我们突然听到有人提到自己的名字时，我们往往会立刻转向那个声源，全神贯注地听取谈话内容。这正是以自我为中心的"对自我的关注"的经典示例。

然而，很显然的是，"对自我的关注"并不只存在于某一瞬间。它会受到"生命维持的生存本能"以及"愉快／不愉快"或"喜欢／不喜欢"的即时情感价值反应的影响，从而导致触发力的变化。例如，在进行"爱的告白"或面临"入学考试"时，若突然发生强烈地震，你的焦点会立刻转移到地震上。此时，"等待回应"或"解答问题"的任务将暂时被置于次要地位。

但是，在这些关键时刻，我们为何能迅速地注意到地震的发生呢？原因在于潜在意向性的充实。虽然我们已经探讨过这个主题多次，但为了加深理解，我们不妨再次回顾一下。

在"爱的告白"过程中，两个面对面坐下的人都对自身的身体平衡感（广义上可视为一种运动感觉）有着无意识的"过去保持"和"未来预设"。但当一个突如其来的地震使他们都开始摇晃时，这种摇晃被感知为"更为强烈的运动感觉"，这与他们之前无意识地对运动感觉的预期（未来预设）是不匹配的。

有趣的是，即便在类似于"爱的告白"这样非常关键的时刻，即使是被告白的一方也会立刻感知到突发的地震，且不会因对方告白的中断而感到失落。为什么会这样？这是因为被告白的一方在那一刹那也同样体验到了"地震的震动"。这揭示了，在众多由被动综合或"联合"产生的感觉内容中，与生命维持紧密相关、具有强烈触发性的感觉内容会首先进入我们的意识。

　　当然，这并不仅仅是个体独自经历的时间流，更是多人间形成的"共享的当下"。关于这个主题，将在第 7 章中进行深入探讨。

第 7 章

双层主体间性——揭示生活世界的构造

两种明确性的差异

本章标志着本书第 1 部分即将结束。在这一章中，我们主要对先前提到的"感觉的真正意义在于共鸣"这一现象学观点，提供深入的解释与答复。为了对这个议题给出更具哲学深度的阐述，我们需要确保有充足的合理论证作为基础。

这种"提供合理依据或证据"的证明方式是哲学所独有的方式，与"自然科学主要依赖实验"来证明的方法不同。哲学主要关注那些自然科学不涉及的事物的深层含义和价值。因此，在哲学中，证据的确凿性达到了一种无法反驳的地步，即"无其他方式，只能这样理解"。这种方法因此被视为一个普遍接受的标准。

在现象学领域中，我们经常听到"以确凿性为基准"的描述，这在这里特指"基于明确性"的方法。普遍而言，"明确性"是指"不容忽视的事实或现状"。但在现象学中，这种"明确性"被进一步细化为两种类型：一种是"不容置疑的明确性"；另一种是"绝对清晰的明确性"。

那么，这两种"明确性"有何区别呢？以西方近现代哲学的核心思想为例，它基于笛卡儿的"我思故我在"论述，进而衍生出"有思考的自我必然存在"的观点。但是，尽管这种基于"自我意识"的"明确性"可以被认为具有"不容置疑的明确性"，但它仍然达不到"绝对清晰的明确性"的标准。

这是因为，当笛卡儿提到"我思"（Cogito）时，这一概念不仅仅涵盖了"思考或考虑"的含义，还包含了"感觉或感知"的意义。那么，"思考中的自我意识"与"感知中的自我意识"真的可以被视为同一事物吗？

如果这两种意识确实相同，那么在美国心理学者米哈里·契克森米哈赖描述的心流体验中出现的"忘我"状态，以及赫里格尔描述的"无心之弓"中的"无心"状态，都应该被视为"表面上似乎失去了自我，但其核心的自我意识仍然存在"。然而，按照这种解读，这样的"自我意识的明确性"还没有达到"绝对清晰的明确性"的水平。

现象学致力于深入研究"不容置疑的自我意识"的形成及其深层起源。为了实现这一目标，它采用了"解构"的方法，希望能够探索"婴儿的内心世界"。此外，现象学通过"现象学还原"方法，详细研究了感觉的被动意向性、感知的主动意向性，以及在"活生生的现在"中起着重要作用的"过去保持"和"未来预设"等各种形式的意向性。它还探查了这些意向性是如何产生的，并追踪了它们的形成过程。总的来说，这种专注于明确"意义和价值形成"的现象学研究方向被称作"发生现象学"。

"发生现象学"的研究方法中，有一种技术叫作"解构"。所谓的"解构"，是从一个完整且已构建的意向性结构中提取某部分以进行深入观察。例如，在关于时间的第 5 章中，它详尽描绘了组成我们对时间的常规理解的各个方面，其中包括"活生生的现在"，该概念既涵盖了"过去保持"，也涵盖了"未来预设"。要更深入地理解时间意识，我们需要从整体的意向性中摒除"主动回忆过去的意向性"和"主动预期未来的意向性"这两个方面。这样，我们就能更专注地探索那种存在于"活生生的现在"中的意识，就如同婴儿在其纯真的内心世界中所经历的那样。那么，接下来我们将通过一些具体的例子来进一步阐明这个概念。

共眠时刻中的"共同的现在"

例如，当母亲和婴儿一同躺在床上时，他们之间展现出一种"情感的一致性"。在此，"情感"是指由身体的生理状态激发的短暂而剧烈的情绪波动，包括欢乐、恐惧、悲伤，以及舒适和不适感。这种情感变化不仅在人类中可见，也普遍存在于其他动物身上。但值得注意的是，那些通常表现为"喜怒哀乐"的感情或情绪，相对而言更为稳定，不会因为生理状态的短暂变化而轻易改变。

在母亲与婴儿一同躺在床上时，婴儿的呼吸节奏往往会与母亲的呼吸节奏逐渐协调一致，形成一种无声的情感连接。但是，如果母亲误以为婴儿已经沉浸在深度睡眠中并想要离开，而婴儿尚未真正进入深睡，这时婴儿可能会突然醒来。

为了更好地描绘这种情境，我们可以通过描述母亲与婴儿之间共享的"时间内容的持续和变化"来深入探讨。

婴儿从胎儿时期就开始展现运动的感觉。他们心跳的节奏、四肢的摆动和吸吮都是本能的行为，这些行为在他们身体的运动过程中可以被清晰地观察到。此外，当婴儿出生后开始呼吸外部的空气或由于本能而啼哭时，他们也会体验到与此相关的运动感觉。

在婴儿的全身运动感觉的背景下，母亲与婴儿在一同睡眠时的呼吸节奏（由"呼出和吸入"构成的单元）逐渐达到同步。在此同步过程中，无须进入意识层次也能起到作用的是二者在同一呼吸节奏中的"共同的被动意向性"，其中包括了对过去的保持和对未来的预设。

当母亲与婴儿达到相同的呼吸节奏时，这背后的运动感觉会被纳入过去的经验中，即"过去保持"。这种经验促使母子建立一致的潜在意向性，为未来设立预期。如果随后的呼吸节奏所带来的感觉（或称"刺激"）与预设的未来在意义上匹配（或称"联合"），那么可以认为之前的呼吸节奏已稳定。需要指出的是，这一匹配过程并未上升到意识层面，而是自然地成了母亲和婴儿共同的体验。

在心理学中，母亲与婴儿相互感应的呼吸同步被称作"引入现象"。这代表"二者的呼吸节奏逐渐受到对方的吸引"。尽管在自然科学中，我们可以从"第一人称与第三人称关系"角度观察到这种现象，但如果无法明确其形成的原因，那么研究仅仅是对事实的确认。但现象学提出，通过深入探讨意向性，我们能够清晰、深入地理解这种"被引入的方式"。并且，现象学深入分析了本能意向性如何达到一个完整的、充实的状态，同时也探讨了在何种情况下这种意向性会处于不完整或非充实的状态。

当母亲轻轻地试图将婴儿移到床上时，婴儿突然惊醒，这一刹那，本能意向性的充实或缺失显而易见。这种体验得以实现，是因为母亲和婴儿共同拥有的被动意向性涵盖了对过去经验的紧握和对未来的预期。在此之前，他们一直处于一个平缓且同步的呼吸节奏中，仿佛置身于一个"共同的现在"时刻。但在母亲试图移动婴儿的那一刻，这同步的呼吸节奏被打破。因此，之前两人在潜意识中共同维持的、预先设定的呼吸节奏，也随之中断，不再持续。

在那一刹那，"共同的现在"经历了明显的转变。对母亲和婴儿来说，这个转变清楚地界定了变化前后的时序。正因为这个转变的出现，他们之前所体验的"共同的现在"已经变成了"过去"，与"现在"的时刻形成了鲜明的对比。

从融合的身体到自我与他人身体的分离

虽然以下的内容可能令人意外，但研究表明，不到四个月大的婴儿很难区分身体外部的"环境刺激"和身体内部的"生理感应"。进一步讲，这些外部刺激——如颜色和形状的视觉刺激、特定声音、特定气味，在婴儿四个月大之前，都不能被清晰地识别和独立感知 [1]。

我称这种基础状态为"原共感觉"。它与我们熟悉的"联觉"有本质上的差异。"联觉"指的是某种特殊的感知体验，例如：当听到特定的字母音时，能同时看到某种颜色；或是观察到特定形状时，会联想到某个声音；又或是品尝到特定味道时，感受到特定颜色的出现。相反，"原共感觉"描述了一种更原始的知觉状态，在这种状态下，颜色和声音等感觉无法被单独区分和识别。因此，我称这种早于"联觉"存在的感知状态为"原共感觉"。

因此，在出生后的前四个月，婴儿因为不能分辨外部与内部的感觉，经常难以判断是自己在哭还是其他婴儿在哭，这就导致了"婴儿啼哭具有传染性"现象的出现。简言之，由于婴儿无法区分自己哭时的身体动作和外部传来的哭声，它们在其感知中融为一体。因此，在这个阶段，婴儿尚未分清"自我"与"他人"的界限（这里的"自我"和"他人"被双引号标示，意味着婴儿还没有建立起"自我与他人"的认识）。从这个角度看，对于婴儿而言，他们可能将整个世界视为扩展的"自我"的领域。

在出生后的第八个月左右，婴儿达到了他们的发声高峰。尽管他们仍无法使用语言表达，但此时，他们会开始发出具有节奏和抑扬顿挫的声音，如"嗒、嗒、嗒、嗒""咚噜噜、咚噜噜"和"巴布、巴布、巴布"。这种现象被称为"喃语"。值得注意的是，如果世界各地的母亲和照料者都能熟练地模仿这些婴儿的喃语，婴儿和照料者之间便建立了一种如回声般的愉悦的喃语互动关系。

这种喃语的发声体现了丰富的情感层面，并呈现出从明亮到暗淡，从强烈到微弱的不同细节差异。例如，明亮且响亮的喃语通常传达出明快、活跃和充满活力的情感；相反，柔和且轻微的喃语更多地展现了沉稳和温和的情感。

通过多样化的喃语互动，母亲与婴儿逐渐形成了情感上的连接。这种连接是由双方模仿彼此的情感表达后，共同体验的"情感同步性"所塑造的。

然而，在这种喃语沟通的过程中，有时会出现这样的场景：婴儿在欢乐地发出喃语的同时，突然用一种困惑的眼神盯着母亲，或尝试触摸母亲的嘴唇。在这种情境下，我们不禁好奇，婴儿到底对哪一部分感到惊讶和困惑？

在出生后到第八个月的期间，当婴儿"自己"进行喃语时，他们"听到的喃语声音（不论是'自我'的声音还是'他人'的）"与"喃语时'自我'的身体产生的运动感觉"始终是同步的，好像它们是一对。可以说，这两者形成了一个"配对"，紧密地相互连接。为了理解这个"配对"的概念，可以参考第 4 章中的描述，那里提到当人们拿起并转动一个苹果时，"运动感觉与视觉影像"和"触觉与视觉影像"也是以这种配对的方式出现的。

然而，对于已经过了"传染性啼哭"阶段的婴儿来说，当他们听到母亲娴熟并准确地模仿自己的喃语声音时，他们确实能"听到与'自我'的喃语相似的声音"，但他们不会体验到那种"在发出喃语时，总是成对出现并紧密结合的自身身体的运动感觉"。

因此，当婴儿期待某种运动感觉但未能得到体验，或原本应有的感觉没有出现时，他们可能会感到惊讶。

也就是说，在"喃语的声音^1– 喃语的运动感觉^1""喃语的声音^2– 喃语的运动感觉[2]"等系列成对出现之后，在出现"喃语的声音[3]-〔喃语的运动感觉[3]〕"这一对的时候，尽管"喃语的运动感觉"是"未来预设"中本应该有的因素，但是实际上并没有出现或得到满足（括号〔 〕表示该因素没有被满足）。由于婴儿注意到了这一点，所以才会为此感到惊讶。由此，胡塞尔将这种原本无意识地预期存在（"未来预设"）但实际上并没有感觉到的运动感觉，称为"零的运动感觉"（Nullkinästhese）。

关于"零的运动感觉"的认识与意义

当婴儿对"零的运动感觉"有所觉察，并且意识到它是一个缺失的"运动感觉"时，这标志着他们开始能够区分原本被视为一个整体的"喃语的声音"和"喃语的运动感觉"，识别出一个明确的界限。

换句话说，当婴儿认识到"零的运动感觉"时，他们其实同时感知到了喃语的声音在听觉上的显著性。这表明，运动的感觉和听觉已经开始脱离，并被婴儿清楚地识别为两种不同的感觉。通过对"零的运动感觉"的了解，婴儿从最初的"原共感觉"阶段，即将外部和内部感觉看作一个统一整体的阶段，开始向各个感觉领域的明确识别阶段迈进[2]。

在婴儿对"零的运动感觉"产生认识之前，他们所体验的每一种运动感觉都是与身体的本能动作相互关联的。由于喃语在其成长初期被视为一种本能反应，婴儿并没有意识到它是一种"运动感觉"。然而，当婴儿听到母亲模仿其喃语的声音，而自己的身体并未有任何运动或反应时，他们开始"察觉"声音和身体反应可以是两个独立的事物。从此，婴儿逐渐明确地认识到每一次的发声，如喃语，都与特定的身体运动或反应相关联。

此外，这一点不仅适用于发声行为，还同样适用于如手和脚做出的一些本能的肢体动作。比如当婴儿最初的本能动作"匍匐前进"（爬行）出现时，伴随他的运动感觉就是本能的运动感觉。然而，当这种"匍匐前进"变得有目标性（比如"要到达那个地方"）时，与之相伴随的运动感觉也逐渐由本能的转变为有意识的且主动的运动感觉。

"本能的运动感觉"与"有意识的运动感觉"的差异，可以借助一个形象的例子来解释：设想在电车急刹车的时候，你不小心踩到他人脚，这与故意去踩某人的脚产生的"感觉方式"是截然不同的。在这两种情况中，你对踩到他人脚的"意识程度"是有显著差异的。特别是在故意踩脚的情境中，行为者会更加清楚地意识到"自我"的存在和涉入。这恰恰反映了本章开头所提及的"自我意识的明确性"，即在有意识的行为中，这种自我意识是尤为强烈和明确的。

像这样的处于逐步习得意识的运动阶段的婴儿，在伸手触碰物体、玩玩具或学习行走时，都在持续地学习如何灵活地控制他们的四肢。随着他们在这个过程中的不断成长，他们也开始逐渐形成并深化对自己作为身体运动的"控制中心"的自我意识。

母子之间实际体验到的共鸣的世界

从"原共感觉"阶段开始，尤其是在"传染性啼哭"的时期，婴儿因与母亲通过喃语的互动模仿而逐渐明确自我与他人的界限。在此互动中，双方通过"情感一致性"的相互体验，为情感交流打下坚实的基础。

例如，当母亲在模仿喃语时，如果她在说"嗒、嗒、嗒"中稍微调整了最后一个"嗒"的音量或声调，婴儿也会灵敏地捕捉并模仿这一细微的变化。这意味着，婴儿不只是模仿情感的表达，更能捕捉并反映情感的细微变动。

当母子对相同或变化的喃语进行模仿时，与之伴随的情感也会被体验和共享。在这一交流过程中，双方都将被引领进入一个丰富多彩的情感世界。这个情感世界可能时而明亮，时而昏暗；或是强烈而激烈，又或是轻微而细腻；它可能是欢快轻松的，也可能是深沉厚重的。这正是那所谓的"共鸣的世界"。

在此需要特别强调一点：在婴儿还未完全分辨自己与他人的身体界限，也就是说，在他对"自我"与"他人"的区别尚未形成清晰认知，没有使其成为"自己的感觉"时，他与母亲已经在一个充满深厚情感交流的"共鸣的世界"中共同生活。

在第2章对"共鸣"一词的探讨中，有一种观点认为"共鸣不过是一种幻想"，因为通过五种感官所感知到的所有感觉，都是个体在自身内部体验到的。然而，我们可以明确地回应这一观点：识别"自己的感觉"与"他人的感觉"基于一个核心前提——"自我"与"他人"的身体存在区别。这种区分"自我"与"他人"的身体的认知，是通过婴儿时期的"零的运动感觉"意识首次形成的。

因此，"'共鸣'只是一种幻想"的观点，主要出于"个体的感觉仅限于自身身体（五种感官）"的立场，但实际上，大多数类似的观点是在人们已经完成"零的运动感觉"的发展阶段并具备有意识的自主运动的能力之后才形成的。然而，真相可能是：在我们对"自我的感觉"有明确认识之前，母子间通过诸如哺乳、同床共眠以及其他自然的行为，和基于'情感的一致性'的交流，早已生活在一个"共鸣的世界"中。

共鸣在实在论与唯心论中的定义和意义

以"各自的实际感受"为出发点的现象学探索了"自我意识的明确性"的起源，最终指向了那个母子之间难以明确区分自我与对方的"共鸣的世界"。在此，我们要再次深入探讨：在不同的哲学观点中，"共鸣"是如何被诠释的。从实在论的角度看，"存在"是由外在的实体物质决定的，精神是可以从物质的自然现象中解释的；而从唯心论的视角，事物的"存在"源自内在的精神，即物质是可以受精神驱动和控制的。

在实在论的视角中，共鸣被认为是一种"感知上的幻觉"。这种"感知幻觉"是每个个体的大脑独立构建的"体验"。我们可以通过解读他人的"言语和面部表情"来试图理解对方大脑所创造的"体验"。但因为个体的大脑无法直接与他人的大脑连接，每个人所体验的感觉都是独立的，所以在实在论的框架下，共鸣最终被认为是一种"集体幻觉"。

在唯心论的视角中，共鸣被视作一种"心理幻觉"。这种"心理幻觉"根植于每个个体"自我意识"中所体验的"个人感受"。我们能通过解读"他人的言语和面部表情"来推测其"自我意识中的情感体验"。但鉴于每个人的自我意识都是唯一的，因此在唯心论的框架下，共鸣被理解为一种"共同幻想"。

正如第 3 章中提及的，当自然科学研究基于实在论来理解感觉，将其看作在物理因果关系下的"科学中的感觉"时，感觉的深层意义和价值（如五种感官对色彩、音调的区分，以及由此产生的快乐／不快的情感体验）就被视为主观元素，从而被排除在研究之外。在这种背景下，如果我们不能认识到感觉的真正意义及其所带来的价值，那么，我们也难以对共鸣的意义和价值进行评估。

另外，基于唯心论的思考模式，由于过度聚焦于自我意识，常常导致人们忽略或未能深入探讨"自我的感觉"的起源、演变以及生成机制。有时，这种忽略是刻意为之的。这样的思考方式带来了明显的不足，比如，考虑我们之前提到的母子关系。产生于母子间或充实或缺失的本能意向性，随后体现在"活生生的现在"中的情感互动，这一视角往往被遗漏或忽略。

这里需要重复强调的是，在母子之间所产生的非语言性的情感交流，其实是在"自我的感觉"与"他人的感觉"被明确区分之前，就已经存在的了。当唯心论试图将这两种"感觉"对应起来时，它忽视了一个至关重要的前提：在自我与他人被明确区分之前，这种已经存在的情感交流，实质上构成了最基础的共鸣。

现象学将共鸣分为两类

从实在论和唯心论的角度审视共鸣后，现象学将其区分为"自我意识形成之前"和"形成之后"的两个阶段。在探讨发生现象学，尤其是研究"意义和价值"的形成过程中，我们首先需要重视那些在个体自我意识成熟之前所经历的共鸣体验。

另外，当现象学强调"感觉的核心是共鸣"时，它不仅考虑了自我意识形成之前的共鸣，还涉及了自我意识形成之后的共鸣。正如第 2 章中提到的，米哈里·契克森米哈赖的"心流体验"以及在"无我的状态"中所体验的共鸣，都是这一观点的体现。

我们曾经提及这样一个例子：在一场舞蹈比赛中，两位舞者舞动时仿佛变为了"一体"。他们的每一个动作和感觉都无比和谐、完全同步。赛后的访谈中，两人均表示，在舞蹈中他们能够"全身心地、深度沉浸其中"，因为此时的他们已经忘却了"作为舞者的自我意识"，而是进入了一个"超越自我（第一人称）的境地"。在舞动的瞬间，他们不再持有作为成年人的成熟自我认知，反而似乎合二为一。通过这种"同步的动作感觉的共鸣"，他们自然地步入了一个充满"共鸣"的舞蹈世界。

在第 3 章中，我们引用了赫里格尔实践"无心之弓"的例子。他通过全心全意地专注于呼吸，在拉弓射箭时达到了一种状态，令他难以分辨"是自己在控制呼吸，还是呼吸在驱使他"。在这样的状态下，他成功地射出了箭。当箭离弦的瞬间，他的自我意识似乎完全消失了。如射箭大师阿波研造所言，赫里格尔进入了一种天然的状态，就像婴儿会自然地张开手掌，或熟石榴自然裂开，他成功地进入了"无心之弓"的境界。

在第 6 章中，我们探讨了顶级棒球选手如何能够精确地击中他们几乎看不见的球的情境。在这样的情境下，击球手的反应意识似乎总是稍微滞后于飞速而来的球。由于他们的击球动作大都是在近乎无意识的状态中完成的，这也可以被视为一种"无心"之境。

然而，在探讨"忘我的舞蹈"时，我们可以确定两位舞者达到了"一体同心"的共鸣状态。但当我们考虑"无心地挥棒击球"或"无心之弓"时，一个疑问显现了：他们真正与何物达到了共鸣？若说婴儿，由于他们无法区分自我与他人，因此他们与世界合为一体，与周围的一切产生共鸣。反观那些进行射箭或挥棒的成年人，他们又是与什么产生共鸣的呢？

"吾与汝的关系"与"我与它的关系"

在我们即将探索的这个议题上，布伯在其著作中所描述的"吾与汝的关系"

与"我与它的关系"的差异，无疑起到了关键性的作用。

当我们说"吾与汝"（在德语中为"Ich und Du"）的时候，"汝"是一个充满亲近感的第二人称代词。如果用日语来表达的话，可能是"你"①，但是这个词并不能用日语中的第二人称代词进行准确的翻译，因此这里借用古汉语字"汝"来作为对应词。不过，在德语中，家庭内部通常是使用"Du"作为相互之间的称呼。当孩子长大到 15 ~ 16 岁、开始在学校被老师视为成年人时，便会被称为"Sie"。另外，在孩子成年进入社会以后，最初是用"Sie"来互相称呼的，但是当关系变得亲近并且成为朋友以后，又会重新开始用"Du"这个词来互相称呼。这种"吾与汝的关系"，用第 2 章探讨过的内容来说的话，对应的就是"第一人称与第二人称关系"。

"吾与汝的关系"深刻地体现在"全心全意、忘我地沉浸于某一事物（汝）中"。当我们提及第二人称"汝"时，通常我们首先想到的是"人"。因此，无论是真挚的友情、深情的爱恋还是亲子关系，都可以被描述为"吾与汝的关系"。然而，由于"全心全意、忘我地沉浸于某一事物（汝）中"这一表述也涉及"事物"，这意味着"汝"也可能指那些我们全身心参与的运动、艺术，甚至新产品的开发工作。在特定场合，例如赫里格尔射箭的情境中，"汝"也有可能代表禅宗中提到的"弓禅合一"。

那么，这是否意味着，在"吾与汝的关系"之中，我们不仅可以与他人达到"共鸣"，当我们深入地、忘我地沉浸于某一事物时，也能与那事物完全融为一体，同样进入这一"共鸣"的境界呢？

例如，米哈里·契克森米哈赖详细描述过"医疗团队在手术中经历的心流体验"。这种手术中的医疗团队成员的配合，与管弦乐队深度演奏时的"共鸣"过程有着相似之处。这个例子恰如其分地展示了"无心状态"下的"共鸣"之境。而在赫里格尔的案例中，只有当"拥有自我意识的赫里格尔的手"变得如"无自我意识的婴儿之手"那般，他才首次体验到了"无心之弓"的状态。这意味着，只

---

① 此处"你"的日语对应词为"あんた"或"お前"。——编者注

有当赫里格尔与周围的纯粹世界（如婴儿般地）产生"吾与汝的关系"中的共鸣时，"无心之弓"的境界才得以实现。

然而，在"吾与汝的关系"的背景下，我们可能会完全沉浸在某事（代指"汝"）中，但必须明确，"心不在焉"与"全身心地投入"（即忘我）是两种不同的状态。无论是赫里格尔描述的"无心之弓"，还是击球手准确地打中不可见的球，这些成果都是长时间的刻意练习、不懈努力和积累专业知识的结晶。因此，在此背景下，"我与它的关系"如布伯所描述的那样，成了一个关键性的视角。

在"我与它（Ich und Es）的关系"中，"它"（Es）可以是指事物或人，并采用第三人称来表达。因此，这可以与第 2 章中讨论的"第一人称与第三人称关系"相呼应。与"第一人称与第二人称关系"不同的是，"第一人称与第三人称关系"不涉及主观的"喜好或厌恶，舒适或不舒适"。这种关系更多的是从客观的角度来观察和评估，保持一定的距离。

不论是在自然科学还是在人文科学中，所有学术研究都基于"第一人称与第三人称关系"，即"我与它的关系"。这一原则也适用于体育和艺术的练习与训练。要达到"忘我专注"的状态，人们需要敢于与自己保持一定距离，客观地审视自己，并通过刻意努力与重复练习来不断提高。米哈里·契克森米哈赖描述的"医疗团队在手术中经历的心流体验"便是一个生动的例证。这个例子展现了，只有医生和护士在"我与它的关系"下应用精湛的医学技术，整个手术团队才能实现成员相互之间的忘我与共鸣。

因此，只有在自我意识已经确立之后的"第一人称与第三人称关系"的框架内，或者说，是在"我与它的关系"的框架内，人们才可能开始进行学术的研究，投身于体育和艺术的练习与训练中。而在这个阶段，语言不仅起到关键作用，而且成为一种必要的交流手段。除了深入探讨母子间的情感交流，我们还需要思考：这种语言交流是如何建立的？现象学又如何在一定程度上为这一过程提供合理解释呢？

如何实现对同一物体的感知的呢

在探讨婴儿如何学习语言之前，我们首先要明白：尽管婴儿和母亲从不同的角度和距离观察"兔子玩偶 Pyonta"，为何他们都能认同这是同一个"兔子玩偶 Pyonta"呢？答案可能在于每个物体都有其特定的名称。只有当这个名称确实用于指代该特定物体时，人们才能达成共识。否则，有效的沟通会变得不可能，因为人们无法使用同一个名称来表示同一个物体。

当婴儿朝玩具箱伸手并发出"啊、啊"的声音时，这意味着他想要某个玩具。母亲可以通过给他递上相应的玩具来判断他的需求。假如母亲给了他"玩具汽车 BooBoo"，但他显得不满并拒绝接受，这可能意味着他其实想要的是"兔子玩偶 Pyonta"。而如果他高兴地拿起"玩具汽车 BooBoo"并开始玩，那就说明他之前希望得到的正是这辆玩具汽车。

在大多数情况下，绝大部分的母亲（或者说，几乎所有母亲都能够共情婴儿的情绪表达）都能够准确地识别并理解自己婴儿的"愉快 / 不愉快"情绪表达。正因为这种母子之间情绪的一致性，他们才得以区分和感知彼此的愉悦或不愉悦的情绪（这也可以被视为一种共情的方式）。这种共情确保了他们明确地知道"BooBoo"指的是"玩具汽车 BooBoo"，而"Pyonta"指的是"兔子玩偶 Pyonta"。对于母子如何感知彼此情绪的持续和变化，以及在情绪的一致性中如何做到相互共情，发展心理学家和儿童精神分析医师丹尼尔·斯特恩（1934—2012）将这一现象称为"情绪调律"（affect attunement）。[3]

对于婴儿和母亲来说，他们观察到的"BooBoo 和 Pyonta"是否具有完全一样的视觉形象，并不是最核心的问题。更为关键的是，面对"BooBoo 和 Pyonta"时，他们是否有相似或一致的情感和行为反应。这代表了他们如何共同对待和理解这两个物体，也是我们真正需要深入研究和了解的方面。

尽管自然科学在研究"感知的科学"方面做出了很多努力，但其局限性仍然明显。科学家尝试通过确认某个对象在外部世界的客观存在，并进一步探究母子大脑中生成的不同视觉图像，来理解人们是如何形成对客观事物的感知的。但这种研究方法面临一个重大的难题：因为每个个体（如在此例中的母与子）在其大脑中产生的视觉影像是无法完全匹配的，所以我们无法确切地知道他们是否真的在感知同一个物体。

语言使用能力的形成

除了通过"感知"来确认"同一物体"的存在，身体运动方面的"自主的运动感觉"或称意向性，也是必须被唤醒和强化的。简言之，婴儿一开始仅能本能地移动，但随着他们意识和主动性的增长，他们能更有目的地控制自己的动作。例如，当婴儿希望得到"兔子玩偶 Pyonta"并伸出手时，如果母亲递给他这个玩偶，这说明他们之间具有目的性（意向性）的动作被彼此理解和响应了。

这种相互理解得以实现的根本原因是，母亲迅速捕捉到了婴儿伸出手这一带有目的性（意向性）的动作意图。同样，婴儿也预期到母亲会根据他的手势，递上"兔子玩偶 Pyonta"，这也是母亲身体动作的目的性（意向性）意图。因此，正是这种主动性的交互，使得双方能够建立起深入的理解。

此外，设想婴儿能进行全身的活动，例如，当"玩具汽车 BooBoo"隐藏在沙发与墙壁的缝隙中时，婴儿可以通过爬行去找它，并成功地取出。此时，我们可以认为刚刚从眼前消失的"玩具汽车 BooBoo"与现在手中的"玩具汽车 BooBoo"是同一物体。不仅是基于"感知"，即使隔了一天，婴儿还是能够辨认出这个"玩具汽车 BooBoo"与他昨天玩的是同一个。这进一步证明了"记忆"这一主动整合能力，始终在起到核心作用。

在连续的感知经验中，人们渐渐培养出了"使用语言"的主动综合能力。例如，当婴儿回忆时，他们会记得母亲用相同的名字"BooBoo"来称呼那个他们所向往的玩具汽车。母亲可能会这样说："这是 BooBoo，给你。"或者说："你想要BooBoo 吗？"由于名字"BooBoo"被反复提及，它便深深地留在了婴儿的记忆中。这种记忆不只涵盖了"BooBoo"的形象，还包括了与之相关的发音。因此，通过这样的连续感知，婴儿逐渐掌握了物体背后"语言的含义"。当婴儿随着成长开始自己使用这个词语时，他们对于运用语言的主动综合能力也随之成熟。

因此，在经历了感知、记忆和语言使用的阶段后，幼儿开始逐步获得与数字相关的实际体验。例如，当分享点心时，他们会采用计数方式（"一、二、三……"）确保平均分配，以预防与兄弟姐妹发生争执。随着他们逐年成长，在学校教育的引导下，孩子们不仅学会了阅读和写作，还逐渐形成了将思考和情感表达为语言的技巧。这一连串的由主动综合能力所驱动的过程叠加起来，为人类语言交流打下了坚实的基础。

关于主体间性

基于"自我意识"的形成与"使用语言"的主动综合能力，我们可以将人与人之间的相互理解划分为两个阶段：情感交流和语言交流。

胡塞尔认为，人们能够相互理解的能力，即"相互了解"，是通过彼此承认对方作为承担着意义赋予和价值赋予意向性的主体来实现的。他将这种相互间的承认命名为"主体间性"。然而，由于个体与他人的身体是彼此独立的，所以个体的感觉与他人的感觉，在实在论中不过是一种集体幻觉，在唯心论中则只能被看作一种共同幻想。因此，以每个人绝对真实的感受为出发点的现象学，必须重新将"主体间性"这个似乎已成定论的概念，作为哲学问题来进行深入探讨。

另外，胡塞尔还探讨了"相互理解"的"主体间性"的形成。他追溯出这一形成的源头是在人类的自我意识形成之前，甚至应该是在人类能够区分自我和他人的身体之前。他认为，在早期阶段，由于人类在本能和情感上是存在共鸣的，所以会出现一种"共同体验"的现象。在母子关系中，这种共鸣并不需要明确的自我意识，或是需要上升到意识层面。只要通过一种"被动意向性"和"被动综合"就可以实现。因此，这种基于"被动意向性"和"被动综合"的相互理解，被特别称为"被动主体间性"。

与"被动主体间性"相对照的是一种由"主动意向性"和"主动综合"构成的"主体间性"。此形态涵盖了有意识的行为、感知、记忆及语言使用能力。其中，语言使用是实现此"主体间性"的核心条件。当这种以语言为基础的"主体间性"在语言交流的场景中发挥作用时，它便被称为"主动主体间性"。

由双层主体间性所构成的"生活世界"

通过深入探讨"主体间性"（即相互理解）的形成过程，我们得以逐渐揭示出一个两层结构的主体间性：第一层是基于情感交流的"被动主体间性"；而在这个被动层之上，以语言交流为核心构建的是第二层的"主动主体间性"。

胡塞尔试图通过引入"生活世界"（Lebenswelt）这一概念，来深入理解我们日常所处的社会生活的全貌。他进一步通过主体间性的两层结构对这一概念进行阐释。"Lebenswelt"中的"Leben"代表"生、生命、生活"，而"Welt"则代表"世界"。因此，"Lebenswelt"是指包含了动植物等自然环境的人类实际生活的大环境。

在这个"生活世界"中，上层的"语言交流"依赖于通过感知、语言和判断的"主动综合"产生的"主动主体间性"来进行解释和理解。相对地，构成"生活世界"基础层的"情感交流"，其解释和理解则是基于在"被动主体间性"影响下"被动综合"的结合和触发来完成的。

在图 7-1 中的"互为基础"概念描述了"被动主体间性"和"主动主体间性"的双向关系。具体而言，语言交流的实现，是建立在情感交流的基础上的。"情感交流"催生了"被动主体间性"，为"主动主体间性"的产生提供了支持，这在图中用由下向上的箭头表示。而当我们掌握了语言并进行语言交流时，它也会增强我们的情感交流，这意味着"主动主体间性"在更广泛的意义上也支持了"被动主体间性"。这种关系在图中用由上向下的箭头表示。这种双向的支撑关系就是我们所称的"互为基础"。

胡塞尔强调了被动和主动主体间性在构建"生活世界"中的关键作用。更深入地，他认为这种关键作用源于一种"危机感"，这已在我们之前的对话中被提及。这种危机感起源于 19 世纪后半叶的欧洲社会变革，那时以数学为基石的自然

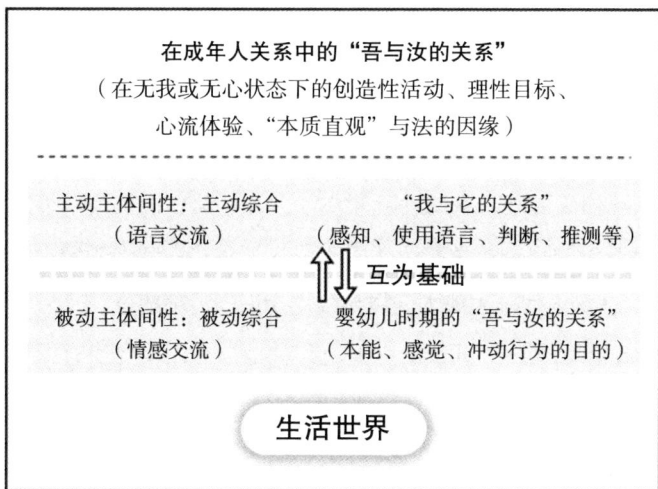

图 7-1 由双层主体间性所构成的生活世界

科学及随后兴起的技术文明开始逐渐占据主导地位。这种变化使得人们越来越忽视"生活的意义和价值",即生活世界的核心。在技术文明中,人们对由情感交流形成的被动主体间性(也就是赋予生活意义和价值的核心部分)往往没有太多关注,而过度重视技术和科学。正因为这样,胡塞尔将这种因为过度关注技术和科学而导致的偏离,称作"生活世界数学化的危机"。

作为"深入体验"的隐性知识

双层主体间性的观念与胡塞尔提出的"生活世界数字化的危机"有紧密的联系。胡塞尔着重强调,充满本能意向性的母子情感交流所带来的被动主体间性的价值正在被轻视。科学哲学家迈克尔·波兰尼则把这种"对被动主体间性的忽略"与人的认知能力进行了关联。他对"形成语言之前的认知能力"这种"隐性知识"以及"语言和数学"所塑造的"显性知识"这两大领域进行了深入探讨。

波兰尼认为,我们所掌握的知识远远超过了"能够用语言描述"的界限。他明确界定了"隐性知识"的概念,并为此提供了诸多实例加以验证。例如,随着与各种人多年的交往，我们积累了对无数人面孔的记忆，使得自己能够准确地识别出特定的熟人。这表明了，在使用语言之前，隐性知识不仅支持了我们进行身体层面上的认知和情感交流，对于我们利用文字和语言进行交流的这一层面，也具有深远的影响。

隐性知识不仅仅局限于身体知识和技能，如手势、面部表情等，它也广泛应用于涉及语言交流的精神科学和自然科学研究。在这些学术领域中，对研究对象的"情感融入"（深入体验）能力同样是隐性知识的关键部分。

这里的"情感融入"一词，简单地说，就是指在人类自我意识形成之后，在"吾与汝的关系"背景下、主动综合过程中出现的那种"共鸣"现象。

波兰尼提出，哪怕在被认为是纯理论的数学研究之中，也需要通过深入的体验来探索和理解现实。例如，"要将构成青蛙的各种关系形式化，首先要通过隐性知识非正式地确认这确实是一只青蛙"。这意味着，在观察青蛙并试图将其转化为显性知识时，必须基于隐性知识中已经确定的青蛙的事实。更进一步，他认为，"数学家在验证其数学理论的合理性时，必须进行一种情感融入（共鸣），就像深入体验青蛙所处的真实情境一样"[4]。所以，当"青蛙的数学理论"作为显性知识被构建完成后，为确保该理论与实际研究对象（青蛙）之间的合理性和一致性，我们需要再一次而且更为深入地进行对青蛙的情感融入（共鸣）。

那么，至此我们所探讨的，与松尾芭蕉（1644—1694）所说的"要了解松树，就得向松树求教"实际上指向了同一个意义。换句话说，从这个"情感共鸣"的视角来看，波兰尼的思想与松尾芭蕉的艺术观点，应当是相符的。

然而，在波兰尼所描述的"对青蛙的情感共鸣"与松尾芭蕉的"要了解松树，就得向松树求教"之间，尽管都涉及了"共鸣"这一概念，但达到这种共鸣的途径可能因为文化背景而存在差异。松尾芭蕉的思考深受禅宗修行的熏陶，尤其是那种"通过使自我空化以反映世界"的理念。这种理念在瓦雷拉的《空性的现象学（I）》中也得到了阐述，可以视作佛教中"无我"状态的一种体现（详见第6章）。松尾芭蕉认为，要真正理解松树，就需要"避免华丽的辞藻，舍弃计算，抛开所有的打算与谋划，用一颗纯粹的心去面对松树"。只有这样，才能真正向松树求教。

波兰尼所强调的是，通过主动意向性，达到了情感融入的主动综合状态。但必须强调的是，这种由主动意向性导向的情感融入，实际上建立在一个基础的被动综合形式之上，这成了一个关键的前提条件。因此，这种细微的层次差异与它们的相互关联是我们不应忽视的[5]。

对 话

战略是一种"生活方式"

野中郁次郎 x 山口一郎

并非二元的"静态同体"，而是二元的"动态过程"

野中

在本书的第 1 部分中，山口先生为我们展开了对"现象学是什么""现象学与其他哲学有什么不同"以及"现象学追求的是什么"这些问题的讨论。由此，让我们再次理解了现象学的本质。

同时，在这个基础上，我也再次确认了，现象学这一学科与我一生都在研究的知识创造理论，是有着相近的思想的。

最初在世界范围内对 SECI 模型给予评价的，是担任卫材（Eisai）公司首席执行官（CEO）的内藤晴夫先生。卫材公司以"将患者利益和公众健康放在首位，满足其多样化需求，为提升其福祉做出贡献"作为企业理念，这一理念被简练地概括为"hhc"（human health care）。

为了实践这一企业理念，内藤先生最为重视的是 SECI 模型中的第一步，也就是"社会化"。因此，卫材公司做出了"要求其全球范围内的所有员工，抽出他们工作时间的 1%，与医疗或护理现场的患者和普通大众进行'共同感受，共同生活'"的宣言。

在构想 SECI 模型之初，我认为其中最重要的是隐性知识与显性知识之间的相互转换过程，也就是"外化"和"内化"的相互转换过程。然而，我发现这个相互转换的过程并不是如此简单和直接的。这是因为在这个过程中，隐性知识与显性知识之间并不存在明确的界限。我们看到的是一个动态过程，其中过去、现在和未来紧密交织。这个过程中必然会出现冲突和矛盾。这就像辩证法，都是为了达到更高的境界。

山口

SECI 模型描述了知识创造的螺旋状进程，它从"社会化"开始，再通过"外化""组合化"和"内化"各个阶段，最后又回到"社会化"。但我觉得，这一轮回的开始和结束阶段中的"社会化"所涉及的隐性知识的深度是有所不同的。当提到与患者和普通大众实现"共同感受，共同生活"时，这种基于"共鸣与共生"的"社会化"的隐性知识能力，会在这个螺旋状的知识创造路径中不断提升和深化。

虽然是迈克尔·波兰尼首次提出了"隐性知识"这一概念，但他并没有对其动态过程做出深入的解释。正如我在本书第 1 部分中所提到的，青蛙的情感共鸣和深度体验中的隐性知识，在对青蛙进行数学理论化之前，就已经存在了。当这种隐性知识被转化为显性知识后，它仍然需要再经历情感共鸣的过程，然后再次成为隐性知识。不过，与初次形成的"社会化"的隐性知识相比，经过这一过程后再回到"社会化"中的隐性知识的层次，会明显地提高。

野中

从这个意义上来讲，这种将知识划分为"隐性知识"和"显性知识"的"二元对立"的分类方式应该并不准确。二元对立，就像辩论一样，两个对立面会试图推翻对方来证明自己的正确性，因此这两者从一开始到最后都应该是分开的。另外，如果考虑到不断变化的现实情况的话，这两种知识形式所依赖的不同的情境，都可能是"正确的"。那么，在这种情况下，二元对立的解答最终只会成为"部分真理"，而无法催生出新的意义和解释。

因此，在这种情境下，我们需要根据持续变化的环境来进行探究。也就是说，并非维持一个二元对立的关系，而是在相互作用和平衡中去创造新的知识。所以，这不是一个简单的二元"静态同体"，而更像一个二元的"动态过程"。

山口

二元的"动态过程"描述了隐性知识与显性知识间的转换循环。这与胡塞尔在生活世界中提到的"被动主体间性"和"主动主体间性"构成的"互为基础"思想，有着惊人的相似性。如本书第 1 部分中的图 7-1 所示，位于"被动主体间性"阶段的"情感交流"是隐性知识的体现，它在"主动主体间性"阶段的"语言交流"出现之前，就已经形成。在这一过程中，情感交流为语言交流奠定了基础。因此，我们可以认为"感性"是"认知"的前提。

另外，正如婴儿通过与其照顾者之间的语言交互逐步发展，然后通过教育进一步完善其成长，最终步入成年人的世界。这种由认知驱动的语言交流是一个连贯的过程，它不仅能用来表达丰富的共情经验，还会随着时间形成广为人接受的显性知识。而这种基于语言和数字的显性知识，都是遵循亚里士多德所描述的"目的因果"（即事物或行为存在或发生的原因）来形成的。这种理念同样推动了由共鸣产生的隐性知识向显性知识的转化。

被动主体间性与主动主体间性的互动，孕育了丰富而深入甚至超越意识边界的隐性知识。同时，这也为由语言和数字构建的显性知识注入了目标导向，使其在维护理性的基础上，在各种文化背景中都能获得普遍的公共认可。

野中

现象学与传统哲学有所区别，它更加强调人类的无意识层面。迈克尔·波兰尼关于隐性知识的观点与此相契合。波兰尼曾明言："我们真正知道的东西，经常超越了我们能用语言明确描述的范围。在我们的知识库中，不仅有可以言说的部分，还有难以言表的部分，而这难以言表的部分往往占据更大的比例。"他把那些难以言表的知识称为"隐性知识"。

虽然波兰尼认为难以用语言表达的知识是隐性知识，但在 SECI 模型中，我们实际上讨论的是"尚未被语言表达的知识"。从现象学的角度看，正如山口先生在本书的第 1 部分中所提及的，因为语言是基于我们的感知构建的，所以现象学中的"被动综合"概念，恰当地捕捉了"尚未被语言表达的知识"的精髓。

另外，现象学中的一个概念——"主动综合"，与 SECI 模型中描述的显性知识相呼应。这意味着，如果我们能更深入地理解现象学，那么 SECI 模型中关于隐性知识和显性知识的核心思想会得到更丰富和深入的解释与阐明。

与"隐性认知方法"有关的溯因推理

野中

在此基础上，我现在强烈地感觉到，"隐性认知方法"既不是演绎法，也不是归纳法，而是与"假设生成"（也称为"推测"）有关的溯因推理（abduction）。简言之，"假设生成"是从观察的结果推断其原因，从而为这些事实找到解释的方法。

这也是由美国哲学家、被认为是实用主义（Pragmatism）的创始人查尔斯·桑德斯·皮尔士（1839—1914）基于亚里士多德的逻辑学所提出的方法论。这种方法论的思考方式可以是：①早上醒来发现广告牌倒了（现象）→②由于风吹的时候，广告牌会倒（法则）→③因此（虽然现在没有风），一定是在我睡觉的时候，有强风吹过，让广告牌倒了（假设）。

然而，虽然我们用假设③来解释现象①，但是广告牌倒下的原因还是有很多其他可能的。例如"有人把它推倒了"或者"因为广告牌无法维持自身的重量而倒下来了"，等等。也就是说，即使法则②本身是正确的、成立的，但是"最初如何想到这一法则并将其应用到这一方法论中"这一点，还是依赖于进行推理的人的想法。

山口

然而，现象学不仅不采用由唯心论构建的演绎法，而且能够揭示基于实在论的、以经验事实为依据的归纳法的局限性。现象学试图通过对现象本身的深入分析，揭示赋予该现象特性的"潜在规律性"。在这个层次上，既不属于演绎法又不属于归纳法的溯因推理，与现象学的研究方法存在许多相似之处。

野中

正如您所说，关键在于如何充分发挥我们的想象力来进行"溯因推理"。现象学为此提供了很多深刻的指引。就拿山口先生在本书第 1 部分中提到的"自由变更"为例，它正是一个很好的启示。

当我们试图深入洞察现实的真实面貌时，有时候可能需要依靠如"科学幻想"（Science Fiction）之类的手段来构建和检验我们的假设。一旦我们成功地明确了具体的命题，下一步就是利用演绎逻辑来进行深入的推理和验证。具体说来，这一阶段与 SECI 模型中的"外化"到"组合化"的过程相对应，目标主要是对这些命题进行细化并将其实践化。在最终的实践和应用中，这些命题将进一步"内化"，从而转化为我们的实际知识和经验。

山口

在"本质直观"过程中，"自由变更"为第二阶段，而第一阶段则是"事例收集"。这一起始阶段所收集的事例涵盖了各种学科的研究，自然科学当然也在其中。如第 1 部分所详细描述的，现象学并不完全拒绝自然科学的研究成果。在清晰地了解到这些成果是在某些特定条件下达成的之后，现象学会有选择地采纳并结合这些知识。

正因为现象学选择性地接受了这些研究成果，所以弗朗西斯科·瓦雷拉提出的神经现象学等学科才得以建立。

在这样的基础上，我们步入第二阶段，即"自由变更"阶段。此阶段主要研究在"事例收集"阶段所积累的事例，探讨它们如何展现为特定的现象。例如，如果这些事例关联自然科学知识，我们要研究这些知识是如何获得的；而如果事例涉及深入的心理学或社会科学等"精神科学"领域，我们要探索它们是在何种

"意义"或"价值"背景下进行研究和得出结论的。简言之，这个阶段强调深入探讨我们所使用的基础语言、术语及概念，并追溯其来源。

在我们考虑从一个极端到另一个极端的所有可能性，包括科幻世界中的各种设想后，我们就能在自我和他人的主体间性体验中进行深入的探索。在这样的探索中，最后会显现一种被称为"不变项"的固定存在，这种存在已经无法发生任何改变。胡塞尔将这种不可更改的存在定义为"本质"。

现在具有一定的时间"宽度"

> 野中

我觉得在第二次世界大战后，有很多日本的优秀管理者在"本质直观"方面表现得非常出色。例如，在本书接下来的第 2 部分中我们将提到的本田技研工业的创始人本田宗一郎先生，京瓷的创始人稻盛和夫先生，以及担任过佳能公司董事长的御手洗富士夫先生。此外，还包括迅销公司创始人柳井正先生。

以上列举的人士中，最有趣的是御手洗富士夫先生。由于他原先在财务部工作，因此关于资产负债表，他提出了这样的观点："对企业高层管理者而言，管理实际上是一个用资产负债表来编织的故事。所以，为了构建一份理想的资产负债表，就需要引导企业内所有组织和员工去完成他们各自应该承担的任务。"[1]事实上，在他接任佳能公司董事长以后，他推动了一场从"部分最优"到"整体最优"的意识形态变革。此外，他还在利润表、资产负债表以及现金流管理上做出了重大的战略调整。

当听到御手洗先生关于财务和数值的论述时，我们可能会误以为他只是一个精于数字分析的管理者。但实际上，他的视野远不止于此。正如他所强调的，为了实现组织的终极目标，领导者必须编织一个鲜明且吸引人的故事，来描述如何实现这一目标。而这个故事的构思，并不是把员工仅看作"成本"，而是从一个更高维度看待员工，视他们为"知识和价值的创造者"。换句话说，御手洗先生认为，成功的领导者不只是擅长数字分析，还应擅长用故事为整个组织和员工指明方向。

正是因为御手洗先生拥有如此敏锐的洞察力，他才能够一眼从资产负债表中看到"过去、现在、未来"所应采取的行动。在这里，"过去、现在、未来"三者之间并不是相互独立的，而是呈现一种连续性。这样的连续性是怎么形成的呢？主要是因为"现在"其实是具有一定时间跨度的。就像山口先生在本书的第1部分中所强调的，过去已经深深地印在了我们的心中，它影响并塑造了我们的"现在"。同时，鉴于我们对未来有所预期，我们在潜意识里已经对它有了某种理解。

山口

关于"具有时间宽度的现在"这一理念，我认为通过以下的例子可能会更加直观。从学生时代开始，我便对剑道产生了浓厚的兴趣。在剑道比赛中，当两位对手进入相互可以攻击的范围时，便会展开一场"谁能够首先以精准且完美的姿态，向对方的面部或手腕发起有效的打击"的较量。

当然，这场角逐虽然只在一个被称作"现在"的瞬时发生，但在这一刹那，选手们多年的训练和积累、那些深深融入身体的技能都被完美展现。这些技能如同身体的记忆，伴随着选手每一个时刻。因此，这个"现在"的瞬时中，蕴含了数十年的经验和身体记忆。更进一步，这些记忆中还嵌入了对未来的预期和设想。

也就是说，在这个被称为"现在"的时间点上，个体的无尽过去宛如一个深沉的大海，与其他诸多元素紧密相连、交融在一起。

"叙事战略论"的本质

野中

在管理学的领域，关于现在热门的战略论，有一本书名为《战略的世界史》（贯井佳子译，日本经济新闻出版社，2021）。这本书的作者是战争研究领域的权威人物，伦敦大学国王学院的名誉教授劳伦斯·弗里德曼。书中对多个领域的战略论进行了深入的探讨，涵盖了从圣经、古希腊神话、《孙子兵法》到古代人物如尼科洛·马基雅维利（1469—1527）的战略观念，乃至卡尔·马克思（1818—

1883）和马克斯·韦伯（1864—1920）等政治和经济战略家的理论，直到涉及世界著名战争，如越南战争、伊拉克战争中的战略论。此外，书中还探索了企业之间的竞争战略等诸多议题。值得一提的是，这本书还针对"什么是优秀的战略"这一核心议题进行了深入剖析。

当我翻阅弗里德曼的这本书时，我愈加深刻地感受到：在这样一个瞬息万变、传统的分析模型已不再适用的复杂时代里，一个初始的细微差异可能引发巨大的变革，仅依赖因果关系来解读事物显得已然过时。在书中，弗里德曼明确表示："战略是权力的艺术创造。"但我更倾向于将战略理解为"智慧的共同创造"。

在这个不断变化的时代中，人们目标明确，期望着更加美好的未来。他们灵活运用各种策略，根据不同的情境展现出多变的意向。人们共同创造智慧，并将其付诸实践，从而为"生活方式"赋予了更深层次的意义，构建起如同连续剧般的人生故事。现今的世界，需要的更多是用故事来阐释。实际上，基于这种思维，管理学中的"叙事战略论"正在崭露头角，逐渐成为一个主要的研究趋势[2]。

因此，当我们说"战略是一种生活方式"时，意味着过去、现在和未来之间并没有明确的分界线。在这个"具有时间宽度的现在"中，根据各种情境进行判断，才是"决策的核心"。这也正体现了企业战略的真正含义。

山口

当我们提到"通过叙事方式来学习与生活"时，胡塞尔的发生现象学与这一观念紧密相连。因为，通过叙述故事，人们不仅可以将过去经验整合为自身独特的历史，还能据此设定并展望自己未来的生活目标与方向。

更进一步说，"讲故事"更多地被看作一种"共同叙述"的方式。当我们回忆过去时，实际上我们是基于一种被称作"记忆"的复杂而被动的整合方式来进行的。这种在被动互动中，由于本能意向而形成的整合值得我们深入研究。在现象学的存在论延伸中，马丁·海德格尔（1889—1976）的"存在分析"有着重要地位。他所描述的"共同存在"（他人）既不是处于婴儿期的被动互动中的"汝"，也不是成年期的主动互动中的"汝"。事实上，他认为与"汝"的真正相遇是不可能的。因此，当人们回忆和叙述过去时，他们其实是依赖于与他人共建的"集体记忆"来进行的。

野中

因此，我们可以认为，"叙事战略论"与"历史构想力"是密不可分的。所谓的"历史构想力"，指的是从现在回顾过去，通过过去的事件重新认识现在（也就是过去的未来），并从当前时刻出发，预测和构建未来的思维方式。无论古代还是现代，无论东方还是西方，那些被誉为卓越的战略家们，他们几乎都是能够编织这样故事的人。同时，他们也都具备了"历史构想力"。

例如，英国首相温斯顿·丘吉尔（1874—1965）是第二次世界大战中的重要人物。他不仅勇敢地带领英国人民与纳粹德国抗衡，更在战争历程中成为真正的英雄。这位政治家凭借他深入的历史洞见，对英国前首相内维尔·张伯伦（1869—1940）的对德绥靖政策进行了尖锐的批评。丘吉尔当时坚决地指出了该政策的错误。战后，他运用其卓越的叙事才华，撰写了关于第二次世界大战的详尽著作，并因此被授予诺贝尔文学奖。

现在，我们仍能在社交平台上找到丘吉尔战时的演讲录音。据说，那时的伦敦市民只要通过收音机听到他那具有莎士比亚戏剧特色的、充满抑扬顿挫的嘶哑声音，即便身处空袭的威胁之下也能平静入睡。

更深入地看，丘吉尔不只是擅长讲故事，他还能巧妙地将这些故事转化为实际的政治策略。如今，我们前往伦敦，可以游览"内阁战时办公室"（War Cabinet Room），这是大英帝国战争博物馆（Imperial War Museum）的分馆。丘吉尔当时实际上是通过兼任国防大臣的方式，将权力集中在自己手中的。虽然他曾提倡"讨论决策"的方式，但最终他选择了集权力于一身的决策方式。在通往"第二次世界大战"胜利的五年时间里，正是在内阁战时办公室里，丘吉尔指挥着整个战争。他迅速地整合各方信息，快速做出决策并立即实施。一旦决策有误，他会迅速地进行修正。从丘吉尔的例子中，我们明显可以看到，他采用的战略方法与传统的逻辑分析法大相径庭。

山口

在重新审视这次对话时，我发现了现象学与知识创造理论之间的相似之处。对此，我非常期待深入探读本书的第 2 部分，以进一步了解野中先生是如何探讨当前的管理学趋势、领导力以及人工智能等话题的。

野中郁次郎

现象管理学的要义

· · ·

由"信息处理"到"知识创造"

尽管管理学是社会科学的一个分支，但到目前为止，"信息处理"（information processing）这一概念对管理学学科推进有着深远的影响。然而，我认为，未来"知识创造"（knowledge creation）的探索应该同时结合管理学的人文和科学两个维度。信息可以通过量化、客观的方式获得，而知识则源于个体对信息的主观解读。因此，为了创造真正有实用价值的知识，我们必须在与环境和他人交互的过程中，筛选、感知、解释和应用这些信息，进而实现其深层的内化。

直到 20 世纪 70 年代，由于计算机技术的飞速发展，爆发了所谓的"认知革命"（cognitive revolution）。在此之前，人的心理活动，即处理信息的内部过程，都被认为是最普通的信息处理方式。诺贝尔经济学奖得主赫伯特·亚历山大·西蒙（1916—2001）甚至把人的信息处理方式和计算机进行比较，认为人在做决策或进行心理活动时，就像计算机处理信息一样。在探索这个观点时，他还使用了认知科学模型作为其组织理论的基石。但即使这样，我们仍然难以解释人们在处理信息时那种富有意义的主观体验和感觉。

西蒙采用了"蚂蚁"这一比喻来描述人类的认知能力。他将人类与"蚂蚁"这种具有简单认知能力的生物进行了类比。当观察蚂蚁沿海岸行进的轨迹时，我们可能会认为其轨迹显得相当复杂。这种现象是由于蚂蚁虽然知道其巢穴的方向，但不能预测前方的障碍，因此在遇到障碍物时会不断改变方向。但这种看似复杂的轨迹，并不反映蚂蚁自身的复杂性，只是展现了它所处环境的复杂性。因此，西蒙提出，为了应对个体认知上的局限并确保决策的合理性，组织应当具备一个客观、机械化、分层的信息处理系统，或者是这种系统所体现的官僚机构。他相信，这样的系统是提高组织绩效的关键[1]。

尽管在实际决策中，人们的主观价值观确实会发挥作用，但西蒙却成功地打造了一种科学的组织理论。他采用的方法是，在决策的前提中剔除价值观因素，仅专注于事实的基础。这种方法源于认知科学的传统观点，即认为人的大脑是一种认知工具，能够有意识、有分析和抽象地处理所有信息。

然而，人类的"心灵"并不应被简单地看作与外界环境隔离的、仅在个体内部进行的机械式信息处理。人的"心灵"实际上是在不断变化的环境中，通过对外部事物和他人的感知，赋予它们意义，从而塑造并反映出与自己相符的"现实"的。这意味着，人类的心灵并非如计算机般按照固定的标准程序处理数据，而是通过更主观、非线性和富有创意的方式来感知和评估周边世界的。

为了阐释这一过程，我们可以借鉴目前逐步流行的、深受现象学启发的脑科学方法。这种方法被称作"具身心智"（embodied mind）和"拓展心智"（extended mind）。根据这一理念，人的感受、知觉和思维都与其行为紧密相关，并通过身体这一桥梁与外部环境进行开放的交互[2]。

波兰尼的"隐性认知方法"

构成我们知识创造模型基础的一个核心概念，是迈克尔·波兰尼提出的"人格性知识"（personal knowledge），这一概念被作为隐性知识的理念。现在，我们将详尽地阐释这种隐性知识。

自柏拉图时期起至现代学术领域，西方主流知识论一直认为，真正的知识是去除了主观色彩的显性知识，即客观知识。与此同时，胡塞尔在其著作《欧洲科学的危机与超越论的现象学》中提出了这样一个问题："如果那些推动我们日常生活并具有数学特征的科学，它们确立的客观内容被当作真理，那人在这个世界上的存在又有什么意义呢？"基于"人类鲜活的主观性应该是所有学问根基"的信念，他创立了现象学[3]。

波兰尼在 50 岁时，受到现象学的启发，从一位物理化学家转变为科学哲学家。他的目标是摆脱卡尔·波普尔（1902—1994）的代表性观点："真正的知识只能是客观、科学、显性的。"波兰尼提出了自己的看法："所有知识不是隐性的，就是植根于隐性知识中的。"他还强调，以身体性为基础的信仰和主观体验，才是知识的真正源泉。

波兰尼认为，"认知"不应该如卡尔·波普尔所主张的那样是"无认知主体的知识"（knowledge without a knowing subject），而应该是需要人类全心全意投入的知识形式。波兰尼致力于建立一种能够平衡感性与理性、主观与客观、人文与科学的知识观。尽管"隐性知识"这一术语并非传统哲学中的常用语，但波兰尼直观地提出了这一概念，它能让人们在内心深处找到共鸣。

波兰尼认为，隐性认知（tacit knowing）是科学知识的基石，实质上构成了知识的真正源泉[4]。他通过将分散的知识片段相互关联，从下而上推理，构建出一个一致的整体，并在这个整体中赋予新意义。他称这一过程为"隐性整合"（tacit integration）。若将这一理念与先前讨论的现象学联系起来，那么隐性知识便可被视为无意识的被动综合元素，而显性知识则是有意识的主动综合元素。

实际上，我们的"认知"行为和方式都是由"隐性整合"这一能力引发的。隐性整合是一种创新、发现和创造的能力，在这个"从部分到整体、再从整体到部分"的动态过程中，局部要素（近接项）与整体要素（远程项）相互作用，局部要素在逐步向整体转化的同时，也会被重新感知。这些被重新感知的局部要素在与更广阔层面的局部要素的关系中得到反馈，从而在更高层面创造出新的意义。因此，对于这种自然产生更高层次的现象，我们称之为"自发创造"（自发生成）。此外，这种层次结构是无限的，可以根据不同目的向上或向下延伸。

至于隐性整合的能力，它包含三种"技艺"。第一种是作为"观察技艺"的"鉴识技艺"，如医生在疾病诊断中通过观察患者的面部状态或 X 线照片（局部要素）来了解整体病情。他们将注意力集中在局部要素上，并隐性地将其整合，从而做出诊断。这种"鉴识技艺"还包括面部识别、艺术品鉴定等领域。

第二种是"行为技艺"。举例来说，钢琴家通过长期的练习，使自己的手指动作变得无须意识的控制便能熟练地演奏。他们专注于手指的动作（局部要素），并在不知不觉中把它们融合，以达到演奏的完美。

第三种是"想象技艺"，这也是隐性整合的一个重要方面。例如，夏洛克·福尔摩斯曾说："多年的习惯让我的思考变得敏锐，因此，即便我没有明确地经过每一个推理步骤，我也能迅速得出结论。"他还强调："只要注意到细节，就能洞悉事件的本质。"[5] 这表明，福尔摩斯能察觉到常人所忽视的细微事物。不仅如此，他还能根据这些细节，构建出一个连贯的整体故事。这正是他推理的独到之处。

个体的"隐性整合"是一种交替使用副次意识（无意识、潜意识）和焦点意识（有意识）的过程，以此构建知识。如果仅关注局部而非整体，便无法创造出新的意义。以钢琴演奏为例，如果钢琴家过于注重每个音符与手指动作的一致性，就无法实现作为一个有意义的整体的音乐表演。副次意识包括想象力和直觉，这些是意义生成的基础，但它们通常是在无意识中被感知到的，因此难以用语言精确描述。焦点意识则能够清晰、有意识地表达和概念化整体。

这意味着，"心灵"（mind）由无意识地通过身体感觉（bodily senses）感知的细节和部分，以及有意识地概念化的元素共同构成。这强调了心灵与身体的密不可分，与笛卡儿的心身二元论形成对比。这个整体观与西田几多郎的"纯粹经验"、胡塞尔和梅洛－庞蒂等现象学家关于通过身体行为构建世界和心灵的理论有共同之处。同时，它也与认知科学家弗朗西斯科·瓦雷拉关于"具身心智"及安迪·克拉克等人提出的"拓展心智"理论相吻合。

演绎·归纳·溯因推理

部分与整体相互交融，并通过"隐性整合"来创造知识的方法与实用主义哲学家查尔斯·桑德斯·皮尔士提倡的"溯因推理"有着共通之处。他认为，新观点的生成不可能依赖于演绎法或归纳法，而是源于第三种推理方式——溯因推理[6]。

溯因推理的出发点虽然是对现实事实的观察和认识，但其关键在于目的意识。

这意味着人们基于自身的信仰和观点来定位研究焦点，并通过观察和综合细节来形成假设。目的意识的有无不仅影响假设的产生，也是区分溯因推理与其他知识创造方法的关键。与之相比，演绎法以其严密性和确定性著称，但这种确定性也意味着它不能在既定逻辑框架内产生新发现。归纳法尝试从具体数据中提炼普遍真理，并以此构建新命题，但这种方法易受意外情况干扰，且常因数据不足而受限。

溯因推理则能敏锐地捕捉到具体事件中的微小迹象和意外变化，并整合所有相关认知与信息，创造出极具自由度的假设。溯因推理还通过不断试错来验证假设，最终获得全新的认识或发现。像福尔摩斯这样的侦探，在有明确目的意识驱动的"解决问题"过程中，不会忽视任何细节。他还会勇于提出大胆的假设，并进行检验。所以，福尔摩斯采用的这一方法，本质上也是溯因推理[7]。

组织性知识创造的过程

通常，我们定义知识为"个体确证其'真、善、美'信念的动态化社会过程"（ Knowledge is the dynamic social process of justifying a personal belief towards truth, goodness, and beauty ）。在这里，"belief"不仅仅指"信念"，也涵盖了人内心那些模糊的"观念"和"想法"。

波兰尼的贡献在于，他清晰地界定了个体隐性知识的范畴。然而，在隐性知识与显性知识的互动方面，他的理论并未充分发展。因此，仅凭波兰尼的知识论，我们还不能清楚地阐释在隐性知识与显性知识的相互作用中，组织性知识创造的原理是如何形成的。

在组织性知识创造理论中，所有的知识都被分为两种类型：隐性知识和显性知识[8]。这一理论植根于波兰尼关于隐性知识及其整合的基础研究，并吸纳了人文科学、社会科学、认知科学和脑科学等领域的最新研究成果。基于这些研究，组织性知识创造理论构建了一个系统化和模型化的框架，旨在解释组织知识创造的过程[9]。如表 8-1 所示，隐性知识和显性知识在某种程度上相互对应，它们并非处于完全对立的位置，而是能够相互转换，形成连续的关系。我们认为，正是通过这两种知识的转换过程，新知识才得以有组织地被创造出来。

表 8-1   隐性知识和显性知识的不同之处

隐性知识（tacit knowledge）	显性知识（explicit knowledge）
• 难以言说的知识	• 被语言化的知识
• 直接从经验或五感中获得的知识	• 体系化的知识
• "此时·此地"的知识，依赖于现实背景的知识	• 过去的知识，可以跨越时空，进行转移或再利用的知识
• 与身体感觉和技巧相关的技能	• 明确的方法和程序，手册
• 主观性·个人性	• 客观性·社会（组织）性
• 感性·情感性	• 理性·逻辑性
• 模拟知识	• 数字知识
• 通过身体经验和共同作业可以共享和发展的知识	• 通过语言媒介可以共享和编辑的知识

资料来源：野中郁次郎·紺野登（2003）『知識創造の方法論』（東洋経済新報社）36 頁

　　隐性知识和显性知识的关系，有时被比喻为一枚硬币的两面。实际上，这两者之间的边界是动态且模糊的，不可明确划分。如果借用图 8-1 中的冰山来隐喻它们的关系，那么水面上可见的部分代表显性知识，而水下体积更大、不可见的部分则象征隐性知识。显性知识的形成是建立在隐性知识基础之上的。在显性知识的传递及其意义的解释过程中，个人的隐性知识也发挥不可忽视的作用。

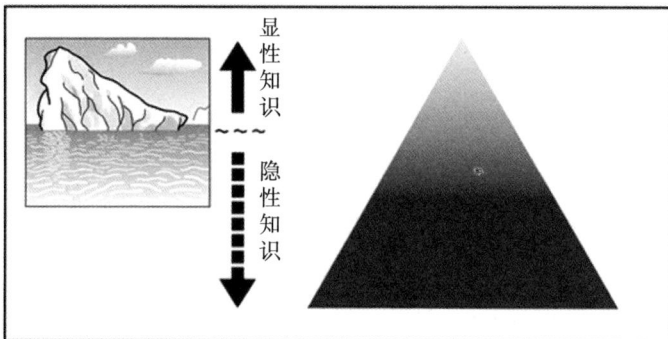

图 8-1   冰山的隐喻（隐性知识与显性知识的关系）

知识是一个动态的过程，而不是固定的"物体"，其核心是隐性知识。这种知识实质上是一个动词，即一个过程。更准确地说，知识包含了隐性整合。当这些隐性知识被具象化和外化后，它们就转变成了名词，也就是显性知识。因此，隐性知识和显性知识不是独立存在的，而是构成了一个动态连续体。

"冰山之所以显得庄严宏伟，是因为它只有八分之一露出水面。"这是诺贝尔文学奖得主欧内斯特·海明威（1899—1961）的话[10]。海明威以其简练的文风和恰当的文字描述情境而著称，这种风格被称为硬汉语言风格。我认为，他能够说出这样的话，很可能是因为他意识到了显性知识的本质，即水面上方可见的部分，以及水下不可见但极其丰富的隐性知识的本质。

正因为隐性知识和显性知识具有相互对照的性质，在它们相互转化的过程中蕴含了辩证法式的创造动力，这推动了新知识的产生[11]。知识的来源是隐性知识，隐性知识具有动态变化的特性。当这些隐性知识经过固定和提炼，转化为可以被概念化和语言表达的形式时，它们就成为显性知识。

个人从生活世界中获取的隐性知识，可以通过第一人称的方式从内部表达到外部。这些知识在面对面交流中可以转化为第二人称的集体显性知识，也可以转化为第三人称的组织内部显性知识。如操作手册等已经语言化的显性知识，一旦通过实践被内化为个体的身体经验，就可能再次转变为个人的隐性知识。

心流状态中作为"动词"形式的 knowing 是隐性知识，而作为"名词"形式的 knowledge 是显性知识。将隐性知识从动词形式转化为名词形式，使得知识的处理和传播过程变得更加容易。然后，接收这种名词化的显性知识的个体可以通过实际操作和体验，将其再次转化为动词形式的隐性知识。

因此，不管是有意识还是无意识，我们都能够明白，在这个转换过程中，知识始终在被传递和共享。

SECI 模型

SECI 模型被用于阐释组织性知识创造的流程。与波兰尼主要关注个人层面的隐性知识模型不同，SECI 模型是一个跨个人、集体、组织和社会各层面的综合模型。它说明了隐性知识与显性知识在这些层面之间的相互转换方式。SECI 模型包括以下四个阶段。

（1）社会化（Socialization）：个人通过直接的面对面交流和与环境的互动，获取隐性知识。

（2）外化（Externalization）：通过对话、思维和隐喻等，个人的隐性知识转化为集体性的显性知识，如概念、图像和假设。

（3）组合化（Combination）：将集体层面的显性知识组织成系统化的故事或理论。

（4）内化（Internalization）：将组织层面的显性知识通过实践转化，产生新价值，并为个人、集体和组织提供新的隐性知识与技能。

这四个过程描述了 SECI 模型的流程：① 将个人思维转化为共鸣；② 将共鸣转化为概念；③ 将概念转化为理论；④ 将理论转化为专业技能和智慧。（见图 8-2）

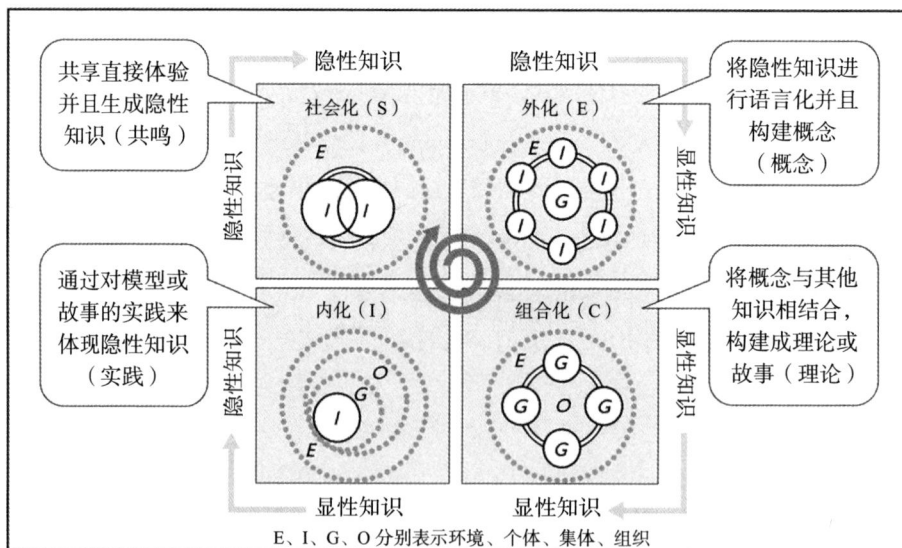

图 8-2　SECI 模型的组织性知识创造的螺旋循环形态

SECI 模型表明，每完成一次循环，隐性知识和显性知识的沉积层增加，形成螺旋式发展。通过重复这一螺旋过程，知识在个人（第一人称）、集体（第二人称）和组织（第三人称）间循环，从而创造新知识。新产生的价值和关系最终促成知识创造生态系统在社会组织中的形成。

第一阶段是"社会化"。这一阶段，我们将他人的隐性知识转化为自己的，或者在互动中共同创造新的隐性知识。共享的经验是此阶段的基础，通过与环境的互动和共同的体验，多人分享隐性知识，并在相互作用中创造新的隐性知识。

可以说，由于"共鸣"，社会化成为可能。隐性知识依赖于特定背景和环境，很难转化为让他人理解的具体形式。通过激活"五种感官"，共享背景和情境——类似的直接共享体验非常有效。深入具体世界，与他人共享经验，就可以共享和积累隐性知识。

企业作为主体，不仅从内部员工身上学习知识，还在与客户的互动中，从建立的关系和共同体验中汲取知识。这就是"向客户学习"的意义所在。企业能通过多种互动，在市场环境中与客户、合作伙伴甚至竞争对手共鸣，共享隐性知识。真正理解对方，而非停留在表面情感上；深入对方视角，体验和分享知识和经验，这种"深入体验"（indwelling）的态度，能帮助企业超越自我，获得更深层次认识，推翻既有观念和理论。

在 SECI 模型的"社会化"阶段，个人之间通过直接交流累积了隐性知识，这些将在接下来的"外化"阶段中被具体化。通过使用语言、图像、模型等手段，隐性知识被转化为更清晰、更易于理解的显性知识。尽管在"社会化"阶段，通过直接体验分享的知识有其个人局限性，但"外化"阶段可以确保团队共享的隐性知识能够转化为显性知识，并且作为团队的集体知识得到推广和发展。

"外化"阶段的方法论强调"通过对话探索事物的本质"。对话让我们可以将个人的隐性知识语言化，进而细化和概念化。努力用语言表达时，心中的隐性知识逐步显现出具体形态。运用隐喻、类比、假设生成等思维方式，分析和揭示隐含概念或机会变得尤为有效。

在"外化"阶段，转化为团队知识的语言和概念会被进一步具体化，这就进入了"组合化"阶段。组合化意味着将概念关联，形成理论或故事，或者操作和细分概念以便在组织层面体系化。例如，"将新产品的概念设计转化为具体的产品规格"，或"将不同概念结合制定策略"的过程，都是组合化的实际应用。将企业愿景转化为具体业务或产品，也是进行知识整合，创造新的显性知识。

当我们将这些知识与多方参与者的知识结合，并结构化为企业的业务时，商业模型便得以形成。"组合化"的方法论主要分为两种：一种是通过"逻辑构建"系统化知识；另一种是编织"情节或故事"来展现不同概念间的联系，帮助企业实现其愿景。

已共享的显性知识会被个人再次吸收，并通过实践转化为隐性知识，这是SECI 模型的第四阶段——"内化"。在此阶段，组织中系统化的显性知识通过个人行动转化为隐性知识，积累为个人知识。内化不仅是一种被动实践，也是一个有意识的主动过程 [12]。在实践中，人们会对自己的行为及其结果进行反思，思考其对自身的意义，进而将显性知识转换为隐性知识。因此，我们认为内化的关键在于"行动中的深思"（contemplation in action），或者说是"边做边思考"。

知识创造过程呈现螺旋式发展，并非一个封闭的循环。在朝向未来的知识创造中，SECI 模型中的知识不断被强化和扩展，形成螺旋结构。因此，在 SECI 模型内，新创造的知识会启动下一个知识创造的螺旋周期，并跨越组织界限，无休止地扩展。

具体到每个阶段，如果我们描述它们的特点，就会更接近图 8-3 所示的实践模型。为了实现实务家们所述的"旋转知识螺旋"结构，必须根据图 8-3 对每个阶段进行深入考虑，并实施具体行动。

SECI 模型不仅是个人知识获取的简单模型，它还是一个阐释组织如何更有效创造知识的理论模型。这一过程始于个人在隐性层面的知识共享，并利用演绎法、归纳法和构想法这三种知识获取方法，在个人、团队、组织以及由个人和组织构成的更广泛的社会体系中展开。

图 8-3 知识创造的内容

因此，SECI 模型也是一个集体性知识创造的理论模型，它描述了"个体"与"社会"——存在论两端的活动主体，如何通过集体或组织这样的中间层面，在双向动态互动中进行知识创造[13]。

SECI 模型 vs PDCA 模型

富士胶片的"See—Think—Plan—Do"业务流程是一个典型的例子，展示了公司如何在不稳定和难以预测的环境中成功地进行企业创新并实现成长。古森重隆会长为了把富士胶片建设成一个不断自我创新和变革的公司，果断地在公司内部进行了与摄影相关领域的结构性变革，克服了核心业务消失的危机。在变革过程中，他与研发团队成员共同深入讨论公司六大业务，利用了公司的知识体系。同时，在公司业绩下滑时，他集中投资研发并通过并购策略实现了公司的复兴。古森重隆会长提倡的"See—Think—Plan—Do"业务流程是支撑企业复兴的核心。

　　这一流程从直接观察现实开始，与直接从计划开始的 PDCA 流程不同，它与以隐性知识和隐性综合为起点的 SECI 流程有共通之处。这个流程不是简单地采用现有方法或盲目吸收信息，而是强调团队成员亲身体验并深入理解实际状况。团队成员需要收集所有必要信息，持续探究"为什么"和"是什么"，而不只是"怎么做"，以避免盲目追随观念。只有通过准确评估环境并强调系统性、步骤化思考，工作的深入性和完成度才能得到保证。这是一个具体的、需要实践的周期性业务流程。

　　所谓的"富士胶片之道"，是基于古森重隆会长提出的"商业五体论"。首先，要利用"眼""耳""鼻"和"肌肤"等所有感官把握信息本质。有了这些信息后，使用"头脑"来思考策略和战术。没有关心他人的"心灵"，事情难以顺利进行。交流能力也至关重要，因此清晰传达观点的"嘴巴"不可或缺。同样，"胆量"或"勇气"等"肚量"，以及实际行动的"腿脚"，都是必需的。最后，强行完成任务的"臂力"也是必要的。

　　富士胶片的企业创新实践是这样的："通过所有感官锐化感觉，深刻理解现实本质。即先进行'See—Think'，再进行'Plan—Do'。"古森重隆会长的"商业五体论"在实践中得到了体现 [14]。

　　在管理学领域，创新正逐渐成为一个重要主题。彼得·德鲁克曾主张："知识是当今时代唯一有意义的资源。我们需要一个将知识放在财富创造中心的经济理论，才能解释当代经济、经济增长和创新。" [15]

　　SECI 模型不只是超越了简单的管理技巧，它还阐释了一个涵盖人的成长与进化、塑造杰出企业"生活方式"的广阔创新框架。此外，知识创造理论建立在与个人人格紧密相关的主观性和隐性知识概念的哲学基础之上。现象学作为一个哲学体系，它强调探索人类的主观经验。因此，在根本上，知识创造理论与现象学有重要的联系。

第9章

如何培养主体间性
——管理之中不可或缺的"相遇"的本质

知识向知识的"形成过程"

在第8章中，我们定义知识为"个体确证其'真、善、美'信念的动态化社会过程"。因此，知识是人们在与他人互动中不断追求"真、善、美"的过程。知识的动态本质正体现在这种主观（信念）与客观（合理化）的互动中，它不是作为独立于个人主观的客观和绝对真理存在的，而是依托于主观和相应的环境背景，在主观性的交互变化中形成的。

受笛卡儿哲学影响的脑科学和神经科学，以"大脑是身体的指挥中心，控制身体"为前提发展。但实际上，所有从外界接收的信息都必须通过身体传递至大脑，大部分信息是无意识地通过身体这一媒介接收的。大脑的动态功能核心在于运用这些"记忆"来感知信息，根据身体反应生成假设，并对反应进行解释和理解。也就是说，知识是在环境中通过心身一体的动态互动创造的。

胡塞尔提出，身体不同的个体通过一种名为"结对"的被动综合作用，实现共情他人的意识和身体感受。从现象学视角看，母亲与婴儿若在同一环境中，情感会在协调一致的层面上呈现，婴儿的感知随之形成。这种被动意向性不是建立在独立个体基础上的，而是基于人际间的"连接"的。他人身体进入视觉范围时，在连接的前提下，"结对"使视觉和运动感觉联合，他人的身体感受映射到自身意识中，进一步实现身体间的相互联合。

"吾与汝的关系"是以身体为媒介建立的。主体间性的基础在于身体间的体验共享。正如母亲与婴儿共眠或哺乳时的亲密接触，他们通过积极的身体交流共享"此时·此地"的状态，这是"共鸣"的基础。

婴儿时期形成的自我与他人身体差异的认知是成年人深层感知的基础。我们只有在意识到可以控制身体动作时，才开始明确区分自我与他人。

梅洛－庞蒂认为，人的心灵植根于身体，身体感觉反映了身体间的互动和联系。当右手触摸左手时，我们也感到左手触摸右手。当两个身体接触或共享时空时，我们会感到身体融合。这种感觉促成了个体与他人间的共振、共鸣。

波兰尼提出，要认识整体，须"深入体验"部分，将"部分－整体"关系整合进身体。脑科学研究开始认为心灵不仅存在于大脑，也扩展至全身和环境。心灵是大脑与身体其他部分、意识与无意识、身体与环境互动的产物，即所谓的"具身心智"或"拓展心智"。

布伯将婴儿与他者的"相遇"视为与"与生俱来的汝"建立关系的过程。这里的"汝"是亲密、可交流的伙伴，并非单纯的经验对象。婴儿期的"吾与汝的关系"通过感知和语言交流发展为"我与它的关系"，"与生俱来的与汝关系的体验"留在记忆中，成为深层的隐性存在（背景）。

这里提到的"相遇"不单指个人的体验，它还涵盖了在特定时间和空间里发生的各种遇见。这些遇见对象可能是人，也可能是自然界的事物或精神层面的事物。当我们对待他人和事物变得全心投入，超越了个人得失，摆脱自我中心的限制时，我们就能达到一种没有明显界限的纯净状态。这种相遇是至高境界的"具有至高性的相遇"。实际上，这意味着面对他人时，我们的身体会不自觉地与对方产生共振、共鸣，形成一种无意识的被动"配对"连接。

胡塞尔不仅探讨了个体之间的主体间性，还暗示了人拥有发展为组织或共同体的共鸣能力。人不仅可以像在科学研究中观察物体那样观察他人，还能像"吾与汝的关系"那样，将对方视为有感情、理智、自由意志和独特性的主体。通过这种共鸣，人们能够进行深入的对话和交流。

只有在面对面共同创造第二人称的主体间性时，我们才能认识到自己（个体）的第一人称主观性。进一步地，以第二人称的主体间性作为媒介，我们能在大型组织或社会层面上建立第三人称的客观性。同时，通过无私且全身心投入的对话交流，我们能体验到深层次上难以言传的、与他人在感觉上的共通与差异。这些体验让新的意义和价值得以产生（见图 9-1）。

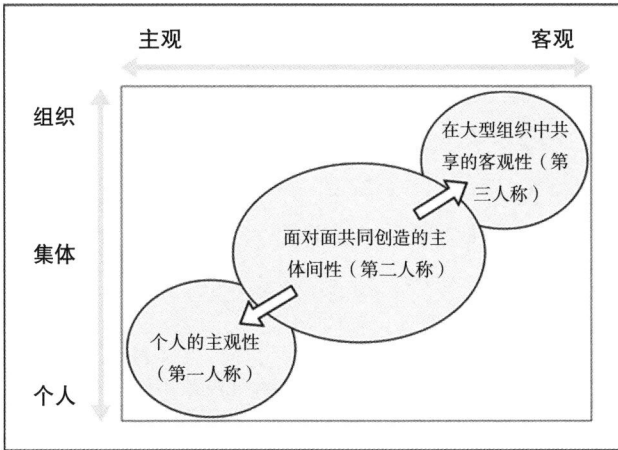

图 9-1　介于个体与组织之间的主体间性

胡塞尔认为，"吾与汝的关系"概念的根源是母子关系。他主张，这种关系在我们的无意识中积累，形成深层长期记忆。当人们真正深入地与他人建立联系并深刻体验对方的感觉时，超越了主客观界限的主体间性才会产生。主体间性是一种特殊的联系，当我们全身心地接纳他人并与他人共鸣时，我们的自我意识能超越个体，成为更广泛的"我们的主观（共鸣）"。通过这种方式，我们能创造出组织或社群。在此，"我"（第一人称主观性）与"它"（第三人称客观性）通过"吾与汝的关系"（第二人称）紧密连接，为我们在组织或社群中共同创造、分享新知识与见解提供了平台。

"场"是什么

为了落实知识创造，我们需要一个能够促进人与人之间对话和实践的地点、时间或空间，这就是我们所说的"场"。一提到"场"，我们通常会想到像会议室这样的具体物理空间，但"场"的概念也包括人与人之间的交互时空和相应的人际关系。这个"场"的理念正是基于"心灵通过与环境及他人的互动逐步形成"的原则。

无论是会议、聚会、项目团队、非正式的社交圈子，服务客户的前线场景、社交媒体（SNS）中的聊天界面，还是办公室布局，只要是人们在心理或物理上相互作用的时空，都可以被视为"场"。

"场"还被定义为"共享的动态情境"（shared context in motion）。这意味着，即使物理空间不变，由于人际关系和互动的性质与程度不同，共享的情境也会随之变化，并随时间成为动态过程。因此，在这样的"场"中产生的知识，也依赖于"此时·此地"的情境[1]。

正如先前所述，当人们直接分享主观的隐性知识和身体的隐性知识时，就会产生一种共同体验的情感和价值感。波兰尼将这种状态称为"深入体验"，即完全投入他人或环境中，让我们能够"换位思考"。在感知他人的情感和身体反应的相似性与差异时，"场"进一步显现为充满活力的环境。在这个"场"的情境中，我们可以结合更积极、理性和客观的判断来共同创造新意义。

人们在"场"中构建意义的核心是通过共鸣实现的。这要求我们在人际关系和互动中超越个人感受，深入参与交流，并通过共鸣共塑新的意义。企业在这一过程中将从单一的"我"视角转向更广泛的"我们"的集体视角。企业需要采用多种方式在"场"中组织化，通过新的意义来生成和创造知识。接下来，我们会进一步探索这方面的具体例子。

京瓷的聚会

京瓷长期以来举行的聚会不仅是一个简单的娱乐或放松的"场"，更是培养成员间主体间性的地方。在聚会中，企业管理者、员工、上下级及同事通过饮酒敞开心扉，深入探讨工作挑战、方法和人生观。京瓷总部设有可容纳一百张榻榻米的宽敞和室，这种和室在工厂中也很常见。任何公司成员都可以在这里围坐，亲密地分享欢乐时刻，边享用美食边真诚交流[2]。

在京瓷的文化中，自斟自饮通常不受欢迎，因为这被看作自私的象征。为他人斟酒则是社交的一部分，且通常会得到回应，别人也会为你斟酒。在这种互相斟酒的互动中，人们不仅分享身体的感受，如呼吸和面部泛红，还会深入探讨事先确定的话题。

在京瓷的聚会上，通常会先确定要讨论的主题，然后参与者就会开始积极思考并展开基于知识的辩论。有时候，稻盛和夫名誉会长会亲自与员工进行面对面的沟通，引领开放式的对话或讨论。决策时，他们会以"京瓷哲学"为行动和决策的准则。通过这样专注而开放的对话，"京瓷哲学"的知识内涵不是仅仅停留在思维层面，更是渗透到参与者的心灵和身体中，从而转化为实际可行的智慧和行动。

京瓷长期举行的聚会是一种随着时间逐渐形成的传统，旨在增强员工间的共鸣并激发共创。这一传统始于 1963 年，那时稻盛和夫三十余岁，他创建滋贺工厂时的言论已显露出这种习惯的雏形。

"敬天爱人"是京瓷企业文化的核心，它代表一种信念：通过工作磨炼品格。这就是所谓的"京瓷精神"，通过不断追求技术革新，勇于挑战未知，力求将不可能变为可能。在坦诚的交流和讨论中，培养出品质卓越、充满热情的员工，为京瓷注入人性化的温度。这种精神使每个京瓷人都与企业紧密相连。"我们为同事的成功感到高兴，共同承担困难，相互信任，以合作的心态和团队精神面对挑战。我们为能成为京瓷一员而自豪，决心在滋贺县蒲生赤坂的偏僻山丘上创造出我们的乌托邦。"[3]

稻盛和夫在刚接手濒临破产的日本航空（JAL）的重建工作时，也实施过这种京瓷式的聚会。一开始，JAL 的高层人士间充斥着浓厚的精英意识。因此，在董事会上，稻盛和夫经常因为他们对事物过于批判和消极而多次怒问道："你们只是来评判的吗？"此外，当他要求提供决策所需的关键财务数据时，也经常被告知需要等待数个月。为了改变 JAL 高层的这种思维方式，稻盛和夫决定对 JAL 的高层主管进行一系列的培训，包括每周一次的领导教育讲座，共计五次。但是，由于 JAL 的高层人士当时都忙于自身的日常工作，对于这些培训似乎不太感兴趣，心里甚至希望"这些培训能够早点结束"。为了打破这种僵局，稻盛和夫决定引入他在京瓷实施的独特的聚会方式——在每次讲座结束以后，都会举行一次只需支付 1500 日元会费的小型聚会。这样的小型聚会的桌上，一般只有罐装啤酒和寿司盒饭。据说，在初次的聚会中，聚会的气氛是非常沉闷的。在场的人都显得很不自在，几乎没有人愿意主动开口发言。

从第二次聚会开始，稻盛和夫就持续、充满热情地向大家阐述他的"稻盛经营十二条原则"。到了第三次聚会，一位 JAL 的资深主管站起来发言，他在企划部是名佼佼者，甚至被视为未来的社长人选。他坦言："我之前的做法全是错误的，我感到非常抱歉。如果我们早点接受这样的培训，JAL 也许就不会走到破产这一步了。"[4] 他认为，只要制订计划并从银行获得贷款，他的任务就算完成了，执行计划的责任就落在了一线员工身上；如果执行不力，责任也在员工。

这位主管的坦率发言彻底改变了聚会的氛围。随后，更多的高层管理者聚集到稻盛和夫身边，整夜与他深入交谈。参与者们纷纷表示："稻盛先生基于他的亲身经历所引导的话题，是非常具体且有说服力的，（中略）我们从中感悟了许多。我们想将所学的知识应用到实际工作中。"在领导力培养的尾声，他们举行了"传说中的合宿"，大约 50 名年过半百的高层精英聚在一起，白天学习，夜里围坐讨论 JAL 的未来。讨论常常持续到凌晨，直到天亮时分，大家才依依不舍地散去[5]。

稻盛和夫带来的京瓷聚会风格，让 JAL 的高层打破了内心的隔阂，在重建 JAL 的问题上进行了激烈而坦率的讨论，取得了显著成效。在这种氛围中，原本以自我为中心的主观意识升华为集体的"我们的主观"。为了有效地融合主观与客观创造知识，需要创造一个能培育"吾与汝的关系"的互动"场"。在这样的"场"中，个人与他人建立的主观关系促进了深刻的共鸣。在这一过程中，从个人到集体，再到整个组织，乃至更广阔的社会，形成了一种持续上升的螺旋式发展。

本田的"新·旧"讨论会

藤泽武夫作为本田宗一郎的合伙人和副社长，在日常工作中创造了一个培养像本田宗一郎那样的第二、第三代领导者的"场"。他认为，领导具有挑战性的新车开发项目的人，首先要参与的是至关重要的"讨论会"[6]。这不仅仅是一场单纯的头脑风暴会议，更是一个专业的、跨职能的集体知识辩论场所。本田公司会选择温泉旅馆这样设施完备、餐食美味、温泉舒适的地方，成员们通常会在这种封闭环境中待上三天三夜，展开激烈的讨论，甚至会触及"本田存在的目的是什么"和"我为什么要工作"这样的核心问题。这是一场在非日常、活生生的环境中，全员真诚对话的场景（"场"）。

讨论会的第一天往往是个体观点的激烈碰撞，从对工作的不满和对上司的批评开始，主要围绕公司和工作的议题。那些过于理论化思考或依赖职位权威的人，因缺乏丰富的隐性知识，在讨论深入时会变得沉默。而经验丰富、思考深入的人会显现他们的影响力。讨论有时会变得非常激烈，甚至发生争吵，但当天结束时，大家会共享晚餐。共饮及在温泉中坦诚相对，让彼此间的距离也慢慢缩短。

在讨论会的第二天，成员们继续深入交谈，探讨关于生活方式和人生目标的问题，如"我们为何而活""我们真正追求的是什么"等。随着表面的谈话逐渐减少，大家不再需要那些用于自我防护的言辞"盔甲"，开始相互理解、接受并认可各自的不同，甚至是那些原本不易认同的见解。人们也开始察觉到自己的真实愿望。这一过程仿佛重现了婴儿与母亲间的原始联系，推动了双方主体间性的形成。因此，第二天的讨论会关键在于，成员们全面、面对面地探寻彼此间的共性，以促成深度的理解和接纳。

第三天的讨论会上，随着大家对彼此的深入了解和交流，个人的隐性知识开始集中，形成了超出个人层面、更为综合的观点和见解。这时，富有创造力的想法像潮水一样汹涌而至，众人的共同努力最终凝聚成紧密的团队合作关系。这个持续了三天三夜的讨论会，就是这样一种深刻共享时间与经历的过程。

在此提及一个相关的实例。本田公司的小型商务喷气机"HondaJet"，2017 年和 2018 年连续两年的交付量全球领先，这一突破性创新标志着本田从汽车制造业成功跨界至航空业。该项目的具体细节将在第 10 章中得到详细解读，这里需要特别指出的是，这一创新成就的背后，正是项目领导者藤野道格所运用的"讨论会"方法。

藤野道格所采用的"讨论会"并不是简单的集思广益，而是将有限的、具备专业知识的专家聚集一堂，进行深入的思想交流。因为知识在这样的小组讨论中才能转化为创新的动力，所以，真正有价值的"讨论会"是在关键时刻，让所需的专家进行对话和交锋，深挖事物的本质。通常，藤野的"讨论会"是在两三个专家之间进行的，这种以小组辩论为基础的讨论会，反映了通过深入沟通和真实竞争来实现创新变革的工作实质。这恰恰揭示了知识创造的核心精髓。

这也引出了一个问题：流行的设计思考和头脑风暴技巧，是否已经忽视了这一关键元素呢？

卫材公司的"社会化"管理

在"吾与汝的关系"所塑造的具有主体间性特征的世界中，人们的共鸣情感得以孕育。认识到将这种共鸣作为知识创造基石的企业之一是卫材公司。

该公司的首席执行官内藤晴夫先生，自公司初创之时便深知隐性知识的主体间共鸣是组织知识创新的关键。卫材公司坚持的理念——"把患者的利益和公共健康放在首位，迎合他们的多元需求，促进他们的福祉"（简称 hhc 理念），也被正式写入公司宪章。

卫材公司为了贯彻这个理念，建立了"知创部"，并且在全公司推广了一项策略：全世界范围内的卫材公司员工都将投入相当于他们工作时间 1%（约每年 2.5 个工作日）的时间，深入医疗或护理现场，与患者和大众一同感受和体验。

内藤先生曾经这样表述："比起思考如何提升销售额或利润，思考如何让患者感到满意更能激发员工的积极性，因为这种思考是创新的推动力。最终，业绩是自然而然产生的。我们的理念则引领我们决定'做什么，不做什么'。"[7]

卫材公司的员工通过直接的体验，与患者共享生活的点滴，深刻体会到了他人的内在世界。他们来到医疗现场，与患者共度时光，深入了解患者及其家庭的实际情况，带着同情的目光关注患者的痛苦和面临的挑战。有些员工在老年护理中心学习，而其他人则在患者协会或药房学习。

内藤先生指出："正是通过这些丰富的、身体感知到的直接体验，我们获得了难以用语言描述的洞见，彻底改变了我们以往基于逻辑的制药观念。"他强调："我们迫切需要的是尚未被言说的隐性知识，那些与患者共度的时光，共同体验的喜怒哀乐，甚至一同感动落泪的过程。只有这样，我们才能在内心深处自然萌生理解患者真实需求的愿望。我相信，亲自去患者身边的行动，是我们公司创新和成长的根本。"[8]

因此，卫材公司不再将药物简单视为治疗工具，而是将其视为与患者及其家庭紧密相连的生活的核心部分，是提供治愈和关怀的基石。这种深层次的理解使得药物不仅是化学物质，更是关乎患者生活的关键所在。

微软的"共情"管理

在全球 IT 产业中，企业领导者们逐渐意识到主体间性的重要性。微软的首席执行官（CEO）萨提亚·纳德拉强调，在人工智能技术普及的今天，最为宝贵的资质是与人共情的能力。他认为"持续对着计算机的人不可能成为有共情能力的领导者。要培养这种能力，领导者需要亲自踏入真实的生活中，直接与消费者'相遇'，亲眼见证自己的技术如何影响人们的日常生活"[9]。

在比尔·盖茨的带领下，微软曾迅猛发展，但收购诺基亚失败后，公司急需转型，其存在的意义也受到了质疑。萨提亚·纳德拉认为，如尼采所说，公司需要将面对现实的勇气转化为抓住商机的勇气。因此，他不再对市场规模的缩小感到不安，反而看到了将数以亿计的联网设备纳入微软生态系统的巨大机会。

在推动公司转型的过程中，萨提亚·纳德拉特别注重加强高层管理团队的沟通与合作。他鼓励团队成员深入了解彼此，并明确自己行动的根本原因和动力。

萨提亚·纳德拉还认为，将个人的哲学理念与公司领导角色相结合，并勇于分享个人思想和人生观，是推动公司变革的关键步骤。在这种理念的指导下，他在高级管理层的培训中加入了客户访问环节，允许高层管理人员直接收集客户反馈和需求，更深入地了解市场的实际需求。这种互动方式有助于构建一个鼓励创新、开放交流和坦诚对话的公司文化。

受这一变革思路的鼓舞，公司每位成员都在追求一个更伟大的共同目标，并被帮助他人的热情所激励。在这个数字技术将人们联系起来的 IT 行业中，以共情为核心的管理哲学已成为微软成功的基石。

于是我们不禁思考，什么是主体间性呢？当我们全身心地对待他人，接纳他人的主观性，并与之产生共情时，主体间性就会显现。这不仅是个人的主观性，而且还超越自我，形成了集体的"我们的主观性"。

7- Eleven 培养主体间性的"场"

7-Eleven 这家大型连锁便利店以其商品开发的灵活性而著称。其商品策划团队的核心工作在商品总部，商品策划者（即商品开发负责人 /MD）与各领域的制造商合作，全方位考量从原材料选择到制造、包装、机械生产等环节，共同打造最佳产品解决方案。此外，基础菜单的开发则是通过每周与供应商的对话及 7&I 控股集团（即 7-Eleven 的母公司）不同部门之间的"集团 MD"（集团商品策划）讨论来实现的 [10]。在 7-Eleven，新产品的制造始于深入的市场营销假设分析。在集团 MD 中，商品策划者需要与持有多种利益的交易方和制造商进行深入、充满紧张氛围的对话，以此洞悉事物本质，保持新产品的连续推出。

此外，在 7-Eleven 连锁店中，一线员工的日常工作不仅仅是销售，他们还积极与顾客进行面对面的互动，采用"假设—验证"策略来提升服务质量。具体来说，员工会依据第二天的天气预报和附近的活动安排，对可能的畅销商品进行预测，据此做出相应的订货决策。而后，通过 POS 系统—— 一种销售点信息管理技术，来检验这些假设的准确性，以此确保商品供应与顾客需求之间的最佳匹配。

这一"假设—验证"系统并非仅利用 IT 技术的自动订购工具那么简单，它的核心在于解读顾客心理，这是一种难以用语言描述的隐性知识。这类知识须通过与顾客的直接接触和感同身受来把握。因此，店员在工作时需要不断以顾客视角思考，将这种隐性知识转化为可用言语或数据表述的显性知识，并综合这些信息来构建假设。随后，通过 POS 系统的验证，将结果融入他们的经验知识库，为未来的假设提供参考。这个过程起始于与顾客的互动，如同不断上升的螺旋式知识创造循环。[11]

在 7-Eleven 的管理实践中，IT 等技术始终被视为支撑人们构建假设的辅助工具。30 多年前，7-Eleven 已采纳了"以人为本"的理念，使用 IT 技术以增强人的能力，这在当时已显得颇为超前。尤其在当下流行的人工智能威胁论中，这种人本思维方式尤为突出。

在日本，7-Eleven 各店铺中均配备有 OFC（操作领域顾问）为门店提供咨询。这些 OFC 通过真诚的面对面对话，与店主及员工建立共鸣，努力创造独特的店铺价值。作为店主的合作伙伴，OFC 深入参与到交流中，既建立了深厚的人际关系，又在店铺中创造了新的价值。

这种模式已成为培育人际信任和共同知识创造的有效"场"。OFC 在传达总部意图与反馈一线实况之间架起了桥梁，促进了中层管理的有效沟通。在这一过程中，门店的 40 万名兼职员工都在通过"假设—验证"策略进行商品管理，实践这一知识创造的方法论。

丰田的"行灯方式"

大野耐一，作为丰田生产方式体系化的关键人物，曾表达了关于知识记录的深刻洞见："我渴望记录下那些无法简单通过文字或语言来完整表述的、人类特有的知识。生产现场的持续创新和试错过程，令知识不断更新，因此将其全部详尽地记录实属不可能。但我仍希望能够尽量捕捉并传播那些基本的原则。"[12]

正是基于这种想法，他以口述的形式记录下了丰田生产方式的精髓，这些记录后来被整理成了一直广受欢迎的经典著作《丰田生产方式》（1978 年，中央公论新社出版）。

在丰田公司的生产线上，员工的任务远不止完成手头的工作，还包括与上下游工序的同事紧密合作。这种做法是为了将每个员工从"流水线上的孤岛"变为团队中的互助合作伙伴，因为合作能激发新灵感和知识分享。管理层理解到，公司的运作依赖于员工个体，决策也是基于员工的判断与价值观的。这体现了一个核心理念：没有员工的主观认知和价值，组织的存在与运作是不可能的。

大野耐一让他的下属指导员们站在生产线旁观察 8 小时，寻找工人动作中的无效部分，从而提升效率。他鼓励指导员们根据观察到的现象，提出能联系过去与未来的改进措施。这样的训练让指导员迅速识别并解决生产中的问题。在生产线上工作的无效动作，通常包括过大的动作范围、手部的不必要停顿及动作之间的迟疑。经验表明，识别这些细微的动作要素可能需要长达 3 年的时间。

工作人员在快速的生产线上组装汽车，同时要预见未来需求和技术演变，确保实时生产效率。如果出现问题，现场负责人有权停止生产线，待问题解决后再继续。这种方法强调人的主观判断的重要性，以便在必要时能够及时介入。当员工感到工序延迟时，他们会打开名为"行灯"的指示灯，通知异常并暂停生产线，随后班组长或负责人会立即到场，与员工一起分析原因，结合现有知识寻找解决方案。

个体从生活体验中产生问题意识的时间，在现象学中被称为"第一人称的时间"。举例来说，我们聆听音乐，不是仅仅体验某一个孤立的瞬间，而是在时间的流动中，让已经听到的旋律与预期将听到的旋律保持连续，这样才能真正欣赏音乐。同时，我们已经意识到所谓的"现在"不是单一的点，而是具有一定时间宽度的延展。胡塞尔描述对过去的记忆保持为"过去保持"，这意味着我们的每一次经历和感受都深深根植于过去，并保存在记忆中。对于未来的模糊预感，则被称作"未来预设"。正是对过去的保持和对未来的预设共同构建了"具有宽度的现在"的深刻含义。

因此，在丰田的生产实践中，如果工作人员不能随着现场情境的变化集中意识和身体感觉于"此时·此地",他们就可能无法使过去保持的经验或未来预设起到应有的作用。丰田生产方式中一个典型的例子是,"行灯"的偶尔亮起提示了生产过程中可能出现问题。当这个灯亮起时,班组长会迅速到达问题现场,与操作工共同探讨问题。这种及时、面对面的交流和连续的改进,构成了丰田生产方式的核心。

胡塞尔认为,个人的时间意识是在与他人的主体间性互动和共同经历中形成的。布伯描述了在深入交往中的"吾与汝"的关系,强调当人们全身心地参与同他人的共时性体验时,真正的时间感就在其中诞生了。这是通过认识到自己与他人在感觉上的共通点和差异,形成个体独有的时间感知。

在丰田的生产线上,如果工作人员不能及时根据现场情况,调整自己的感知和注意力到"此时·此地"上,那么他们可能就不能有效地维持对以往经验的记忆,也就不能对未来做出恰当的预设。在面对问题时,工作人员会立即按下"行灯"并停止生产线,这一行动将引来班组长或负责人并与之进行紧急沟通,共同寻求解决办法。这种在现场立刻响应问题并即刻采取行动的"持续改善"过程,体现了丰田生产方式的精髓。

在本章的探讨中,我们已经确立了"主体间性"中"我们的主观性"的共建过程。在这一过程中,我们不仅能体会到自己的真实时间和思维流动,还能把握一种只能通过特定方式才能描述的客观本质。在培育主体间性方面,日本的7-Eleven 和丰田汽车公司尤为突出。这两大公司的管理模式不仅在欧美著名商学院中成为研究的热门案例,而且其源自日本的管理方式也赢得了广泛赞誉。

第 10 章

集体本质直观的方法论
——个人、集体、组织、社会的相互作用

现象学和意向性

在现象学的研究中，存在着这样一个核心观念：不论是否主动参与，我们的心灵和身体总是处于一个"朝向某个目标"的状态之中。当我们能够"观察""体验"或"认知"某物或某种情况时，我们的心灵与身体就已经自然地聚焦在这些事物、人或场景之上了。这种不需要通过意识去主动操作，就已经全然投入感知目标的自然趋势，在现象学中被称作"意向性"。关于这个概念，本书的第 1 部分已经作了详尽的介绍。

此外，我们称无意识地感知事物的这种趋势为"被动意向性"，而有意识地主动感知对象的动力则被称为"主动意向性"。在意向性的理论中，"被动意向性"并不只是在"主观"与"客观"之间有明确界定时起作用的。事实是，当事人体验到被动意向性的时刻，往往早于他们对"什么是主观"和"什么是客观"的认知。简单来说，即使当事人尚未明确分辨出主观与客观的界限，"已经观察到的事情"或"已经体验到的感受"都已经真实存在了。从笛卡儿时代起，意向性就被视为一种超越现代哲学中主观与客观二元对立的感知方式。

真理总是处于瞬息万变之中。现象学不只是深入探讨主观体验，它对客观事物也进行自然科学的研究。它关注的是：主观与客观是如何，在何时、何地开始产生，并且最终是如何融合的。此外，现象学也探索一个复杂议题：人类是如何在瞬间精确地辨识事物的"共同点"与"特殊性"的。总之，现象学是一门试图将新的意义和价值形成过程概念化的学科，它追求深入了解人类创造力的根本来源。

我在加州大学伯克利分校的商学院获得了博士学位，当时我的毕业论文的题目是"Organization and Market"（1972 年）[1]。当时，我研究的核心概念不是"知识"，而是"信息"。我依赖的是赛门提出的"信息处理模型"。这个模型也是当时逐步受到关注的"组织的环境适应理论"（contingency theory）的实证研究基础。后来，通过研究日本企业在创新方面的案例，我才发现了被普遍接受的"信息处理"模式正在逐步向"知识创造"模式进行转变。

1995 年，我与竹内弘高合著出版了《创造知识的企业》一书，随后访问了位于底特律的"汽车殿堂"。在那里，我目睹了日本首位荣登殿堂的本田宗一郎的专区，并被其中的两张照片吸引。那一刻，我的脑海中浮现了一个生动的 SECI 模型的螺旋图像，并且当时的我深受震撼地确信："这正是我要寻找的！"

现场、实物、现实

图 10-1 展示的是本田宗一郎在测试轨道上伸出手，全神贯注地凝视、观察前方飞驰而过的摩托车的照片。他曾经这样说："通过观察摩托车，我能够了解很

图 10-1 在测试轨道上伸出手的本田宗一郎

资料来源：本田技研工业

多细节。比如，如何才能完成那个转弯——如果这样操作的话，或者那样操作的话……然后，我的思绪就会转向下一台摩托车。我会想，如果按照这样的方式进行操作的话，它是否会跑得更快。紧接着，我又会自然而然地投入下一个制造的过程中去。"[2]

在照片中，本田宗一郎蹲在地上，用手支撑自己，确保与摩托车处于同一高度。他首先凝视摩托车，用耳朵聆听发动机的声音，用鼻子感知汽油燃烧的状况，再用手感受摩托车的振动。在此过程中，他充分运用了五种感官，全身心地投入，并结合逻辑分析来推演出新的假设。这种方法难道不正是我们所说的"溯因推理"方法吗？

图10-2展示了本田宗一郎蹲在地上，一手绘制自己的设想图，同时与两位工程师进行眼神交流和深度讨论。从这一场景中，我们可以感受到他可能在向下属解释自己在轨道测试方面的某些观察和假设，并鼓励他们进行实地验证。这幅照

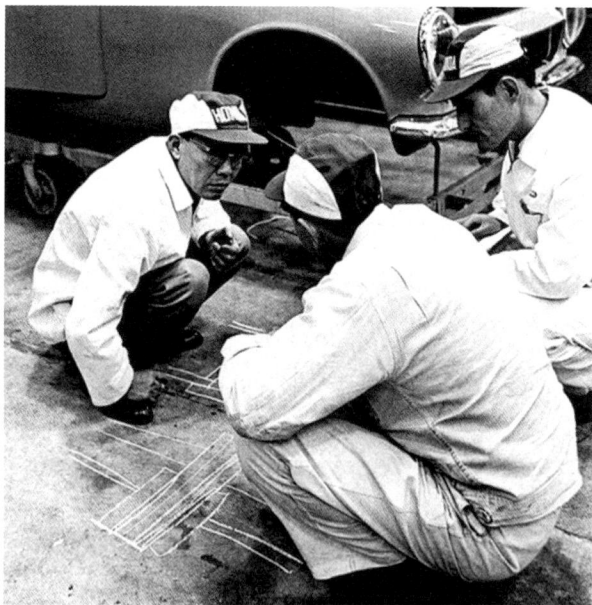

图10-2　在地上绘制设想图的本田宗一郎

资料来源：本田技研工业

片生动地呈现了本田宗一郎是如何在工作现场与团队成员建立共鸣，将自己丰富的隐性知识转化为明确和具体的显性知识的。值得一提的是，尽管本田公司后来日益壮大，但本田宗一郎蹲下身子在地上绘制图像的习惯却始终没有改变。

在英文中，对"现实"这个概念有两种不同的表述："实际性"（actuality）和"现实性"（reality）。在一个持续变化的世界中，"实际性"指的是对"此时·此地"的深入理解和体验。这意味着当我们处于正在发生的事情之中时，需要用全身心的投入去体验这一特定的时刻，深刻地感受这种既无主观又无客观界限的状态。这里的"实际性"也可以看作一个不断演变的"事件性"现象，它体现了我们以"现在进行时"的态度去体验那种流动的现实。"现实性"则是指从一个事物的外部，用旁观者的角度去观察和解读事物。这一表述是把某个时刻的状态视为固定的现实，而这种现实更容易被描述和具体化，也更适合科学分析[3]。

因此，在描述"现实"的这两种表述中，"实际性"代表了一种"动态的主观现实"，而"现实性"代表了一种"静态的客观现实"。这种被视为鲜活且充满动态特质的"实际性"，只有在人们共同观察和体验某一个"事物"或场景时，才能得到共享与体验。因此，为了能够更深入、更直接地感受和认识这种"实际性"，人们增强自己的意向性就显得尤为重要。

经过全球范围的跨部门讨论，本田技研工业（简称"本田"）确立了"本田WAY"中的核心理念——"三现主义"。这一理念具体包括："我们亲自去现场、我们直接观察现状，以及我们亲身体验并了解现实。""三现主义"主张从个人的视角出发，在"此时·此地"的情境下去深入体验和认识事物。通过遵循这样的实践原则，不仅可以更清晰地看到事物的真正本质，也可以使未来的决策方向更为明确。从创业之初，本田宗一郎就高度推崇"现场、现状、现实"的理念。虽然外界常常将其解释为"在直接观察与深入了解以后，做出有效决策"这一观点，但是在本田公司看来，这一理念背后的核心词语是"本质"。这意味着本田公司的员工会基于"三现主义"深究事物的核心和真实含义。因此，当本田公司内部深入执行这一理念时，它就能有效地利用团队的多样性，准确地识别出事物的真实本质。

过去保持、现在的体验、未来预设

从现象学的角度看，意识并不是孤立和空缺的，而是始终与某事物进行着主动互动的。意识的内容也是与其目标对象紧密相连的，不能简单地区分为主观和客观。在这个过程中，心灵主动地给意识的内容注入了意义。这种深入的互动和意义赋予的过程，被认为是个体对现实的一种深度参与或关注。

在科学的感知研究中，当我们观察某个物体时，物体反射的光线会进入我们的眼睛。这些光线在眼中，特别是在视网膜上，会转变为电信号。随后，这些电信号经视觉神经传递至大脑。在大脑中，这些信号还会得到进一步的处理，使我们能够辨识并理解该物体。但是，从追求"现象到本质"的现象学角度来说，现象学所探讨的不只是表层的感知，它更多地涉及那些可见事物背后的，超越本质经验的意义和价值。

因此，我们需要在多种方式下体验"本质直观"的固有一致性，以增强对"本质直观"的理解。例如，当我们去感知一棵树时，我们并不仅仅是简单地观察它。我们可能会围绕树走动，从各个角度、不同的光线下观察它。我们会触摸它的树皮，听风吹过树叶的声音，深吸一口气感受它的气味。在这个过程中，我们不仅使用五种感官来感知，还融合以往的知识和经验，通过找寻和整合它们的联系，探寻更广泛、更普遍的意义。

在意识的作用过程中，有三个与时间紧密相关的核心要素：过去保持、现在的体验及未来预设。"意义"的产生正是依赖于这三个要素的交互。而在这之中，"未来预设"并不只是一个简单的期待或猜测。它更像一个基于过去经验不断变化和进化的过程。它使我们能够基于以往的体验，直观地展望未来，并在短时间内，无意识地整合并构建出一个完整的预测。

可以说，本田宗一郎在未来预设方面，有特别的洞察力。曾经，有一位汽车项目的负责人，为一辆汽车安装了一个独特的装置：当打开收音机的开关时，天线会自动升起。这位负责人非常自豪地向来访的本田宗一郎展示这一创新，并且期待他会为此感到高兴。结果，事情出乎他的意料：天线升起的那瞬间，本田宗一郎迅速地用手将天线拔掉了。同时，他怒气冲冲地问道："这天线是设置在靠近人行道一侧的对吧？如果在停车的时候，一个路过的孩子被它戳伤了眼睛，你们要怎么承担这个责任呢？"

本田宗一郎是一个善于利用直觉，通过身体的感知去思考问题，并且擅长跳跃性假设的人。他也是一位懂得尊重实践和实际操作的人。他留下过这样的话："人生主要是由看、听和尝试这三种智慧构成的。在这三者中，我认为最重要的是'尝试'。然而，世界上的很多技术人员，他们总是会过多地依赖于'看'和'听'，很少去进行真正的'尝试'。"

"本质直观"的步骤

现象背后的"意义"，只有在与经历的事物相互互动中，才能被我们觉察到。同时，只有通过深入的洞察，这种意义才能得到普及与理解。意义的产生，是在不同事物间寻找相似性。这种"相似性"也暗含了与之相对的"差异性"。在探索这种相似性时，尽管我们不能确保发现的相似性完全无误，但是我们仍然应该剔除明显不合理的部分，使我们更接近事物真正的本质。

"本质直观"指的是在不断变化的现象中，从众多相似性中总结并综合出的一种"只能这样描述"的独特过程。该过程的步骤如下[4]。

> 第一阶段：感知目标物与其他事物的相似性；
>
> 第二阶段：考察隐藏在相似性中的同一性；
>
> 第三阶段：运用"自由变更"方法，洞察事物的普遍本质。

为了真正深入体验并感知现实，我们首先需要做的是全身心地投入某个事物中，甚至达到近乎完全的忘我状态。只有这样，"事物本身"才会逐步向我们展现它真实的本质。当我们进入第三阶段，开始自由地挥洒自己的创意，并且跳出已有的知识框架和分类，进一步拓展研究的深度时，这个过程才会真正指向那种只有"这样思考"才合适的"本质直观"。值得一提的是，在 SECI 模型中，这种

"本质直观"可以与在"部分—整体"的动态过程中的"隐性整合"相比较。也可以说，它与"溯因推理"的方法存在相似之处。

小型商务喷气机"HondaJet"的开发

作为本田公司小型商务喷气机项目的负责人，藤野道格虽然是航空学科的毕业生，但是在航空器的开发上却完全是个新手。然而，在不断地积累各种理论知识和实际的航空器组装经验后，他凭借自己的直觉，提出了一个创新性的想法：将发动机安置在机翼上。

常规的商务喷气机的设计，是将发动机安装在机身的左右两侧。这样的布局缩小了舱内的空间，同时也导致了更大的噪声和振动。对此，藤野道格认为，如果能把发动机从机身转移到主机翼上，不仅能为乘客提供更宽敞的舱内空间，还能增强舱内的舒适度。然而，尽管他想要将发动机像大型客机一样放在主机翼的下方，但是由于地面到发动机的空间不充足，这种设计在业界被视为是不切实际的。当时，将小型喷气机的发动机设计在机身上，已经被视为业界中的常识。当时的学术界也认为，将小型喷气机的发动机设计在机身上，可以使主机翼、发动机和机身各自创造出最佳的气流路径。

尽管与现行的常识相悖，但在持续地苦思冥想如何解决如噪声、振动及机舱空间狭窄等技术性的挑战过程中，藤野道格意外地翻阅到了他早些时候购得的一本古典的文献。其中提到了可以采用复变函数的组合对空气流动进行解析的古老方法。这使他产生了一个新思路：或许不需要将主机翼、发动机和机身分开考虑，而是将其看作一个整体来考虑优化空气的流动路径。在融合了过去、现在及面向未来的知识和经验后，某个深夜，当他深入思考某个新想法时，一个如图10-3所示的原型设想突然在他脑海中显现。

藤野道格对此深刻地表达了他的看法："我坚信，为了获得那种能够突破传统认知的突然的灵感，我们必须达到一个高度，那就是能够暂时放下由多年专业学习所累积的知识和经验。如果不暂时放下这些固有的知识和经验，新的灵感、新

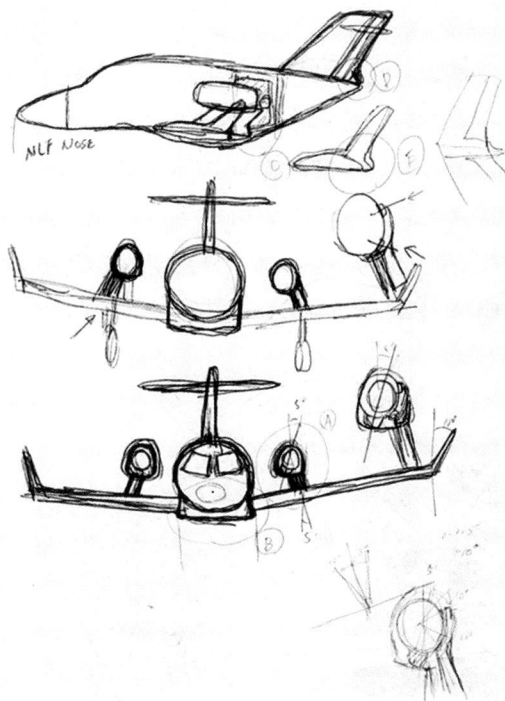

图 10-3　藤野道格由灵感所得的概念草图

资料来源：本田飞机公司

的事物就无法诞生。这就好比禅宗中的修行僧一样，在深入地修炼、积累修行以后，都会有一个时刻完全回归于'无'的境界。（中略）在去除所有既有的概念、固定的思维模式和逻辑后，我们需要有探索新的事物、创造新的思维的能力。否则，我们可能无法真正地创造出新的东西。"[5]

藤野道格也表达过这样的看法："在（20 世纪）70 到 80 年代，当我们初次投身于飞机的研究时，由于受限于当时的计算能力，我们必须深入剖析飞机的本质性要素，并且将其集中到 8 个核心的点上进行评估。而在今天，我们有能力快速地评估高达 2000 个点。但是令人遗憾的是，随着计算机模拟的不断进步，我们人类从有限的数据中洞察真实知识的能力似乎在逐渐衰退。"[6]

据说，藤野设计的全新造型的"HondaJet"机头形状，是受到意大利著名鞋类品牌"菲拉格慕"的高跟鞋的启发[7]（见图10-4）。当藤野在思考关于机头的设计，特别是关于机头尖端的造型和美观时，他偶然在夏威夷州的一个免税店中看到了"菲拉格慕"的高跟鞋，由此得到了设计的灵感。"菲拉格慕"自创始以来，已经有90年的历史了。在这段悠长的历史里，它逐渐发展并完善了现代高跟鞋的形状。藤野道格对于这一品牌高跟鞋的美观和功能的极致追求深感共鸣，基于这一灵感，他构画了初步的"HondaJet"素描概念草图。此后，经过多次理论计算，最终完成了"HondaJet"的独特机头设计。

图 10-4　以独特的机头设计为特征的 HondaJet

资料来源：本田飞机公司

正是由于藤野道格长期以来都在对机头的最佳形状及如何做到让其既美观又具有高功能性进行深入、持续的思考，所以当他看到了那双可能被他人忽略的高跟鞋时，他才能够立即以直观的方式将它的形状与需要设计的喷气机机头形态联系在一起。

概念是新的观点

将隐性知识转变为显性知识并不容易。在西欧，从古希腊时代开始，柏拉图的《对话录》和亚里士多德的《修辞学》等著作中，就已经确立了提高语言表达能力的方法论。相反，在日本，虽然人们已经培养了高度的感性，但是他们在"将这种感性所含有的隐性知识进行逻辑性的语言化"方面，并不出色[8]。

不过，日本人也同样具有与松尾芭蕉一样的、"沉浸于"自然并通过俳句来描绘体验自然意义和本质的"本质直观"能力。例如，松尾芭蕉的俳句"古池蛙跃溅水声"，揭示了他全神贯注于古池，听到了蛙跳入池中，溅出的水声。当他听到那一声水声的时候，作为诗人的他，又是如何体验到其深层的意蕴呢？对于松尾芭蕉来说，这意味着"除了那溅出的水声，四周是如此寂静"的美好意境[9]。

我们高度重视隐性知识在知识创造理论中的地位，因为我们认为这是将知识与现实紧密结合的关键。SECI 模型起始于将"接受世界客观存在"的观念暂时地搁置。这个模型鼓励我们回归最纯粹的意识，从与自我、他人及环境之间的充满活力的共鸣，即"社会化"的过程出发，来进行知识的创造。

将这种纯粹的感觉性经验意义的本质，进行语言化和概念化的，就是知识创造的第二阶段，我们称之为"外化"。在日语中，"概念"这个词往往被认为是与"人""狗"等普通名词具有相同词类意义的名词。但是在传统的哲学中，"概念"（Concept）并不仅仅是一种范畴或类别，而是决定事物本质的观点。因此，概念不仅为我们提供了新的意义，让我们捕捉了事物的本质，还给予我们一个深入了解事物的视角。也就是说，概念是一种让我们可以进行"认知"行为的语言工具。另外，概念还可以揭示之前我们未曾注意到的或者忽略的事物，为我们提供发现新现象的线索。

关于"概念"这个词，美国社会学者塔尔科特·帕森斯将其形容为"探照灯"（见图 10-5）。他从"系统"的视角看待事物，认为每个事物都是由各种要素（或称为变量）及它们之间的关系所构成的整体。虽然这样的看法省略了从局部到整体的隐性整合，也省略了被动综合这样与概念化相关的感知过程，但是"概念"这一通用词语的功能，正好可以用帕森斯的"探照灯"来形象地描述。

事物的本质所代表的"概念"，与通过敏锐感知获得的事物的细节（如体验性的世界等）之间，始终存在相互作用。正如探照灯能照亮其他部分或更广泛的范围一样，"概念"也会因我们自身的思考而被验证、修正与扩展，并且逐渐构成显性知识。

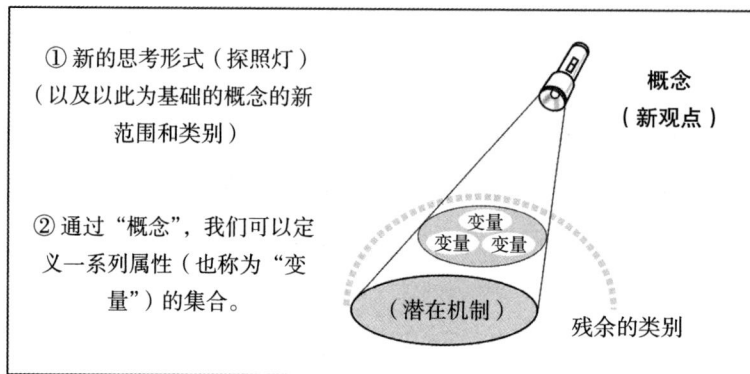

图 10-5　概念是什么

资料来源：野中郁次郎·绀野登『知識創造の方法論』150 頁

然而，仍然会存在一部分未被"概念之光"照亮的区域（残余的类别），这些区域存在不准确概念化的风险。不过，如果一开始就没有任何"概念"，我们也就无法判断它是否正确。因此，我们应该始终在进行真伪判断的过程中进行自我反思，并且努力在世界中扩展更广泛的知识领域。这才是我们更好地理解现实的手段。

通过比喻来构建的概念化

"比喻"是一种有效的手段，它可以作为代表性的工具，更直观地传递意义、身体感受或价值观等这些仅靠逻辑难以表达的隐性知识。我们知道，最有效的沟通往往发生在面对面的互动情境中。由于语言是建立在我们身体感知之上的，因此在缺乏情境的真空环境中，它便失去了效力。尽管"修辞手法"提供了一种类似于"绫"（织物上的某种斜纹理或图案，用于描述语句的微妙和复杂的纹理或结构）的优雅方式来表达这些隐性知识，但是，"比喻"在传达和创造新的意义时，更具有独特的效力。

在"比喻"中，比较具有代表性的主要有"隐喻""换喻"和"提喻"这三种形式（见表 10-1）。

表 10-1　比喻的 3 种形式

种类	隐喻（metaphor）	换喻（metonymy）	提喻（synecdoha）
说明	将某一事物的特征直接类比为其他相似的物体（用已知的事物来表现未知的事物）	用与某一事物具有相邻关系的事物来进行替代（基于共存与连续的关系）	通过依据整体（类别）和部分（类别）的分类，来展示某一事物的本质。用整体来表现部分，用部分来表现整体（包含关系）
关系性	与 A 不同的类别，用 B 进行表述（A 与 B 是具有共通属性的事物）	将 A 用与 A 有相邻关系的 A' 来表现（A 与 A' 是同一个类别）	将 A 用属于 A 的部分 a 来表现（a 是 A 的典型代表）
用例	市场是一只无形的手 白雪公主	小红帽 狐狸乌冬面	去赏花指代赏"樱花" 亲子饭
类比并不是修辞手法，但它是一种与更具体的直喻或暗示全貌的隐喻相近的思考方式			

资料来源：基于野中郁次郎·紺野登『知識創造の方法論』173 頁

"比喻"中的第一种形式——"隐喻"，是通过建立"相似性"来思考和表达的方式。让我们从自然和社会的环境中找寻隐喻的题材。例如，"时间就是金钱""辩论如同战争"和"赏月乌冬面"（将乌冬面里放的圆圆的蛋黄比喻为满月）都使用了隐喻的方法。这种表达方法，是用具有相同特点的其他物体或事物，来表达想要表达的内容。可以说，是用已知的事物来描述未知的事物的一种能够超越常规知识边界和类别的创造性方法。特别是对于难以理解的抽象事物（例如社会、自由、真理、善良、美等概念），我们可以借助比喻的方式，用更容易理解的事物来解释和理解它们。

柏拉图在他的经典著作《理想国》中，描述了理想国家的三大阶级结构：负责经济的阶级（商人）、维护国家安全的阶级（军人）及从事政治决策的阶级（政治家）。柏拉图认为，这三个阶级都有他们各自应该具备的美德：商人应该"节制"，军人要有"勇气"，政治家则应拥有"智慧"。此外，柏拉图还将个人的灵魂分为三个部分：欲望、意志和理性，并且他采用"灵魂马车"这一隐喻来进行解释。在这个隐喻中，两匹分别代表"欲望"和"意志"的马，被一位代表"理性"的车夫驾驭。这一隐喻既可以象征理想的国家，也可以象征一个完整的个人。

稻盛和夫曾经说："我深受'孙悟空拔毛变出很多个分身'这一故事的启发，希望能够在企业中培养出自己的'分身'，来协助我的工作。"[10] 在当时的京瓷，员工数量已经扩展到超过 100 名。稻盛和夫在管理、研究开发、生产和销售等多个工作之间切换角色，每天忙得不可开交。因此，他开始意识到一个人管理的局限性。经过深入的思考，他决定将公司划分为更小的组织单位，并且赋予每个单位的负责人独立运营的权限。这就是后来被称为"阿米巴经营"的管理模式的雏形。

当时大批的"小稻盛型"管理者立刻涌现了出来。稻盛和夫从"孙悟空"的"分身术"中获取灵感，巧妙地构思了这种创新的组织管理方式并成功地将其付诸实践。在阿米巴管理模式中，选择"阿米巴"这个名称来代表这个模式下的小团体，是因为这些团体有如微生物一般，能够形成一个个既自主又机动并具有有机性的小团体。它们能够根据市场的动态变化，进行灵活的调整。可以说"阿米巴"这个例子，也是一个非常形象的隐喻。

"换喻"是第二种"比喻"的形式。它通过选择与某个事物"相关"的事物来进行表达。例如，"红色"代表"辉煌"，"黑色"代表"阴郁"。"狐狸面"（实际上并不是面条与狐狸长得相似，而是面条上有油炸豆腐这一深受人们喜爱的食材），也是一种基于换喻的命名。另外，像"小红帽"这样的表达方式，也是一种换喻，它指的是那个戴着红帽子的小女孩。因此，换喻，是通过某一个部分来象征其整体的一种非常常用的表达方法。

虽然隐喻和换喻都能产生新的意义，但是，与换喻只在特定经验内呈现同一时刻的相似性不同，隐喻能够跨越看似不相关的不同领域。这也为创造更具创造性的概念提供了可能。更为关键的是，我们的身体构成了现实与意义世界之间相连的桥梁，而我们的五种感官就如同指向世界的感知天线。例如，川端康成在其著作《雪国》的开篇所描述的"穿过长长的县界隧道，就是雪国。夜的底色变成银白"这样的文学表现手法，对于经历过乘坐电车穿越隧道、进入雪国的人来说，无疑是一种令人心生共鸣的创造性表达。[11]

"提喻"是"比喻"的第三种形式。它突出了整体与部分的关系并不仅仅是有意义的"相关"关系，它展现的是一种具有伸缩性的包容关系。有些观点认为"提喻"是包含在"换喻"之中的。但是与"换喻"不同，"提喻"更注重在不同的类别（范畴）之间建立起意义的联系。比如，在使用"提喻"的情境下，"去赏花"这样的表达中的"花"，就特指"樱花"。这是因为这里指的是花这一类别中的特定部分——樱花。再比如"吃饭"这一表达，其中的"饭"更多地泛指整个"饮食"，而不仅仅是米饭。这是因为大米被看作"饮食"这一大类别中的一个重要部分。

因此，从多个事物的相似性（或称"相似度"）中汲取灵感，就可以通过"隐喻"来描述一种事物的特性与另一种事物的特征的关系；从事物具有相关性的关系中获取启示，就可以通过"换喻"将某个部分代表整体；通过"提喻"，可以表示一个更广泛的类别与一个更具体的类别之间的包含关系。当这三者协同工作时，我们就可以认为能够达到知识的动态平衡了。

实际上，通过巧妙地运用这三种思维方法，我们可以获得关于商品、事业、组织和制度等方面的前所未有的新视角。概念的形成，往往是由众多"细微"的想法通过互相联系和汇集，最终形成了一个更有说服力且更加合理的整体。在这一"外化"（也可以称之为"概念化"）的过程中，新的含义、需要变革的方向及新的机遇都会被以概念或假设的方式提出。这些可以通过隐喻等方法进行展现，也是许多新的词语产生的起点。

接下来的重点是，我们需要明确概念背后各个要素的因果关系，并将其整合成一个"理论"。这实际上是为了系统性地解析概念，并使之作为知识得到共享，进而实现"模式化"或"故事化"的关键步骤。在对新概念进行模式化或故事化时，我们同样可以采用隐喻、换喻、提喻等思维方法。基于这种模式化和故事化，我们还可以将其进一步细分为可以客观评价的变量，从而实现概念的系统化。

总体来说，准确理解这些比喻的方式意味着我们能更清楚地把握事物之间的关系。通过这些比喻来塑造和解读概念，可以帮助我们将原本属于某个人的隐性知识转化为更容易为他人所理解的显性知识，从而让某种特定的思考方式或技巧在组织中得到广泛传播。

POLA 的 "Wrinkle Shot" 产品研发

经过大约 15 年的深入研究，POLA 公司终于推出了其创新之作——"Wrinkle Shot"。这款产品蕴含了独特的配方，并成功获得了日本厚生劳动省的官方认证。在日本，它成了第一个可以公开标榜"减少皱纹"功效的非处方药品。所有参与这一产品从研发到最终上市的团队成员都凭借坚定的信念和创新的智慧将这一概念转化为现实 [12]。

新产品"Wrinkle Shot"的研发之旅始于 2002 年，正值现任董事长铃木乡史刚刚上任。启动这一研发项目，不仅是想继续公司之前的访问式销售策略，更多的是受到了一份"新创业宣言"的启发。该宣言的核心理念是：改变销售手法，邀请客户进入实体店铺，为他们提供专业的皮肤咨询服务。

在 POLA 公司的研究与开发部门，由四名专家组成的团队开始了这个项目的研发。其中，末延则子是从医药领域转到化妆品研究的关键人物。末延则子很快发现了一个核心问题：尽管"皱纹"是众多女性关心的皮肤问题，但与色斑不同，相关法律并未涉及与"皱纹"相关的定义，这使得研发针对"皱纹"的非处方药变得非常困难。但末延则子和她的团队不满足于仅仅开发掩盖皱纹的产品，他们共同设定了一个目标：深入研究皱纹的形成原因，并找到可以真正解决这个问题的成分，然后将其作为非处方药推向市场。

在研发过程中，团队利用了他们在医药领域的经验，致力于揭示皱纹形成的原理。他们经过多次实验，首次发现皱纹部位积累了大量的中性粒细胞（neutrophil）。而这些中性粒细胞释放的中性粒细胞弹性蛋白酶，会破坏皮肤中的胶原蛋白和弹性蛋白。为了找到最佳的中性粒细胞抑制剂，团队深入研究了大约5400 种可能的抑制剂。这些抑制剂来自医药、植物提取物和微生物的代谢物等。同时，他们对每种抑制剂的抗皱效果、安全性、颜色、气味及其他特性都进行了详细研究。在不断的试验中，他们终于选定了一个名为"Neel One"的成分，这是由四种氨基酸导体合成的并被证明是最有效的皱纹抑制剂。这无疑是一个能够完全阻止中性粒细胞弹性蛋白酶活性的重大发现（见图 10-6）。

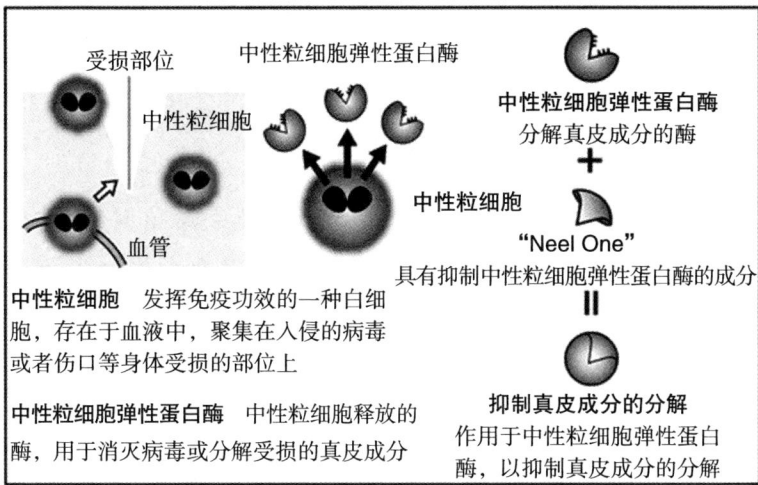

图 10-6　POLA 发现的"改善皱纹"的机制

资料来源：参照 POLA 公司官网的内容与相关新闻稿制作而成

在项目的深入开发过程中，如何将"Neel One"完美整合到乳霜或美容液中成了一个巨大的挑战：因为"Neel One"在水中的稳定性极差，很容易分解，而大部分化妆品都富含水分。因此，在众多可能的制剂原料中，找出与"Neel One"匹配最佳的组合便是关键难题。他们曾请教多所日本大学的研究者，但是都未找到合适的对策。在 POLA 公司内部，也时常有高层提议"中止开发"。在如此艰难的环境中，团队领导者末延则子坚定地拒绝了这些建议，她甚至从生物部门调入了更多人手，全力寻求解决之道。

有一天，团队成员桧谷季宏去了位于神户的一家研究机构。他在附近的咖啡馆点了薄荷味冰激凌，上面撒有巧克力碎片。当他看到冰激凌中的巧克力并未溶解时，他灵光一现："若是像这样让'Neel One'分散在制剂中，会不会保持其稳定性？"后来，桧谷季宏在接受采访时表示，那段时间他的脑海里总是回荡着关于"Neel One"的问题，不论是白天还是夜晚。正因为他不断地思考，他才从平常的冰激凌中得到了这一创新的灵感。桧谷季宏回到研究所后，立刻与一支专注于研发粉底和眼线这类低水分化妆品的团队展开深入讨论。借助其他团队的经验，他们开始尝试各种制剂组合，大大加快了产品的研发步伐。

前川制造所的"自动去骨机"的研发

前川制造所（简称"前川"）是一家跨国公司，在全球 40 多个国家开展冷藏和冷冻设备的制造与销售业务。为了更高效地进行各项业务，前川采用了一种特殊的组织形式：根据不同的业务项目，建立一个由 10 至 15 人组成的"独法"团队。这些"独法"团队在经营管理方面有独立的权限，拥有自己的成本核算系统，可以负责从设备的开发、安装、销售到市场营销、维护、会计、人事等全方位的业务活动，其实际操作就像一个个独立的小企业一样。通过这种模式，前川希望小团队能具备更大的自主权，使员工能够更好地发挥自己的潜能，与客户紧密合作，共同创造知识。此外，这种小团队结构也有助于做出更快速的决策并推动业务创新。

让我们来介绍一下前川的代表性产品——"自动去骨机"的开发故事吧[13]。前川的员工在频繁访问客户的过程中发现，在鸡肉的生产流程里，相较于其他工序，只有带骨的"大腿肉"的处理环节必须采用大量的人力。这无疑增加了管理的难度，降低了生产效率。正是基于这个观察，前川决定研发一款全新的"自动去骨机"。

在研发初期，为了深入理解鸡大腿肉的处理技巧，团队成员们亲自融入生产线，与专业的兼职女性工作者一起工作。他们实际操作，学习如何切割大腿肉，并尝试将这种身体经验转化为知识。要让机器模仿人类那独特又精细的切割手法，确实充满了挑战。因此，"自动去骨机"的开发之路颇为坎坷。经过 7 年的努力和不断的试错，他们最终研发出了第一代原型机，并亲切地将其命名为"MomoE"。但令人遗憾的是，尽管团队付出了巨大努力，这款原型机还是没能满足用户对其耐用性的期望。

项目的转折点来自一名年轻开发者，他抱着对"自动去骨机"的研发热情加入了前川。这位年轻人不仅积极地在猪肉和肉鸡的加工厂中与专业的兼职女性工作者一起工作，还花费了近一年的时间亲手处理鸡大腿肉，掌握切割技巧。其间，他始终在思考如何改进去骨方法，并意识到了处理猪肉和鸡肉之间的显著差异。在某一刻，他突然有了一个创新的灵感：处理鸡大腿肉的关键不在于"切割"，而在于"剥离"。

随着时间的流转，"独法"的领导和团队成员逐渐认识到，想要使机器模仿经验丰富的工人的熟练手法，实际上是非常困难的。因此，他们开始考虑使用机器独特的方式来替代人的动作。当他们听说"只需要拉扯和剥离"的方法时，都感到十分震惊并受到启示。那位在加工厂工作了一年，深入体验并熟练掌握工艺的年轻开发者提出，关键不是将肉从骨头上切下来，而是"先做好一个切口，然后拉扯鸡肉进行剥离"。同时，他还相信这一步骤是如此简单，甚至可以由机器完全代替。

于是，他们成功地开发出了一款特殊的系统。这个系统能够利用金属臂精确地夹住鸡大腿的胫骨，然后准确地切断脚踝的筋腱，实现鸡大腿肉的剥离（见图 10-7）。

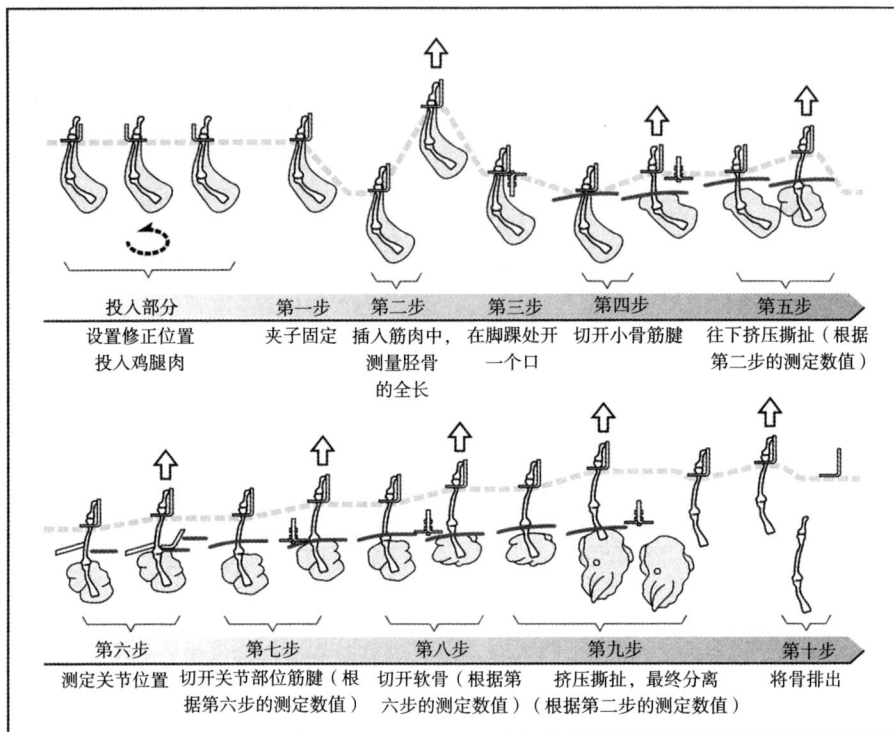

图 10-7 "自动去骨机"的工作原理

资料来源：前川制造所官网"产品信息"页面

　　基于该机器的特色功能"专为提取鸡大腿肉而设计"，它因此被命名为"自动去骨机"。到 1991 年，这款创新的"自动去骨机"终于问世。值得注意的是，自"MomoE"首次亮相市场以后，该项目曾中断了近两年的时间。但幸运的是，后续的研发并未受阻。加上"生产、销售、技术"三大方面的紧密合作，"自动去骨机"的研发得到了飞速推进，最终完成。

　　正是由于前川坚持的"真心服务社会和客户，满足他们的需求"的专注工作理念，项目中的突破才得以实现。这背后所体现的是一种"不设限直至满足客户需求"的坚定精神和永不言败的责任感。在"自动去骨机"的项目中，"制造一个去骨机"并不是最核心的部分，真正关键的是深入理解"去骨的流程"。前川的研发团队所追求的，不仅仅是产品创新，更是用户体验的创新。前川有过一句话：
"环境是有生命的。"这意味着"自动去骨机"的成功，得益于前川的团队及其
独特的"独法"文化背景。他们团结一致，共同努力，使项目最终圆满成功。通
常情况下，对于事物的深入了解是基于个人的情感和观点的。当这些观点在团队
中得到认同并相互融合时，就能形成更强大的集体意识，进而推动创新的实现和
拓展。

　　尽管前川投入了长达 14 年的时间和高达 8 亿日元的资金，但是它成功构建了
一个"生产、销售、技术"三者合为一体的、独特又自主的分散系统。这使得整
个前川公司，逐渐向一个与客户紧密相连的"组织与环境一体化"的模式转变。
现在，前川正在积极地将人工智能技术、图像诊断等高科技应用于可食用肉类的
加工领域中，并且在科技水平低的实践环境中不断探索新产品的开发模式。在这
样的探索背后，也蕴藏着一个深刻的理念，即"设计师与制造工匠应当紧密合作，
绘图过程与制造过程应当协同并进，以此来确保最佳产品的输出"。前川正雄前会
长将这些宝贵的经验，总结为"使'跳跃式创新'成为可能的 10 大原则"[14]（详
见图 10-8）。尽管这可以被视为个体到组织的"集体本质直观"的体现，但"本
质直观"本质上就是一个社会化的过程。

1. 是否珍视来自现场的信息？
2. 是否能够无私地共享感觉和感知？
3. 是否能够组建多元化的人才团队？
4. 是否能够摒弃个人私心，达到追求公共利益的高度？
5. 在团队中，全体成员能否"消除自我"？
6. 感觉和感知信息，是否在团队内流通？
7. 是否具有"存在地域性问题"的意识？
8. 是否能 100% 相信人的直觉？
9. 是否能用简洁的话语进行意思和信息的传达？
10. 组织的所有成员是否都处在一个可以"跳跃式创新"的状态中？

图 10-8　前川的"使'跳跃式创新'成为可能的 10 大原则"

战略中的本质直觉

"战略"这个词起源于古希腊语的"strategia"，意味着将军的地位、知识与技巧。经过时代的沉淀，它在法语中被称为"strategie"，并在 1810 年进入英语词汇，成为"strategy"。而 1810 年，是《战争论》的作者卡尔·冯·克劳塞维茨成为普鲁士军事学院教授的那一年，他也开始探索当时欧洲大陆上的法国皇帝拿破仑·波拿巴的胜利之道。后来，克劳塞维茨花了 20 年的时间进行深入研究，明确了拿破仑的战略原则，并在《战争论》中，特别是在"战争的天才"这一章，提及法语的"coup d'oeil"（直译为"一瞥"），强调这是拿破仑成功的核心，代表了拿破仑在"长时间的实践和思考后具备的能够迅速洞悉真相的直觉"。

这种对本质的直观认知，既源于现场经验，也来自对战争历史的学习，但真正的判断往往是出于直觉，并在无意识中发生的。这种直观并不是经过有意识的逻辑思考得出的，而是基于感觉和经验，也就是所谓的隐性知识。具备这种战略直觉的人，他们的判断往往是基于个人的意愿、价值观、对现状的理解，以及潜意识中的知觉。因此，拿破仑的"coup d'oeil"所观察到的战况，并不仅仅是逻辑分析的结果，更多的是基于当时的环境和那一瞬间的直觉来深入了解战况的真正含义。可以说，这种感知几乎是自然产生的。

基于战况的"本质直观"所产生的战略方案，往往源于无意识的创造过程以及隐性知识的积累。这使得人们在解释"为什么选择这个战略"以及"为什么这个战略有效"时，常常遇到困难。而一个战略，如果没有得到组织内部的深入理解和支持，在执行的时候就会遭遇重重挑战（特别是当这个战略需要被细化为更具体和系统的战术及后勤策略的时候）。

麦吉尔大学的亨利·明茨伯格认为，管理的真正魅力在于"工艺"（经验）、"艺术"（创意）和"科学"（分析）三者的完美结合[15]。在整个战略构想和实施过程中，"追求的目标"、信仰和热情变得至关重要。对于那些在业务一线的人士，这是他们可以深切感受到的。但遗憾的是，近年来，日本企业由于过度模仿欧美国家的管理方式，导致其在全球竞技场上的影响力渐渐衰退。这种过度地进行逻辑分析（"分析过度"）、频繁地制订管理计划（"计划过度"）以及对合规的严格要求（"合规过度"），使得许多日本企业，从高层到基层，都失去了那份弥足珍贵的创新活力。

在接下来的一章中，我们将深入探讨如何通过战略性的叙事方法，来打破这种现状。

第 11 章

"故事"与"叙事"
——战略是持续展开的连续剧

战略是企业创造未来的连续剧

从物质和分析思考的角度来看，我们可以发现管理学采用的是我们通常所说的"科学的方法"。当然，到目前为止，这种方法已经取得了不小的成果。不过，由于我们过分依赖这种方法，所以不得不面临一个现实：我们在一定程度上忽视了管理的核心，也就是忽视了人的主观性和关于"如何生活"的深层次价值观。

目前广为人知的迈克尔·波特的"竞争优势"理论，其实是深受哈佛经济学派"产业组织"理论的影响而来的。该理论认为，"产业结构"决定了"企业行为"，并进一步塑造了企业的"业绩结果"。波特通过分析产业结构，确定了企业在市场上的最佳位置。他还采用设定壁垒和运用谈判力的方式，来构建不完全竞争的模式，进而明确了为追求最大利润而获得竞争优势的具体策略。这种所谓的"定位"理论，其核心思想是基于市场结构的分析，通过将企业"定位"在平均利润之上的业务领域，以确立其竞争优势。

不过，这一理论的局限性在于，它是基于在经济学的完全信息和完全竞争观念下的合理选择所带来的市场均衡。也就是说，在所有信息都公开且完整的前提下，所有参与方都会做出合理的选择来实现市场均衡。因此，这一理论与现实情况存在明显的偏差。此外，该理论仅仅停留在静态的分析中，并且也未能将人类的认知和行为因素纳入理论体系中。因此，波特的理论更多的是建立在"战略的目的是为了在竞争中取胜"这一前提上的。至于像"企业为什么要进行竞争"或

"企业存在的意义是什么"这样的问题，在他的理论框架中，被认为是与"战略"关联度相对较低的问题。

基于这样的前提，波特的世界观认为，企业参与的是一场利己的零和博弈，是一场争夺市场份额的竞赛。然而，德鲁克认为，"商业的唯一目的是创造客户"[1]。因此，企业的真正目的应该是为客户和社会创造附加的价值。只要企业是持续创新的，那么利润便会自然地随之而来。

另外，与定位理论相对的，是"企业的资源观"（Resource-Based View，RBV）。它强调从企业内部资源的视角来定义战略。RBV 关注的是，企业内部的有形和无形资产（包括人力、物力、财务和知识资产等）如何塑造企业的竞争力。其中，"核心竞争力"也是 RBV 理论中的关键概念。RBV 的立场是，每个企业所拥有的独特、稀有并且难以被模仿的内部资源，是构建企业竞争力的关键。不过，这并不意味着 RBV 忽略了企业的外部环境。可以说，这一观点在某种程度上补充了定位理论，为战略理论的进一步完善和发展做出了贡献。

但是实际上，战略并不仅仅是为了适应企业外部的环境（外部条件）或是被企业内部的资源和能力（内部条件）制约而存在的。正如德鲁克所说，管理（战略）不应该仅仅只是一种"被动的、适应性的行动"，而应该是一种"为实现预期的结果而采取的主动行动"。这种基于"行动的自由"（freedom of action）来构建的观点，意味着企业应该持续地挑战和扩展它的经济情境的界限，积极地去尝试创造一个更有利于自身发展的经济环境。

RBV 虽然起源于古典经济学，但是"组织性知识创造理论"更深地扎根于哲学中的存在论和认识论。RBV 的核心观点是将管理资源看作有限的实体，并在资源控制方面展现力量。然而，在资源创新或通过资源组合创造新价值方面，其解释能力却相对较弱，可以说，更偏向于静态理论。为此，加州大学伯克利分校的戴维·蒂斯提出了"动态能力"理论，而亨利·切萨布鲁夫则进一步发展了"开放式创新"和"知识创造"的动态理论。

在现实环境中，很多条件与因素是难以完全控制的。因为真实的世界是由诸多复杂的事件组成的，并且这些事件在不断地变化。所以，基于静态环境的"战略"存在明显的局限性。真正有效的战略，应该是既能灵活应对现有的变化，又能引导我们主动塑造未来的方法论。

战略的最大目的，在于稳定地解决当前的矛盾和冲突，实现组织整体的愿景。为了达到这一目标，我们需要的不仅仅是通过简单的因果关系来解读事件，还需要具备能够动态捕捉和应对各种突发情境的能力。即便是出现意外的情况，或环境发生了剧烈的变化，通往未来创造的关键依然是成功地克服现在的矛盾。因此，只要持续重复这样的过程，我们就能不断地向着终极目标、向着新的阶段迈进。战略也可以被认为是一个以现在为起点、不断挑战未来的"连续剧"。

向战略论引入叙事的方法

故事的叙述形式与自然科学是明显不同的。历史分析哲学的倡导者亚瑟·科尔曼·丹托（1924—2013），将这种方式称为"叙事性说明"（narrative explanation）。尽管这种方式描述了事物从开始到结束之间的变化，但是其结构与自然科学的演绎论证是有明显区别的。

通常情况下，故事的结构是围绕"尚未发生，但即将来临"的情境展开的。从深层次上来考量的话，我们应该把这个世界看作由众多事件（events）编织而成的网络，而不仅仅是看作事物（things）的总和[2]。另外，这些事件一般是在特定的时间和空间中产生的，并且带有时间上的延展性。

故事也可以被定义为一个"将两个或多个事件进行相互连接，构建成情节的行为"[3]。在这个过程中，无论是主人公还是读者，他们都在与其他角色（如配角或对立面）的关系中互动，并且通过实际的相互作用来呈现他们的思想与情感。此外，从一个充满动态关系的生态系统（涵盖企业与市场）的视角来看，我们就能够更加深入地理解"战略"这一行为。而实施战略行为的过程，也可以被描述为一个主体在社会环境中，与他人共同创造和分享知识的动态叙事过程[4]。

"故事"的方法论主要是由"故事"和"叙事"这两个方面构成的。"故事"是围绕某一特定事件来进行解释或表达的创作物。它不仅具有明确的开始和结束，还拥有一种完整且独立的特性（名词属性）。故事的结构，是围绕主要的登场人物和一系列的事件展开的。一般来说，故事的结构还会展现事件背后的意义，呈现有关"是什么"与"为什么会如此"的内容。

"叙事"是描述"如何讲述故事"的过程。具体来说，它阐述了"故事是如何进行的"或者"故事是以何种方式进行的"。这意味着"叙事"不仅具有动词的属性，而且它实际上直接影响了观众如何理解和接受故事的内容。例如，同一个故事在不同叙述者的描述下，其魅力或者吸引力可能会有很大差异。这种差异主要源于叙述者们各自不同、独特的叙述能力。

在不断变化且难以预测的事态中，拥有"叙事"能力变得尤为关键。为了应对持续变化的现实，我们需要调整和改变故事，为开创新的可能性铺路。这种能力不只是一种解释"事情为什么发生、怎样发生"的技巧，还是一种与人类的想象力和预测能力紧密相连的能力。选择哪些角色，如何描述因果关系，以及决定如何铺设通往未来的故事路径，这些都深深影响了我们对现实和正在进行的活动的理解与感知。

战略的核心目标在于直面不断变化的现实，坚定地解决"此时·此地"的矛盾与挑战，更稳步地实现组织的愿景。因此，为了将"我们为什么以及需要做什么（故事）"的组织愿景付诸实践，"如何去做"的行动方式（叙事）便显得尤为重要。在这一过程中，我们将直面并且努力克服各种挑战，让一切在充满无限可能的现在与未来中开展与进行。而实现这一目标的关键，则在于我们是否能够及时且充满活力地持续进行"叙事"。当愿景所构想的未来终于成为现实的时候，我们便会从中再次开始构建一个新的未来故事。

基于叙事方法、以人为核心的战略

那么，让我们深入探讨"叙事"与"战略"之间的紧密联系吧。"叙事"，是一种独特的知识表达行为：能够充分呈现登场人物的主观情感和丰富感知；能够将个人或集体的经验、思考、场景及各种情境等，以一种清晰易懂的方式进行传递。

古代的神话、各民族的寓言与童话，乃至现代的小说和电影，在一定程度上都被认为是通过"叙事"形式进行知识共享和传递的方式。在现代，为了更有效地分享从各类援助项目中学到的宝贵经验（知识），以世界银行为核心，进行知识分享的"叙事"方式正在作为知识管理的新方法被推广。"叙事"之所以如此受欢迎，很大程度上是因为其具有强烈的真实感和现场感。由于"叙事"这一方式能够深深打动人心，对价值观的塑造具有强大的影响力，因此，"叙事"逐渐被视为一种能够改变组织成员思维并推进组织变革的有力工具。

"战略"与"叙事"在某种意义上可以被看作相似的概念。当我们通过"叙事"去描述那些曾经难以阐述的"战略"时，"战略"的内容就可以被更为明确地呈现，从而使组织内部的成员更轻松地理解和接受。由此，每个"战略"背后的那些模糊的"为什么"，也都能清晰地传达给成员，激励他们将理解转化为实际的行动。这种战略性的"叙事"不仅可以阐释"战略"的目标、路径和核心，还可以赋予"战略"时间和空间的背景，引导听者思考如何具体执行"战略"并行动起来。因此，利用"叙事"来描述战略不仅有助于明确"战略"本身，还能触动人的内心，引导他们做出战略性的决策并采取行动。这也意味着，"叙事"和"战略"的制定及实施是紧密相连、相得益彰的。

此外，"叙事"的核心目的也在于赋予未来新的含义。通过团队成员之间的互动交流，战略性的"叙事"能够得到深入的价值共鸣。这不仅会对他们的思维和行为方式产生长远的影响，更是推动"战略"成功执行的关键。不仅如此，这种"叙事"的形式往往基于历史或个人经历中的核心理念和价值观，为我们在特定的环境和背景下实现未来的目标提供了行动方向和决策的依据。当团队成员真正认同这种"叙事"方式，并为之承诺时，他们的行为自然会与之相契合。这也进一步证明了，"叙事"作为一种方式，对于触发人们内在的动力和产生深远的影响，具有巨大的效力。

为什么我们能够如此直观地通过"叙事"来理解看似无意识的战略和隐性知识，从而有效地将其传递给组织成员呢？对于这一问题，"叙事"研究专家戴维·卡尔（1956—2015）认为，这是因为"故事"中的"过去、现在、未来"的结构，与我们主观体验到的事物和进行某种行为的过程有惊人的相似度[5]。与此相反，逻辑和科学的解释在结构上并不那么相似，所以虽然我们可以"理智地理解"它们，但很难真正地"从心里感受"它们。然而，"叙事"为我们提供了一个渠道，让我们能够更真实地看到、感受并体验行动背后的情感。因此，我们不仅可以通过"叙事"来理解他人的经验，而且能像体验自己的故事那样被深深打动。

叙事者（如高层领导者）与听众（如一线员工）之间展开交流，就如同一个生动的故事逐步变成现实。在这里，"故事"与"叙事"在描述情境时，都起到了至关重要的作用。它们之间存在紧密的联系与深意。而推动组织变革的人也可以借助故事作为一个桥梁，鼓励组织成员加入并分享他们自己的故事，从而更加高效地推进组织的整体变革。

POLA 的"叙事"战略

在第 10 章中，我们深入探讨了 POLA 公司的"Wrinkle Shot"产品的研发历程。这个项目耗时 15 年，积累了众多的实验数据。从项目开始算起，历经 7 年：在 2009 年 6 月，项目团队提交了非处方药的批准申请；终于在 2016 年 7 月，他们收到了期盼已久的正式生产许可。接着，产品的生产任务落到了工厂上。静冈袋井工厂的团队深知"Wrinkle Shot"在研发过程中所遭遇的种种困难和试炼，也都了解公司研发团队为此付出的巨大努力。作为日本首款声称能有效改善皱纹的非处方药，其研发背后的故事得到了生产技术团队和工厂员工的高度关注和共鸣。尽管在研发阶段的初期，他们只能实现 100 克的生产规模，但是工厂的每一位成员都为确保该产品的大规模生产而全心全意地付出努力。

与此同时，由山口裕绘领导的销售公司组建了一个跨职能的团队。其中涵盖了商品策划、销售、设计和宣传等各个部门。由于山口裕绘高度重视全国的 4 万名销售人员如何通过特定的"叙事方法"向客户展现这款产品，所以山口及其团队筹划并成功举办了 150 场销售人员培训会。他们与研究团队、总部的商品策划和设计相关部门的人员携手，共同走访了日本各地的 POLA 分公司。尽管这些团队成员在销售人员培训会上宣传的都是同一款产品，但这样的活动为通常少有交流的各部门提供了一个宝贵的沟通平台。当他们在培训中分享产品15年的研发历程时，有很多在场的销售人员被感动到泪流满面。这也让山口及其团队深切地感受到了此次培训的深远意义和影响。

2017年的元旦，"Wrinkle Shot"正式开售。从2017年1月到12月，销售数量达到了940 000支，销售额约为130亿日元。可以说POLA公司研发的"Wrinkle Shot"这一新产品取得了巨大的成功。

尽管在项目初期，研发团队只有4名成员，但随着项目的发展，其他部门的专家也逐渐加入，使得整个研究所参与此次项目的人数达到了30～40人。末延则子回顾整个研发历程时表示："我们的团队里并没有特别出色的单一个体。我们是靠团队的协同合作达成了目标。当团队面临难题时，我们每个成员都持续地提供建设性的建议。"从她的这段话中，可以看出：单一个体的直觉虽然具有局限性（它受到个人经验和知识的约束），但是当团队进行深入交流时，就可能产生一种集体的、灵感般的智慧。此外，"Wrinkle Shot"的研发团队的核心驱动力是"研发能改善皱纹的非处方药"。这一核心驱动力在第10章中有详细的解释。

随着时间的流逝，由于研发团队和POLA公司持续地分享和讲述这一研发故事，使得整个公司的核心"叙事"逐渐形成并得到了发展。2016年，POLA公司对其核心价值观进行了重新定义，具体总结为三大要素："science"（科学）、"art"（艺术）和"love"（爱）。这一核心价值观的含义是：POLA公司坚持以科学为基石，重视艺术，努力打造每一个产品，使其成为充满"爱"的作品。这深深触动了客户，并为他们带来了真正的幸福。

"Wrinkle Shot"产品的研发是建立在共鸣之上的，它凝聚了大量研究人员的智慧和努力。这不仅是一个关于如何制造"改善皱纹"产品的故事，还是一个展示整个组织如何共同努力，达成宏伟目标的"叙事"过程。在这一曲折但富有意义的过程中，POLA公司不仅从一个追求社会美学的化妆品品牌成功转型为一家"生命科学公司"，还为自己书写了一个全新的故事章节。

富士胶片的"叙事"战略

富士胶片成立于 1934 年，它最初的宗旨是摆脱对外国技术的依赖，进行自主技术研发。该公司把技术导向和企业家创新精神视为企业文化的坚实基石。然而，到了 2000 年以后，受到数码相机普及等多方面因素的冲击，全球的胶卷市场迅速收缩。到了 2010 年，胶片的市场规模已经缩小到原来的 $1/10^6$。在这样的背景下，富士胶片的代表董事会主席及首席执行官古森重隆，在面对主要产品市场的消失时，决定通过数码化和开拓新业务来寻求公司的第二次创业。古森重隆当时的信条是"真实地看待现实，准确地评估当前的情况，做出正确的决策，以及付诸行动"，第 8 章对此也有所描述。

1963 年，古森重隆加入了富士胶片公司，在印刷材料和记录媒介部门从事技术开发和销售的工作。他坚信，只要妥善结合富士胶片所拥有的卓越技术、高品质、知名品牌、专业人才和稳固的财务地位，就能够规划出一套全新的发展策略。面对那些情绪不稳的员工，古森重隆希望能够激起他们当年加入富士胶片公司时的技术热情和创新精神，从而为他们铺设出一条清晰而坚定的前行之路。

古森重隆采用"密涅瓦的猫头鹰在黄昏时起飞"这一隐喻来描述他的战略。由于密涅瓦的猫头鹰常常被视作智慧凝聚的象征，所以很多人认为这代表它总是在时代结束时才展翅高飞，好像总是追随着时代的步伐。但是古森重隆对此有不同的看法。他认为，作为智慧与战争女神密涅瓦的象征，这只猫头鹰实际上是在新的时代开始之际起飞的，反映的是对知识与智慧的追求。因此，他倡导深入探索公司中可能被忽视的研究与技术，挖掘其中蕴含的知识和智慧。同时，他还希望汇集所有员工的智慧，以此来创新和孕育全新的产品和服务。这就是古森重隆希望传达的核心战略思想。

古森重隆在 2004 年制订的中期管理计划中明确指出，富士胶片公司的核心竞争力在于卓越的技术。因此，他委托技术开发部门的负责人，对公司集团内的所有技术成果进行系统的梳理，并且根据消费者的实际需求设定新的重点业务方向。在经过深入的讨论和探讨以后，为了充分利用公司长期积累下来的知识资产，他们对公司未来可能涉足的业务领域和市场进行了全面的评估。经过一系列的精心筛选，最终富士胶片公司锁定了六大核心业务领域，它们分别是：数字成像、光学设备、先进材料、图形系统、文件处理以及医疗与科学。

　　在那以后，富士胶片在新的业务领域取得了显著的成功，推出了功能性化妆品"Astalift"。当"Astalift"这款产品首次亮相市场时，众多疑问纷至沓来：为什么富士胶片会涉足化妆品领域？事实上，支撑该产品的独特功效的抗氧化技术、胶原蛋白加工处理技术以及纳米技术，都是富士胶片的核心专利技术。由于富士胶片一直追求高功能性，因此，它借助其独有的尖端技术和深厚的工程设计能力实现了"Astalift"的顺利研发。这种深入骨髓的技术追求和能力积累是富士胶片的品牌基因。也正是因为有了这样的基因，富士胶片在推出化妆品时强调的核心价值就不再是简单的感性吸引，而是真正的功效与功能。因此，"Astalift"成了一款非常成功的畅销产品。

　　此外，富士胶片对于原本按功能划分的研究所进行了重组，创建了一所先进的研究所。这个研究所将来自各个不同领域的研究者集结在了一起，实现了横跨全公司范围的前沿技术的研究活动。这是一个融合了各类知识——包括客户的见解在内的场所。研究所的正门前装饰着一尊女神密涅瓦的猫头鹰的雕像，这一雕像象征富士胶片对创新技术和产品的不懈追求。办公区域还配备了透明的玻璃会议室和开放式的会议区，为员工和顾客创造了一个自由交流的环境。这样的设计鼓励了开放和无界限的讨论。到了2014年，为了进一步加强与客户的联系和共同创新，富士胶片在总部设立了"开放创新中心"。这不仅是富士胶片核心技术与客户需求相结合的地方，更为技术人员与客户共同研发新产品、为客户提供新服务创造了有利的条件。

　　富士胶片的变革之路仿佛是古森重隆勾绘的一幅宏大的故事图景。在这个过程中，他深入了解了每位员工的具体情况和累积的经验，甚至探索到隐性知识的最深处。他巧妙地将组织的技术实力与品牌价值结合起来。随着时间的推移，这一关于变革的"叙事"将会得到持续的适应与进化，最终演绎成一段令人震撼的"集体梦想"故事。

为什么"叙事"比想法更有力量

"叙事",能够生动地展现事件与登场人物的动态关系。我们人类的经验其实就是在时光的流转中,在"此时·此地"的情境下不断积累起来的。由于这种经验总是处于持续的变化中,所以通常会创造出新的事物。如果我们想要更深入地理解和把握这一连续的过程,"叙事"就显得格外重要。

国际政治学者劳伦斯·弗里德曼认为,"战略"可以被视为与肥皂剧(主要面向家庭主妇的白天播出的电视剧)的叙事方式有着相似之处的事物。肥皂剧的特点是:随着故事情节的进展,登场人物会发生频繁的更替,剧情也会发生巨大的变化。最为关键的是,很多时候,肥皂剧并没有一个预定或者是明确的结局。与传统的戏剧或电影不同,肥皂剧并不是以一个已经确定的结局为目的来进行编排的。因此,弗里德曼所指的"战略"与肥皂剧中的"叙事"方式是同样的意思。

可以说,肥皂剧的这些特征与战斗中的不确定性也是十分相似的。在实施战略时,组织总是会面临一个主要的前提,那就是战况和组织成员的行动会随着时间、地点的变化而变得不可预测。制定战略的目的并不是控制战况,而是在不断变化的战况中做出应对和处理。

战略之所以是战略,就是因为它已经考虑到了局势的不稳定性。虽然战略可能会指引我们向"下一阶段"迈进,但是它从来都没有预设一个固定不变的结局。在一个持续变化的环境中,我们需要思考是将重点放在"对立"上,还是更偏向于"协调"。随着外部环境和情境的转变,我们要在这两者之间灵活调整,确保在战略上达到动态平衡。这种追求平衡的目的正是获得并维持我们的"相对竞争优势"。因此,战略应该具备一定的灵活性,以适应所有意料之外的变故。

因此,随着现实背景的不断变化,战略的"叙事"方式和内容也必须进行相应的调整。在此背景下,主体(主人公,例如公司的高层管理者或一线员工)不仅需要共同参与并了解一线"现场"的动态,同时还需要时常做出独立且及时的判断。在战略执行与调整的过程中,及时敏锐地发现和识别"变化的规律或模式"是非常重要的。这种规律或模式与亚里士多德所描述的高级隐性知识,也就是具有"实践智慧"的思考与推理过程，具有高度的一致性。

历史学家海登·怀特（1928—2018）在其代表作《元史学》[7]中，深入剖析了"历史的诗学"这一概念。他巧妙地运用独特的修辞技巧，将历史塑造为一个有着"起始""经过"和"结局"的叙述体系。更有意思的是，怀特指出，19世纪的历史学家在描述历史时，主要采纳了"浪漫叙事""悲剧叙事""喜剧叙事"和"讽刺叙事"这四种"叙事"模式。

在《战略的世界史》中，弗里德曼借助戏剧的元素，深入探讨了战略的结构。他指出，戏剧不仅包括"悲剧"和"喜剧"这类的基本情节，还存在一个与战略息息相关的心理要素——"脚本"（行为规范）[8]。这种心理"脚本"能够自然地将情节与具体的实际行为结合起来。当我们说到"脚本"时，指的就是在故事中，主人公会按照预设的情节，在各种不同的场景中忠实于剧本的反应。这种反应通常源自他们之前经验的积累和对特定情境的理解，是一种已经内化、深入骨髓、成为习惯的行为模式。简单地说，这是人们在特定的情境中的一种典型的标准反应（行为规范），比如"在这种情况下，我应该这样做"。值得注意的是，"脚本"这一概念虽然源自认知心理学，但是在知识创造的理论体系中，它是被归类为隐性知识的。

在战略中，"脚本"的核心价值在于，它为我们提供了在日常生活中思考新行为的线索。随着对战略中的动态艺术性的重视不断增加，仅仅依赖对事物发展趋势的简单捕捉已经不能满足日常战略实施的需要。因此，为了创造出更具有实践性、更切合现实的战略，我们需要在更为宏观的日常场景中追求"更加完善"的战略。在这样的背景之下，为我们提供发掘新行为的关键提示的正是这种已有的行为规范——"脚本"。考虑到"脚本"是基于现实情境的，有了它作为基础，我们就可以在不经意间创造出全新且实用的行动战略[9]。

另外，除了作为创造新事物的基础，"脚本"也被认为是一个提供正确行为规范的指导工具。在某些特定的情境中，它向我们展示了应该如何思考和采取行动。我们可以通过显性知识——如图像、符号和语言来表达。当我们学习并吸收了这些显性知识以后，它们就会成为我们内在的"脚本"。当我们面临"在特定的情境下人们会有怎样的情感反应"的问题时，内化的显性知识会为我们提供重要指引。

在组织层面上，京瓷不遗余力地鼓励每一位员工，主动内化良好的"脚本"。其名誉会长稻盛和夫也将工作视为"天职"，养成了每天全心投入、专注于工作的"习惯"。他的工作态度深受"向神灵祈祷"和"作为人，何谓正确"这两大理念的影响。基于对自身积累的管理经验的反思，稻盛和夫将自己的管理经验精炼成了一本《京瓷哲学手册》。京瓷的员工在每天的早会上都会分享对手册中某一内容的理解和实践感悟。此外，员工们还会组织聚会，在酒桌上坦然讨论各自遇到的工作难题。通过这些措施，稻盛和夫在京瓷内部成功推广了该公司特有的企业哲学，正如我在前文中所描述的那样。

京瓷哲学的核心，是由"探究事物的本质""成为旋涡的中心"等七八个条目组成的。这些条目构建了京瓷员工应遵循的"脚本"。为了让员工更好地理解和实践这些原则，《京瓷哲学手册》中的每个条目都提供了详细的解释。例如，"探究事物的本质"在于鼓励员工，无论工作多么微小，都要全心投入，视工作为"天职"。因为只有不断地努力，才能揭示事物的真相；一旦明白真相，无论环境如何，人都能展现出真正的能力。"成为旋涡的中心"意在强调，人们应当成为行动的中心，主动引导他人，而非单纯发号施令。当我们处于行动的中心时，我们提出的观点或问题自然会吸引同道中人，形成一个围绕自己的旋涡。通过这些明确的条目和实践建议，员工能根据自身需求以及所处的工作环境，制定最适合自己的"脚本"[10]。

在京瓷这一类的组织中，各个员工所呈现的"脚本"的差异性，经常在部门间的聚会上成为讨论的焦点。这样的交流讨论不仅加强了员工对"脚本"的认识，还为他们在更高层次上内化这些"脚本"，提供了动力和养分。因此，现代企业若是想要制定出像京瓷那样对员工有益并且能够顺利被员工内化的"脚本"，就需要在实践中不断地发掘和识别多种高效的行为模式，逐步将这些模式进行明确的语言化和概念化。在实际的场合中，为了适应不同环境和在场人员的变化，对这样的"脚本"也应该进行相应的微调。当然，与其制定一个像京瓷那样固定且具有强制性的"脚本"，我认为更应该深化员工对"脚本"背后的核心理念和哲学的理解，从而使他们能够根据实际情况灵活地创造与实践。

要想让叙述的故事真正地打动听者，我们就必须深入地了解和掌握那些潜在的、影响听者价值观和思维方式的行为规范。由于对理论概念的深入了解以及从感性层面的深入体会都是打动听者的至关重要的前提条件，因此，把握听者的价值观就是关键。只有深刻了解听者是如何看待和解读事物的，我们才能够找到更为合适、更为有效的"叙事"方式。

当我们向听者讲述故事并在其中融入全新的概念和背景时，听者在日常生活中可能会"自然"地探求"新的意义"。受到这种启示，他们可能会采纳新的方法，更深入地参与各种活动和工作。最后，这可能为他们展现一条通向创新的新路径。

基于"脚本"的"叙事"方式需要作为隐性知识逐步融入组织的实践中，并在组织内部被共享与加强。这种知识的传递不仅需要依赖组织成员日常的实践和反思，也与组织和成员分享组织背景和故事紧密相关。在这些故事中孕育出的爱、信赖和安全感，将成为推动个人和组织前行的动力。由此，新的故事应运而生。在"叙事"方式与故事的螺旋式相互作用下，"叙事"方式将作为一种战略，持续地进化与发展。

在不确定的时代中必须具备的"生活方式的战略"

世界是一个错综复杂的系统。微小的初期变化最终都可能带来巨大的后果。这种变化与不稳定性并不能仅仅通过简单的因果关系来解释。在这样的背景下，我们能做的就是选择自己认为当前最合适的方案。但是如果缺少对"未来"的"叙事"，我们或许都难以做出决策。尽管"叙事"为我们指明了未来的大方向，但是前往未来的道路事实上并非只此一条。为了实现心中所期望的未来，我们必须拥有叙事的能力以及实践它的执行力。虽然弗里德曼称战略为"创造的艺术"，但是我更倾向于将它看作"与智慧的协同共创"。

叙事战略是建立在宏大的目标和叙事结构上的。它需要我们在由偶然和必然因素构成的现实中做出判断。其核心目的是在人群中共享并且将这些故事变成现实。在这个过程中，人、事、物之间复杂的相互作用共同构建了我们的世界（这也是构建世界的过程）。不过，"叙事"从一开始就是面向未来进行叙述的，所以最终具体会迎来怎样的结局，也都是不确定的。

构建叙事战略的过程并不只是管理者或战略负责人将其主观想法转化为客观的过程。它像基于实证假设制定出的一种"行动指南"。在此过程中，决策和判断往往带有创新性。这与仅仅基于分析的战略是不同的。叙事战略更多地关注由组织成员共享观点而引发的变革。从根本上说，这一过程与组织成员的"生活方式"是紧密相关的。

当每个人思考"如何生活"这一充满人生意义的主题时，都渴望与他人分享自己的故事、共同书写历史。在这样的背景下，当个体的观点在集体或组织中得到广泛的响应与实践时，不只是这些想法会取得成功，个体的自我认同也会得到升华，进而让个体构建完整的自我。需要强调的是，知识创新的过程与人们的道德观念和生活方式都是紧密相连的。

人类作为一种独特的生物，可以理解为是处在一种"存在"（being）的状态之中的（即静态的现在进行时）。但是当"我"与他人交流并形成新的认知时，那一刻的"我"和30分钟前的"我"是不完全一样的。这意味着，从一个宏观视角看，人类不只是停留在一个静态的"存在"状态中，更多的是在一个持续变化和进化的"成为"（becoming）状态之中。所以，在创造新知识的旅程中，人类总是从"静态存在"的状态变化到持续"变化与成长"的状态，不断经历着变革和演进。

第 12 章

本质直观的管理学
——现象学与管理学共创的动态管理理论

拥有实践智慧（实践性的深思熟虑）的领导者和日本企业

在叙事战略中，以主观为基准，不断在变化中积累丰富的模式认知，并通过编织开放式的故事来塑造动态未来的过程，其实就是隐性知识与显性知识之间的转换过程。如第 11 章所述，推动这种转换的核心是实践智慧与深思熟虑。知识创造与人、社会和整个世界紧密相连。因此，作为社会生物的人类追求"生活得更好"成为知识创造过程中的重要背景。这使得知识创造理论对人类的"生活方式"产生了重大和深远的影响。

在这样的视角下，本章将详细探讨作为知识管理核心的"实践智慧"（也称为实践性的深思熟虑）领导理论。

"Phronesis"（实践智慧或深思熟虑）这一术语意味着在追求社会"共同福祉"的过程中，既要充分考虑现实的复杂性和背景，又要在恰当的时机做出合适的判断和行动。它还可以被理解为"伴随着身体认知的实践智慧"，或被称为"实践性的深思熟虑"。

"Phronesis"这一概念，起初是哲学家亚里士多德在对知识进行分类时提出的。在不同文献中，"Phronesis"被译为"实践智慧"（practical wisdom）、"深思熟虑"（prudence）或"实践理性"（practical reason）。在亚里士多德的《尼各马可伦理学》第六卷中，他定义"Phronesis"为："一种真正的理性状态，它代表了人类面对好与坏事物时，采取行动的能力。"对亚里士多德来说，具备"Phronesis"

（实践智慧或深思熟虑）特质的典型领导者，就是那位创立了"伯里克利黄金时代"的古希腊雅典政治家——伯里克利（约前 495—前 429）。

除了"Phronesis"（实践智慧或深思熟虑），亚里士多德还提出了"Episteme"（普遍通用的科学知识）和"Techne"（基于技能的技术知识）这两个概念。在这三个概念中，"Episteme"（普遍通用的科学知识）关注事物背后的原因与逻辑；"Techne"（基于技能的技术知识）描述了如何有效地实践与操作；"Phronesis"（实践智慧或深思熟虑）则与"应该如何行事"的价值和意义紧密相连。

让我们以"如何制造高品质的汽车"为例来探讨这个议题。实际上，并没有一个普遍的概念来定义"高品质的汽车"。因此，"Episteme"（普遍通用的科学知识）无法明确地回答"如何制造高品质的汽车"这一问题。同时，"高品质"的标准因使用汽车的人及其目的而异，并可能随着时间和具体情境而改变。"Techne"（基于技能的技术知识）则提供了如何高效生产汽车的方法。但相较于"Episteme"和"Techne"，"Phronesis"（实践智慧或深思熟虑）基于对"高品质"定义的理解，是能够指导"为了制造高品质汽车，我们应采取哪些行动"的决策的。因此，在解决这种问题时，"Phronesis"（实践智慧或深思熟虑）会成为不可或缺的知识类型。

在《新教伦理与资本主义精神》这本书中，马克斯·韦伯探讨了资本主义的发展并非仅仅是出于对金钱的渴望，而是新教徒因严格遵循禁欲和勤勉工作的原则而产生的资本积累的非预期后果。书名中的"伦理"（Ethos）代表了某社会群体（例如民族）内，以习俗形式存在的集体精神和行为方式，它既蕴含了宗教、道德含义，也涉及情感层面。

从"伦理"的观点看，各国资本主义之间的差异实际上是可以理解的。经济学者查尔斯·汉普登－特纳与阿尔方斯·特龙佩纳斯在他们的著作《七种资本主义》中，深入分析了美国、英国、法国、德国、荷兰、瑞典和日本这七个国家的资本主义模式。他们的主要观点是：资本主义不是一个固定且单一的形态。实际上，不同国家的资本主义会受到其文化和价值观的影响，因此呈现出不同的特点。

长久以来，许多人批评日本的企业并不是"真正的资本主义"。这些批评的重点包括：给投资者的分红不足，不追求股东短期价值的最大化，不通过裁员减少公司成本，以及不为高层管理者提供具有激励效果的薪酬。但是，汉普登－特纳等学者提出，日本的资本主义既具有"反知识性"特质，又表现有"知识密集型"的特质。它是基于一种所谓的"状况伦理"建立的，力求在"合作与竞争"之间寻找平衡。这意味着，日本资本主义不仅基于普遍原理来进行理性判断，还会根据"此时·此地"的实际情境来采取行动。因此，日本资本主义结合了理性和感性，是一种双向动态的资本主义形态[1]。

事实上，许多日本企业长期以来都深受公众的信赖和支持。这种信赖基于的是多方面的正面评价，例如：①它们与社会和谐地共生；②在追求经济效益时，它们同样注重社会责任与使命；③在企业运营中，"共同福祉"被看作一种"生活哲学"；④它们的管理活动始终围绕道德价值进行；⑤在"ESGs标准"（ESGs标准是一种关注企业环境、社会责任、公司管理绩效的投资理念及企业评价标准）等概念成为焦点之前，它们已经开始实践这些价值观；⑥它们采用的是一种鼓励全员参与的分散式管理模式。

实践智慧的六种能力

根据亚里士多德的"Phronesis"理念，以及众多杰出的政治家、企业领导者和军事将领的事迹，我们可以发现，那些拥有"实践智慧"的领导者，普遍具有以下六种能力[2]。

（1）设定"理想"目标的能力——具备判断什么是"最好"的智慧。

（2）直观洞察现实情况的能力——能够准确感知实际现象背后的因素和真实情况。

（3）及时创建"场"的能力——擅长与他人共享情景，培养主体间性，建立共同的情感连接。

（4）描述直观本质的能力——能够在特殊与普遍之间建立联系，能从更高的角度将洞察到的事物的本质进行概念化或故事化。

（5）用故事实现政治影响力——不仅能将概念向理想的方向引导，还具备谈判、协调和实际推行政策的能力。

（6）将实践智慧进行体系化的能力——能培养和传播智慧。

如果无法设定"理想"的目标，便难以吸引更多的参与者。如果不能在眼前的现实中识别到事物潜在的本质，那决策与行动的方向便难以确定。如果不能依据情境及时营造合适的场景或氛围，对话双方便难以实现主观上的共鸣，理性与感性也就难以共享。如果对事件或故事的叙述不够有力，传递的意义和价值便难以说服或鼓舞他人。如果政治力量使用不得当，那么再好的构想也只能是空谈，进而容易使其失去实现价值的机会。最后，如果不在组织内广泛传播"实践智慧"，那么不仅会使组织面对问题时手足无措，从长远上看，也会阻碍新一代人才的培养和成长，进而影响组织的持续发展。

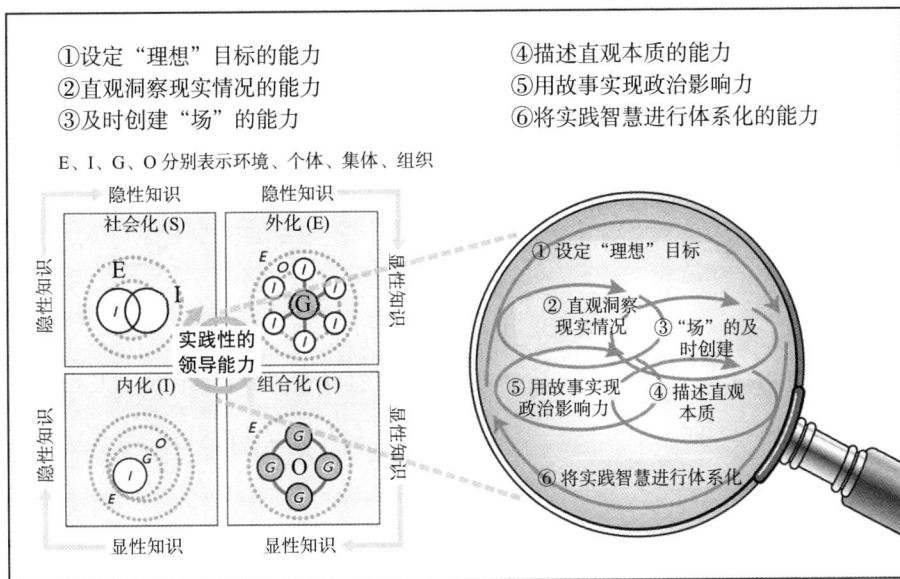

图 12-1　拥有"实践智慧"的领导者具备的六种能力

1. 设定"理想"目标的能力

拥有"实践智慧"的领导者不仅具有出色的道德判断力，能够明确知晓"什么是对的"，还能在各种情境中根据判断进行有意义的行动。虽然追求股东利益最大化和创造经济效益可以被看作"好"的目的，但是拥有"实践智慧"的领导者往往拥有更广阔的视角。他们不仅仅局限于短期的利益，更致力于追求更高层次的伦理和道德理念。他们视自己的工作为"天命"（calling），并且怀抱着感恩之心，全身心地投入其中。

企业的核心理念是明确地向外界公开声明它们的"存在目的"。例如，本田汽车秉承"购买之喜悦，销售之喜悦，创造之喜悦"的理念，威可楷（YKK）公司推崇"善之循环"理念，迅销公司倡导"改变服装，改变常识，改变世界"理念，而丰田汽车坚持"制造更多的高品质汽车"理念。这些理念都展现了这些企业各自独特的目标与价值观。值得一提的是，与美国企业相比，日本企业在其理念中很少提到"股东利益"这一概念。这些公司更倾向于使用"为世界带来福祉，服务于人类"等表达方式来阐述它们的使命与理念。

例如，迅销公司的董事长兼总裁柳井正指出："一个真正的优秀公司，不应该只追求经济利益，应该具备深远的使命感。"他补充说："公司的根本目标应该是提升人们的生活质量和幸福指数。""如果一个公司目光短浅地只追求金钱的利益而忽略客户真正的幸福，那么，这种态度最终是会反映到这个公司的产品或服务上的；而客户对此是非常敏感，绝对不会轻易容忍的。"[3]柳井正进一步表示，当一个公司真正确立了以实现社会共同福祉为目标的使命，并且能够通过其产品或服务实现这一愿景时，不仅是客户和供应商，社会的各方利益相关者也都会对这一使命产生共鸣。

诺贝尔经济学奖得主埃德蒙德·菲尔普斯曾经强调："现代经济的兴盛并不是孤立发生的，它与亚里士多德所描述的'美好生活'理念有着深厚的联系。亚里士多德的'美好生活'理念不仅鼓励人们通过与世界进行有意义的交互来增长自身的智慧，而且激励人们在遇到不确定的环境时积极展现自己的创造力和求知欲。

由于这一过程不仅有助于人们智慧的增长，还会助力人们在道德层面上的进步。因此，我们可以认为，现代经济的存在其实是为了支持和实现这种'美好生活'理念的。"[4]

　　总的来说，在知识创造型的管理模式中，我们需要注重培养在各级组织中的"拥有实践智慧的领导者"。通过深度挖掘与知识社会生态系统相关的人员的潜能，为实现社会"共同福祉"的目标做出积极贡献。

2. 直观洞察现实情况的能力

　　拥有实践智慧的领导者在做出决策之前，是能够迅速地在变动不居的环境中洞悉事物真实本质的。他们不仅会为未来设定明确的目标，还能为实现这一目标制订具体的行动计划。这些领导者凭借他们的实践经验和深思熟虑，能够准确地洞察事物的真实面貌，并直观地理解人、事和事件的真正含义。可以说，这种"本质直观"的能力是他们必不可少的知识创造能力。关于这一点，在第 10 章中我们已经有了详细的阐述。

　　如果想要深入了解事物的真实本质，那就需要从具体的细节中找出普遍的真理，需要对每一个细节都给予特别的关注和重视。迅销公司就非常重视这一点，它的企业文化是："在真实场景中，带着实物商品，与真实存在的顾客真诚地开展业务，直到商品售出为止。"从这样的企业文化中，可以看出迅销公司要求员工通过实地考察，亲自参与到与客户交往的每一个细节中，确认最真实的情况。这也突出了迅销公司的价值观：只有亲身参与到实际情况中，很多复杂的问题才能变得明朗。也只有不断积累这样的实践经验，员工们在面对一些乍一看难以理解的数据时，才能迅速做出"这种情况可能是由这些原因造成"的直观判断，从而为解决实际问题提供有力的参考[5]。

　　另外，柳井正还时常强调："不论做任何事，都要全力以赴。"他指出："如果不能确保 100% 的精准度，不去关注细微之处，或是偏离基本准则的话，我们就会很难成功地进入下一个层次。真正的成功，是每天坚持做好最基本的事。"[6]他还补充道："创意不是突然间闪现的。要触及那个高度，我们需要多角度思考，与各种人深入交流。另外，我们要勇于实践各种策略，并在此过程中深入反思。那些我们称赞为直觉敏锐、创造力丰富的人就是这样做的。"[7]因此，要想从具体的案例中提炼出普遍性，关键在于应该让主观的直觉与客观的知识持续地进行相互作用与融合。

为了真正掌握事物的本质，商业领袖们通常需要遵循以下三个行动方针。

第一，必须对问题或状况的根源进行深入且彻底的审视。以丰田公司为例，当遇到某个问题时，他们常常会连续提出五次"为什么"。这样做是为了深入地了解问题，进而找到根本原因。

第二，领导者需要具备"既看到树，又观察到整个森林"的视角。如7&I控股集团的前会长铃木敏文所言："打个比方，仅盯住单棵树而忽略整片森林是不明智的做法。很多人误认为'单品管理'只是针对某一特定商品进行管理，但实际上，我们应该在整体店铺运营的大框架下，给每件商品一个恰当的定位。"[8]虽然灵感或许确实隐藏于细节之中，但是作为一个卓越的领导者，也必须具备全局思考的能力。

第三，需要重视建立假设并且进行验证。如第9章所述，7-Eleven便利店的员工，无论是全职的还是临时兼职的，都有权决定他们负责的商品订购数量。由于每家店的客户群、周围环境和高流量时段各不相同，简单地按照公司总部的操作手册来进行订货是不恰当的。加之，商品的销量会随着季节和特殊时期的变化而有所不同，因此店铺不应每天机械式地大量订购相同的商品。在这种背景下，7-Eleven便利店的员工被鼓励与顾客或其他关联人员互动，并且基于对话来预测顾客可能购买的商品。为了做出这种预测，他们还需要考虑店铺所处地区的客户的需求、周边地区的活动、学校活动、天气和电力等因素。有了这些全方位的信息，他们不仅能够制定出合理的订货假设，还能将实际的销售数据与预期的销售额进行对比，验证假设的准确性。

3. 及时创建"场"的能力

拥有实践智慧的领导者，始终专注于为人们创造持续对话和共同学习的机会。

他们努力构建一个面向众人、培养主体间性的"场"。在日语中，"场"意味着一个充满活力的交互情境。这是一个可以建立关系和持续互动的环境。在这个"场"中的人们，既可以分享信息，又可以在特定的"此时·此地"背景下建立联系，从而创造出新的意义。

虽然我们之前介绍过了本田公司的"讨论会"和京瓷的"聚会"案例，但是事实上，在商业实践中，很多企业都在通过各种各样的方式来构建这种充满活力和互动的"场"。具体来说，这些方式主要包括：特别任务小组、项目会议、培训计划、专题研讨会、非正式兴趣小组、大型会议、公司主办的运动会、员工旅行、家庭日活动、吸烟室、员工餐厅、虚拟会议、公司内部的社交媒体平台和博客等。值得一提的是，这些充满活力的"场"，不仅可以由组织高层以自上而下的方式发起和推动，也能由基层员工以自下而上的方式发起和扩大。

公司的领导者必须具备根据组织的情况，启动这些充满活力的"场"的能力。

2014 年，松下公司成功复兴了曾经备受热爱但是最终停产的高端音响品牌"Technics"。完成这一壮举的功臣是小川理子。她不仅是一位专业的爵士乐钢琴家，还是松下公司唯一的一位女性高级执行官[9]。

由于新生的"Technics"项目从一开始就强调"重视感性的价值"，而不是用数字衡量的"功能价值"，因此，项目特别选定了具有专业音乐家背景的小川理子作为领导者。为了找到一个让团队所有成员都公认的"好声音"，团队里的所有成员都必须进行深入的交流，提高主体间性。此外，小川理子对于"Technics"项目所追求的"好声音"概念，也是有着非常明确的定义的。她认为"好声音"是"能够让人在听到的瞬间，就感受到其中蕴含的能量与生命力的声音；并且也是无论听多久，都能让人感到舒适和愉悦的声音"。为了实现这一目标，她与技术团队的成员共同聆听了多个他们创造的音频样本，在一个被专门命名为"声音社群"的评审环境里，开展了一系列开放又坦率的讨论和对话，包括"这个声音是好的""这个声音是不理想的"以及"这里应该如何进行改进"等各种各样的议题。经过一系列激烈又富有智慧性的思想碰撞，她最终得出"这一种声音是具有商品化潜力"的"声音决策"。

　　在这个多样化的技术团队中，虽然每个成员对于"声音"都有着各自独特的主观看法，但是在他们身临其境地聆听了声音，并且在"此时·此地"的特定场景下实现信息的共享后，他们开始在表达自我观点的同时，通过对话交流的方式接受团队其他成员的主观观点。这一复杂但富有成效的互动过程，催生了一个更高层次的"我们对于好声音的共同主观观点"的认知，也就是确立集体的主体间性。正因如此，技术团队的成员得以持续优化和磨炼他们为了呈现"好声音"而使用的各种技术，最终实现全新维度音响设备的开发。

　　在被普遍誉为"数字时代"的当今时代，松下公司选择了"重视感性价值"这一充满智慧的理念，作为其核心竞争优势。这不仅是 21 世纪"模拟与数字协同创新"的典型实践范例，更是"Technics"品牌成功复兴的关键。在这一创新性成就的背后，存在着一个旨在增强团队成员间互动的"场"。这也进一步突显了"场"与"主体间性"的重要性，表明了它们在充分发挥组织潜力上起到的至关重要的作用。

　　例如，在设计"HondaJet"的过程中，藤野道格就采纳了一个创新性的"讨论会"方式。从这一实践方式可以看出，"场"在培养团队成员间的主体间性的过程中显得尤为重要。如果缺乏这种全员参与式的"场"的互动，那么将很难催生出真正富有创造力的知识或观点。迅销公司的柳井正也分享了类似的看法。他强调，作为领导者，最重要的任务就是"以 100% 的诚意和真心，与团队成员进行面对面的交流"。

4. 描述直观本质的能力

　　拥有实践智慧的领导者必须致力于提供既简洁明了又能打动人心的沟通方式。有些事物的本质是难以用简单的言语来描述的，因此领导者应当巧妙地利用故事和修辞手法来传达信息和见解。当这种沟通方式得到成功的实施时，即便是那些在日常对话中缺乏共同背景或基本经验的人，也能够轻松领会领导者想要表达的意思。这也进一步证明了，精心挑选的表达方式确实具有深深打动人心的力量。

为了有效运用隐喻和故事来传达信息和见解，领导者通常需要具备深入洞察事物与事物、人与人，以及过去与现在、现在与未来关系的能力。想培养这样的能力，就需要广泛阅读各种类型的小说、欣赏各种类型的电影和戏剧，例如言情类、讽刺类、喜剧类和悲剧类。被誉为隐喻大师的本田宗一郎，曾这样描述："企业好比一艘船。船上搭载着宝贵的人力资源，既有驾驶船的人，又有划桨的人。当船在大海中顺风顺水地前进，船上的人们都团结一心、朝着同一个方向努力时，我认为，这样的旅程是最令人愉悦的。"[10]

在第 11 章中，我们详细介绍了富士胶片公司的古森重隆和 POLA 公司的末延则子这样的拥有实践智慧的领导者。他们不仅在业界表现出色，在用故事塑造未来和推动行业变革上，也展现了非凡的才华。

5. 用故事实现政治影响力

拥有实践智慧的领导者，在阐述某个事物的核心本质后，还需要采取进一步的行动：团结团队中的每一个成员，激励大家共同行动，引导他们向目标迈进。同时，他也要整合团队内的知识和实践经验，打造一个高度统一的团队，实现共同的目标和愿景。

为了调动人才，领导者需要根据实际情境灵活地采用各种策略。为了创新并创造出有价值的成果，领导者有时也需要展现出机智或坚韧的个性。

此外，拥有实践智慧的领导者不仅要深入探索人心理层面上的矛盾和对立，比如善与恶、礼貌与无礼、乐观与悲观、勤奋与懒惰等，更要有能力根据实际情境将这些看似相互冲突的因素和谐地整合在一起。因此，当这些领导者遇到问题或困境时，他们通常不是单纯地采用"非此即彼"的二元思维，而是倾向于使用"双向动态"的思考方式，即"二者兼容"。这种方式能够使他们跳脱传统的框架，探索更高层次和多维度的解决策略。也只有通过这样全面而灵活的思考方式，他们才能在实现目标的同时，做出最符合当前实际情况的决策。

这个世界并不是通过某些特定的法则或者"基本原则"就能轻松解读的，也不是所有事物都可以完全通过"显性知识"来阐释清楚的。所以，仅仅依赖显性知识来预测未来是很难实现的。更为关键的是，我们还需要深入共情、敏感地应对不断变化的环境。同时，我们也要明确认识到，思考方式和观念的进化是一个永远不会停止的过程。根据这种观点，我们应该整合各种类型的知识和思考方法，及时打造一个有利于"SECI 模型"（隐性与显性知识持续交互）螺旋式循环上升发展的环境。

即使人工智能具备了强大的"记忆力""计算能力"和"分析能力"等显性知识的处理能力，它也仍然难以具备只有人类独有的，基于"伦理感""审美观"和"责任心"的实践智慧。

通过以上的论述，我们可以发现与美国的"分析主义管理"相比，日本传统的"自主分散式管理"方式，也被称作"共享相同价值观"的"社群型管理"（communitarian management）方式，是更为出色的。这是因为这种管理方式基于感觉和感性所得的"隐性知识"，能够及时适应不断变化的环境[11]。当然，美国的分析主义管理方式也有其独特之处值得我们学习。表面上看，这两种管理方式在快速变化的社会背景下似乎难以共存。但在未来，企业根据实际情况，动态地采用这两种管理方式并且在二者之间找到平衡，才是成功的关键。总的来说，采用"二者兼容"的"双向动态"管理方式，能够让我们在不同的情境中将这两种管理风格的优势最大化，进而取得成功。

6. 将实践智慧进行体系化的能力

实践智慧不应该仅仅被认为是首席执行官、高层管理者或被称为"领导者"的独特能力。事实上，组织中的每一位员工都应当通过培训和实际操作获得这种能力。只有当这种"智慧"深入到组织的每个部分时，我们才能真正提高整个组织的总体实力。因此，培养组织中每一个成员的这种实践智慧能力，毫无疑问是每一位领导者都应当承担的关键责任。特别是对于高层管理者来说，如何有效地培养继任者或"未来的领导者"是一个至关重要的管理命题。

当企业的各个管理层级都充分培养和运用实践智慧时，整个企业会以高度的韧性和创造力应对各种挑战。在众多应对问题的策略中，"Scrum"方法近年在软件开发领域受到广泛欢迎。与传统的阶段性（如产品的开发、设计等阶段）管理模式不同，"Scrum"方法是一种团队合作的工作方式，它覆盖了产品的初步构思、设计、生产制造以及销售策略的制定。由于这一方法体现了团队成员之间的紧密互动，很像橄榄球比赛中的"Scrum"（并列争球）配置，因此得名"Scrum"方法。值得指出的是，"Scrum"方法最初是作为一种隐喻来描述制造业的产品开发流程的。如今，它在软件开发领域已经演变成了一个具有明确性质的独特方法，获得广泛的应用。这种方法的理论基础，正是源自知识创造理论。[12]

　　另一个将实践智慧进行体系化的例子是京瓷的"阿米巴管理"模式。京瓷公司采用这种前沿管理模式，目的在于跨越公司的各个层级和部门，培养员工的实践智慧能力。每个"阿米巴"团队由大约 10 名员工构成，它们都是自主且独立的团队单元，同时也是一个完整的商业运作体。这些团队都设有明确的业绩评估标准，比如"每小时附加价值的生产率"。与其他依靠金钱来评价和激励成果的团队不同，"阿米巴"团队的成果是需要得到社会的认同和称赞的。这激励了每个"阿米巴"团队积极地制定长期的战略目标。如果实际成果与预定目标存在差异，"阿米巴"团队内部的管理人员就会与团队的成员进行深入的交流，共同探讨问题的根源。例如，在制造部门的"阿米巴"团队中，相较于依靠标准成本法来降低成本，他们更倾向于通过"团队的自身创新来提高产品的附加价值"。与那些主要目标是股本回报率（ROE）最大化的股东价值评估方式不同，"阿米巴管理"模式更像一个人才培训体系，专门解决那些超出传统经验或指导手册未能覆盖的复杂且非常规的问题。

　　稻盛和夫名誉会长曾这样说："'阿米巴管理'模式不仅仅是一种工作分配机制，更是一个全面的管理体系，目的在于培养员工拥有管理者的思维。这意味着不是简单地将任务分派给员工，而是要求高层领导者传递他们所了解的管理哲学和方法。每个'阿米巴'团队的领导者都必须深入地理解并且真正实践这些原则，以指导团队的日常工作。（中略）在大多数情况下，仅仅依靠一个高层领导者来保持一个大型组织的活跃和活力是远远不够的。只有当每个'阿米巴'团队都充满活力地高效运作时，整个组织才能真正实现优化。我作为管理者，始终追求的就是这一目标。"[13]

"阿米巴管理"模式与京瓷的核心理念——"追求员工物质与精神的全面幸福的同时，也努力为人类文明和社会进步做出贡献"——高度契合。因此，我们可以看出，稻盛和夫这样的领导者是拥有卓越的领导魅力的。当然，书中描述的其他顶尖领导者也同样具备这种魅力。他们不仅在各个方面展示出个人的出色领导能力，还与员工深度沟通，建立共鸣，在组织的各个层面推动开放和深入的对话。他们展现的思维与行动也并不停留在表面的形式上，而是一场场充满了挑战与激情的"智慧对决"。他们每个人都掌握着一种能够打破个人局限的系统化领导方式。

在仔细分析各种组织的领导者的共通能力后，我们已经可以成功地将这些能力精简至六项主要的能力。前五项是作为领导者本人应该具备的基本素养，而第六项的"将实践智慧进行体系化的能力"，是整个组织成员应该普遍具备的高级能力。这意味着，领导者所拥有的实践智慧不仅应该被珍视与传承，而且应该在整个组织内部得到广泛的传播，以此让每一名组织成员都成为实践智慧的推动者，从而实现更为自主、分散以及充满集体智慧的组织管理。可以说，隐性知识、显性知识和实践智慧这三者，不仅需要领导者自身对其进行有机整合，形成一种模式，而且这种模式应该在组织内部被广泛和深入地应用与渗透，构成一个理想的、高度分散的又具有自我调整能力的组织体系。

这样的组织体系，一般都拥有"智慧"和"德行"两大特质。其中，"德行"主要强调道德的标准和行为原则。然而，在某些特定环境中，类似于"什么是具有智慧的""什么是具备德行的"这样对于"智慧"和"德行"的定义和理解可能会有所不同。因此，这就要求组织成员在实际操作中持续思考和做出决策。在这些复杂多变的特定环境下，SECI 模型的"内化"阶段就显得尤为重要。它注重通过实践与反思的结合，实现"在行动中的深入思考"。这个过程采用了我们经常提及的"溯因推理"方式：首先，确定组织的宏观目标；其次，在具体的情境中明确小目标和细节；最后确定并执行行动方案。值得注意的是，在这一过程中，宏观目标与小目标是相互依赖、相辅相成的。总的来说，无论在哪个推理或者决策的阶段，"智慧"这个概念都是不可或缺、贯穿始终的。

在实践智慧中，利用个人价值观解读过去到现在的历史，并且以此构想未来的"故事"是非常关键的，因为现实的范围不仅仅局限于当下，还包括了过去的记忆以及未来的未知因素。因此，现象学描述的"过去保持"和"未来预设"这两个概念，也表明了人们在时间和空间中往往会无意地储存过去的记忆，并在当下通过预测未来对现在的瞬间赋予意义。

虽然过去具有连续性，但它也带有非连续性的特点。通过深入挖掘这些通常被忽视的记忆，我们就有机会实现知识的创新。

泡沫经济破灭后，大多数的日本企业长期以来过分追求利益至上，忽视工作过程的重要性，缺乏拥有实践智慧的领导者，这导致了如今的日本企业缺乏活力和士气。因此，只有那些注重将人放在核心位置、以人为本、关注工作过程的企业才更有可能在未来的时代中承担领导的角色。

人工智能与人类的共创

现代的许多领导者都需要直面一个关键问题，那就是人工智能。微软的首席执行官萨提亚·纳德拉曾提出这样一个问题："人工智能研究者是选择让人工智能'替代'人类，还是选择用人工智能的能力'增强'人的能力？"微软正从"思考人类的真正幸福是什么，并以此为核心设计'以人为核心'的产品"的哲学角度出发，探索如何与人工智能和谐共生。

作为人类的我们也会认为："人工智能的角色是增强人类的能力。未来，人类将与人工智能携手共创世界。"例如，IBM（国际商业机器公司）的"沃森大厨"是一个人工智能厨房助手，它可以利用深度学习技术给出新的菜单建议。但在实际的烹饪过程中，它不能动态地调整烹饪时机的先后，也不能调整食材、调味品的用量。因此，实际的烹饪现场仍然需要人来做出最后的判断。[14]

例如，日本顶尖的将棋棋手——羽生善治，描述过他与将棋软件对战时的感受："虽然将棋软件的每一步棋都打得非常好，但是我感到它似乎缺少一种连续、流畅的感觉。"与人类不同，人工智能对"时间"并没有感知。因此，它无法在时间的推移中确保每一步的连贯性，从而将每一步棋都逐渐串联起来。也就是说，人工智能只是对每一步棋进行评估与计算，它无法真正体会棋步间的连贯之美。人工智能是没有"美学意识"的。[15]

在"人工智能是否能够替代人类工作"的问题上，牛津大学的迈克尔·奥斯本做了详尽的研究。他明确表示："期望人工智能除了具有创造力，还能够拥有交涉能力、领导力和其他社交智能，是不太现实的。因为创造力大部分是基于人类的直觉和经验，而社交智能则需要对社会和文化背景有深入且复杂的了解。计算机语言是很难将这些要素表述清楚的。"[16]

对于奥斯本的研究，有人认为他"低估了人类的潜能"[17]。因为即使是从事那些我们通常视为单调、枯燥或低技能水平工作的人们，也经常会在工作中不自觉地运用他们的"观察力""理解力""沟通技巧"以及"对他人的关心、同情"和"感知能力"。这意味着，那些在我们日常生活中自然流露出的、与情感和共情相关的能力，仍然尚未被科学完全探明。因此，在目前的阶段，人工智能仍然不能完全替代人类。

在考虑人与人工智能的关系时，我们需要明确如何看待人工智能。首先，人工智能并不是生命体，只是一台机器。人工智能的深度学习只是"机器学习"中的一种方法。尽管机器具有某种特性，我们可能认为它有"个性"，但是我们很难真正感知到它的"人性"，因为它并非生命体。数理神经科学的先驱甘利俊一说过："我们的人生只有一次，谁都无法替代。每个人都会经历出生、成长再到去世。人们在这短暂的生命中，既有欢乐又有忧伤。（中略）即便机器人能够展现欢乐与悲伤，这并不代表它真的体验到了这些情感。（中略）这其实是一个关于'质感'（或称为深层次的感受）的问题，只有通过长时间的经验累积，人类才能体验到这种'质感'。而机器人并不会像我们那样，珍视从人生旅途中获得的经验，所以它们的经验并不需要转化成类似'质感'的情感。"[18]

人工智能因为不具备生命属性，所以无法编织出能够触动人心的故事。同样，由于人工智能不是生命体，所以它做的判断都仅仅是基于对输入数据的计算与分析。而"智慧"的高度往往是单纯的数据分析难以企及的。它是人们多年生活经验的结晶，指引着人们更好地生活。在目前的技术阶段，人工智能是不能真正创造出这样的"智慧"的。因此，人工智能只能被视为人类的一种辅助工具。

在人工智能和物联网（IoT）备受瞩目的时代，人类的道德伦理、责任感、审美意识、毅力和韧性等特点恰恰成为企业生存和发展的关键。尽管人工智能已经成了我们大规模运用的工具，但真正能够设定目标、迅速适应各种环境，并且创造新的意义和故事的主体依然是我们人类。另外，那些秉持着"为了世界，为了人类"的信念，在实际中不断创造新价值的领导者，他们既有远大的理想，又注重实际行动，可以说是非常重要的存在。我们称这种持续奋斗的、具有坚韧性和"德智体兼备"的领导者为拥有实践智慧的领导者。

冷静的头脑和温暖的心灵是我们在面对"理想与现实""人文与科学""变与不变"以及"感情与理性"这些对立面时寻求动态平衡的关键。这种"不仅仅是追求利润"的高远目标、在实际生活中努力创造价值的态度，不仅体现了日式管理的独特魅力，更是在与人工智能并肩创新的时代中重新评估和创造价值的核心。

人类具备的卓越能力

拥有身体和心灵的人类，与没有身体和心灵却模仿人类大脑功能的人工智能之间，到底存在着什么样的差异呢？信息学家西垣通作了以下的论述：

"'大脑'以客观的方式，从外部分析和理解事物；'心灵'则从内部以主观的角度进行感知和解读。我们的主观世界是由一系列的图像构成的，其中包括了被称为'质感'的体验。若不从内部观察'我'（个体）的'心灵'，我们每个人便无法真正理解'质感'的本质。由于'心灵'与'大脑'的呈现方式取决于观察的方法和视角，所以单纯地依赖'大脑'的机械分析是难以捕捉'心灵'的复杂性的。因此，如果人工智能希望模仿人类的'心灵'，那就不仅要深入研究'大脑'，还要对'心灵'给予同等的重视。"[19]

一般来说，人们普遍认为"心灵"独立于身体和环境，存在于人类大脑的内部。然而，前文中提及的"具身心智"，其实描述的是当我们与自己的身体、行为和周边环境发生直接互动时所产生的一种特殊现象。基于这种理解，我们可以认为"心灵"不是一个单纯的、局限于大脑内部的存在，而是一个在身体和环境的互动过程中被真正塑造出来的存在。

没有生理"身体"的人工智能，在面对山上的岩石时，也难以将其视为"可供坐下休息之物"或"椅子"。但是人类能够做到这样的认知转换，这背后的关键在于我们拥有"身体"。基于我们对自己身体的结构和需求的了解，结合对岩石表面的触感以及"寻找坐下的地方"的意识，我们可以灵活地根据具体的情境，为岩石赋予"椅子"的意义，并据此构建一个"解释情境"的"故事"。与此相对，人工智能的局限性在于，它无法"主动地赋予或创造事物的意义"[20]。

因此，拥有"心灵"的人类，在与他人和环境互动时，会基于特定的时间、场合和目的来选择关注的事物。在这个交互过程中，人们会根据身体带来的感觉，主观地赋予事物不同的意义。无论是否意识到，我们都会像运用一个"心理滤镜"一般，筛选出对自己重要的信息，并据此做出恰当的反应。在这个过程中，身体不仅在与外界和他人的互动中发挥关键作用，而且在构建社交关系时也是不可或缺的。与此相对，没有身体的人工智能缺乏感性的价值判断，因此不能自行确定目标和意义。我们人类可以通过与环境的身体性互动，建立人与环境的联系，进而让"世界"在我们的面前逐步呈现，为我们提供了发现"自我"的机会。

此外，第二人称视角下的主体间性也只有人类才有能力去构建。

先前提到的微软首席执行官萨提亚·纳德拉也曾指出："想让人工智能拥有与人一样的共情能力是非常困难的。因此，在人工智能与人类并存的社会里，共情能力变得尤为珍贵。"他接着补充道："在一个广泛应用人工智能的社会中，真正稀缺的是那些能够与他人产生共情的人。"只有那些能够真心与他人共鸣，并且具备生理"身体"的人，才能在第二人称的视角下建立真正的主体间性。

此外，人类的语言知识，特别是对语法的判断能力，与人工智能所依赖的"概率统计"是完全不同的。人们通过身体感知与他人和环境建立联系，进而认识到"自己是谁"。当婴儿学习母语时，他们会沿着特定的路径——通过各种感官如视觉、听觉、触觉和身体动作获取经验，并使用"溯因推理"的方式——来进行总结和概括。这个过程不仅是一个"模仿外部世界"的过程，还是一种"选择性地从外部汲取，然后整合到自己的认知结构中，并进行自我分析和重塑"的过程 [21]。因此，人类学习语言的过程是一种与身体感知密切相关的连续过程。人们会从上下文中猜测词语的意义，并在实际交流中使用它。一旦发现有误，便会及时调整与修正。

人类学习的过程是一种充满生命力的、与身体相关联的知识创造过程。在这一过程中，丰富多彩的经验会逐渐累积下来，并且通过不断的尝试和失败来磨炼人们的直觉，以帮助人们应对不断变化的环境。与此相对，"以学习为导向的人工智能"在学习的时候，主要依赖于过去的经验或数据统计。因此，当人工智能面临不断变化的新情境时，往往也就难以真正地灵活应对。

人类能够根据过去的经验和知识，在各种情境中灵活地整合多种概念，做出精确的判断。相比之下，人工智能在缺乏数据支持的时候，其学习能力会受到限制。日本著名的将棋棋手羽生善治说过："在竞技的世界这样充满不确定性的环境中，我们通常很难预测哪种方法最为有效。这时，我们多年来积累的经验就变得尤为重要。真正的关键不只是知道'哪些做法可能会成功'，更为关键的是，在积累了很多'哪些行动可能失败'的经验后，我们在关键的时刻能够做出最正确的选择。因此，即使是过去的失败和经验，我认为都是非常宝贵的。" [22] 因此，通过不断地反思与总结"哪些方法是不可行的"，我们就能更有针对性地创造和实践那些可能带来成功的方法。

在与学者茂木健一郎的对话中，羽生善治深入探讨了将棋艺术背后所蕴藏的美感。他认为，只有在高度竞争和充满紧张的比赛中，棋手才能真正感受到那种"无与伦比"的最佳走法带来的独特魅力和美感。这种美感不仅体现在决定性的步骤上，更在于如何将这一步与其他步骤巧妙地结合起来。对于羽生善治而言，亲身参与并全情投入这种激烈的竞技中，无疑是锻炼直觉和塑造个人审美的关键基石 [23]。

我们在前文中提到过，"本质直观"是人类独有的一种能力，它源于长时间的经验积累。这种能力并不只是简单的归纳或演绎，更是创新性思考的基础，也是一种"溯因推理"。以医生为例，他们在做诊断时，不仅会参考眼前的医疗数据，还会观察患者的面色、语气，甚至结合自身的过往医学经验。他们会通过多角度、全方位的分析，形成一种"全局"的诊断。相比之下，应用于医疗领域的人工智能，例如"Watson"，就只能给出相对准确的答案。因此，患者当然是更偏向于信任那些能够综合判断的医生。这是因为医生相对于人工智能来说，有着感知细节的能力。他们会根据病人的实际情况灵活地分析病情，在与病人的互动中构建诊断病情和解决问题的独特能力[24]。

在 HILLTOP 公司看到的"与科技的共存"

HILLTOP 公司是一家专门进行铝材切削加工的中小型制造商。自 2010 年开始招聘新员工，到 2019 年的 9 年间，公司业绩实现了显著的增长：员工数量从最初的 60 人增加到 151 人，增幅约为 1.5 倍；年销售额从不足 5 亿日元涨到了约 23.5 亿日元，提升了近 4 倍；合作的公司数也从大概 400 家增加到了约 3500 家，增长了大约 8 倍。HILLTOP 公司与多家著名的组织和公司有着业务往来，包括迪士尼公司、美国航空航天局（NASA）和全球最大的半导体制造设备供应商——"应用材料公司"（Applied Materials）。HILLTOP 公司还曾骄傲地表示，公司的利润率高达 20% ~ 25%（而同行业的平均利润率通常仅为 3% ~ 8%）。

最初，HILLTOP 公司只是一家专门从汽车厂商接单的小型工厂。经过多次的尝试与调整后，它成功地将其业务方向转型为"多品种、单品定制"的铝材加工制造。这家公司的全新形象，得益于管理团队的出色领导，特别是由副总裁山本昌作提出的管理策略。他坚信："我们公司的稳健增长归功于我们的人才资源。"随着时间的推移，原本每天生产大量同种产品的小型工厂，逐步演变成了一个"24 小时全自动、无人值守"的现代化工厂。这一转型不仅提高了生产效率，还显著地优化了员工的工作环境，使得现在的员工无须在油腻的环境中劳作[25]。

　　HILLTOP 公司在 1961 年成立初期，高达 80% 的订单都来自汽车制造商的下游供应商，公司主要负责大规模生产各类零部件。然而，公司的管理层渐渐"对重复性的工作失去了兴趣"，他们有着一套独特的管理哲学："不希望将枯燥的任务强加于员工"并"期望工作更为人性化、更有策略性"。因此，尽管要面对可能失去 80% 订单的风险，公司依然选择了转型：追求"多品种、单品定制"的生产方式。不过很快，公司管理层意识到即便是多品种生产，重复的订单仍然会让工作效率低下、内容枯燥。于是，他们决定将常规的切削加工操作进行自动化升级，并将人力资源大量地投入编程和技术的优化中。为了实现这个目标，公司与内部工匠进行了深入的沟通，详细地了解了每一步的操作流程，并对这些流程进行标准化和数据化。最终，HILLTOP 公司成功地开发了一套由计算机控制的加工机操控系统。

　　传统的工匠通常是以"观察我的做法来学习"的严格方式，来指导徒弟和下属的，而且他们也不太愿意公开分享他们的技术。对此，副总裁山本昌作（一个对物理和数学非常感兴趣的人）便采取了另一种方法。他组织讨论会，鼓励每个工匠用他们自己的话来描述他们的个人技巧和技术，比如机器的转速、进给速度和切割次数等。通过这些讨论，山本敏锐地捕捉到了这些看似分散的数据背后的共同技术原理。他使用数学模型（如二次和三次函数），将这些技术原理进行整合，收录到数据库中。借助这种方法，山本昌作不仅将自己的解决思路付诸实践，而且还促使所有人达成了共识。1991 年，HILLTOP 系统正式上线。

　　当程序员们收到新的订单任务时，他们需要编写相应的代码，并将这些代码储存到数据库中。如果公司再次接到相似或重复的订单，他们就可以直接从数据库中直接调取之前存储的代码了。这一工作模式大大地提高了工作的效率，不仅确保了程序员们可以持续地面对新的项目和挑战，还促进了他们技能的持续成长。HILLTOP 公司将这一精心设计的高效工作流程称为"知识工作的良性循环"。

　　2008 年经济大萧条导致订单量急剧下滑之后，HILLTOP 公司开始思考如何成为"首选企业"。为此，他们致力于提高管理效率，特别是增强编程工作的生产力。公司还设定了"将编程产出提高至三倍"的目标，全心全意地追求编程效率的最大化。在传统的编程流程中，编写程序需要涉及多达 800 个项目的众多参数（用于决定动作的数值）。而 HILLTOP 公司成功地将这些参数依照通用模式进行整合，使参数最终减少到只剩下 25 个项目。这一突破性的变革极大地提升了编程的效率，实现了数据的压缩。

　　凭借这种方法，原本需要 100% 的时间编写程序的员工，现在只用 50% 的时间就能完成同样的工作。在工作之余，员工可以接受新的工作挑战，而这些新的经验也可以有效地融入他们的主要工作中，为"知识工作的良性循环"注入活力。HILLTOP 系统让程序员在更短的时间内完成白天的编程工作，而机械设备则能在白天和夜晚都实现无人值守的自动运行。这使得公司能在极短的时间内完成订单的交付。具体来说，从接收订单到完成交货，最短只需五天的时间，这几乎是通常所需时间的一半。

　　此外，HILLTOP 公司还积极实行"员工工作轮换"制度，让员工可以接受不同的工作挑战。这意味着，哪怕是超出员工原有部门范畴的工作，只要他们愿意，也都可以尝试。HILLTOP 公司认为，"让每位员工从多个角度参与不同的工作有助于拓宽他们的视野。这不仅能提高员工的工作热情，也是'知识工作的良性循环'的最好体现"[26]。HILLTOP 公司的制造部门有包括编程部门、机械操作部门、手工制作部门在内的 8 个部门。只要员工有意愿，他们都有机会在这些部门中工作并学习。尽管一开始作为初学者的员工在工匠那里学习手艺的进展可能比较缓慢，但是这样的经历会让员工从实践中汲取丰富的经验，为未来的挑战做好准备。此外，HILLTOP 公司也推出了"亲子关系"制度：每位新入职的员工都会有一位经验丰富的员工作为"家长"。这位经验丰富的"家长"会在每天下班前的 10 分钟，和新员工进行一对一的反思交流。新员工也可以在这 10 分钟的时间里自由地分享自己的想法和愿望。

　　HILLTOP 公司秉持着"不制造工匠""不做重复性工作"的原则，致力于将所有隐性知识转换为显性知识。为此，他们对工匠的手工技巧进行了数据化的处理，让机械实现自动化，让员工集中精力于编程工作。与此同时，通过优化和提高编程的效率，增加员工的休闲时间，进而鼓励他们迎接新的挑战。展望未来，他们还计划将程序员的技能进行数据化：利用人工智能技术实现自动编程，让员工更加聚焦于打造新型的商业模式。

"持续变革是我们最大的优势。" HILLTOP 公司的管理战略部部长山本勇辉这样说道。通过充分利用技术、模拟现实场景，HILLTOP 公司在适应不断变化的环境的同时，持续地创造面向未来的故事和愿景。通过以上的 HILLTOP 公司的管理模式，我们是不是学到了许多有价值的经验和知识呢？

利用"知识机动力"的管理模式，实现从二元对立到双向动态的转变

管理学实际上深受军事组织的影响。"战略"（strategy）这一单词，便由希腊语的"Strategos"（意指将军）演变而来。同样，"信息"（information）最初也是作为军事术语存在的。

通常，我们称"知识机动力"为"以共同的幸福和成功为导向，及时且恰当地创造、分享和完善知识的能力"。"知识机动力"不仅是管理者应当具备的能力，还是组织中每个成员都需要掌握的综合能力。这种能力不仅要求人们对市场、技术及其他外部情况有深入的洞察力，还需要对组织内部的动态有准确的把握。具备这种能力的成员，能够根据具体的情境，灵活地制定和执行战略，从而实现组织的长期愿景。

在组织管理中，我们常看到两种对立的策略（二元对立），如"自上而下的管理"（Top-Down Management）和"自下而上的管理"（Bottom-Up Management）。虽然人们会经常探讨"哪一种管理方式更为优越"，但是经验丰富的管理者都明白，这两种策略的采用需要依据实际的情境和目的。如果过度偏向"自上而下"的策略，可能会削弱现场一线人员的反应能力和竞争力；而如果偏重于"自下而上"的策略，则可能导致组织失去目标，陷入方向不明的迷茫境地。

通过对日本企业的实证研究，我们发现组织内部信息和知识流动的交汇点——中层管理者，起着举足轻重的作用。他们不仅能够将高层领导者的愿景准

确传达给一线员工，同时也能及时地将现场的实际情况反馈给高层领导者。基于这一观察，我们提出了一个名为"自中向上而下式的管理"（Middle-Up-Down Management）的理论概念，并进一步构建了其结构模型。这种"自中向上而下式的管理"模型在各种情境中都能够平衡个体与整体、一线员工与高层领导者的需求，使组织能够应对环境变化并持续成长。只不过，若要实践这一管理理念，组织就必须确保其成员拥有一定的行动自由度。因为只有在实际行动的基础上，组织才能创新并得到发展。

除了上述的例子，我们还可以看到"模拟与数字"这样二元对立的存在。近年来，在美国，乐器演奏、摄影和纸质书籍重新受到了人们的欣赏和青睐[27]。尽管数字技术在持续发展，但是仍然有一些特质是数字化体验无法复制的。因此，这些带有自然氛围和感性体验的要素正在重新被人们重视和评价。

在日本，为了响应与美国相似的趋势，摄影季刊 *IMA* 专门发布了一篇关于重拾传统摄影技术的专题。《产经新闻》的一篇文章在介绍这篇专题时提到，那些曾经濒临消失的胶片和拍立得相机的销售量，目前正逐渐呈现上升趋势。该杂志的编辑在接受采访时明确表示："在技术的选择上，我们不应该局限于'数字技术'与'模拟技术'的选择。追求表现力的真实性才更为重要。因此，结合传统摄影技术和最新数字技术的创作手法，在未来会变得日益普及。"

关于跳出"非此即彼"（either or）的二选一思维，转向同时考虑"二者兼容"（both and）的"双向动态"（dynamic duality）框架，我有以下四点看法。

（1）很多时候，两个看似相反的要素，实际上具有相互补充的性质，并且常常作为一个整体存在；

（2）这样的两个要素虽然互相对立地存在着，但是也作为一个连续的整体相互关联，因为在两个对立极点之间，存在着一个宽阔的中间区域；

（3）在这个中间区域内，两个对立要素可以相互作用，并以某种集合的形式呈现出分形的特点；

（4）这两个要素各有优缺点，具体如何选择取决于不同情境和目的。在实际应用中，我们应根据不同场景灵活调整它们的比重，并努力维持一种"动态平衡"，这对于达到预期目标至关重要。

为了达到动态平衡，我们不需要使两个要素相互对立。也就是说，不应该让两个看似相反的要素通过对抗的方式消除对方，因为这种做法属于"消极"的思维方式。我们应该采用"积极"的思维方式，更加注重修辞技巧。通过富有创意的对话和交流，让两个看似相反的要素适应不同的环境，发挥各自的优势。在这个过程中，我们需要借鉴亚里士多德的"智慧"和"中庸之道"的理念来做出决策和实践。通过从二元对立思维模式转向双向动态思维模式，我们可以在更高的层次上实现创新并形成新的"中庸"理念，这也是寻找和创造新的管理视角的核心。

现象学与管理学的共创

阿尔弗雷德·舒茨（1899—1959）曾经领导的现象社会学，也在日本催生了新的社会学领域，只是这一学派并未在社会学中占据主导地位[28]。在管理学领域，情况也大致如此。尽管科学管理学已经逐渐崭露头角，但是现象管理学仍然局限于某些特定的领域之中。这种局限可能一方面是因为胡塞尔、海德格尔和梅洛－庞蒂等哲学家提出的概念与方法论复杂且晦涩；另一方面，也有可能是因为现象学融合了人文与科学，特别是其"创新性哲学"方面，尚未得到深入的了解和广泛认同。

在本书的第 2 部分中，我们借助现象学的多种概念，如主体间性、意向性、"本质直观"等，对知识创造理论进行了重新阐述。不仅如此，我们还将知识创造理论解读为一种全新的"动态管理理论"。正如在第 1 章中所提到的，现象学是一门旨在直观地探寻事物本质的哲学，它不仅融合了人文，还包含了科学。这也使得组织性知识创造理论的内容变得更加丰富与深刻。下面，就让我们重新整理一下现象学与管理学共创的意义吧。

首先，知识创造理论与胡塞尔的现象学在基本层面上是有相同的关注点的。它们都关注到了人类的隐性知识中潜藏的能力。基于这一共同点，胡塞尔的现象学为知识创造理论中尚未被完全解释的无意识知识的运作机制，提供了更深入和详细的概念论述与观察。考虑到知识本质上是从个人的"主观经验"中产生的，因此，若是要深入探索知识是如何形成的这一问题，我们就必须关注"主观经验"的形成。作为一门以"人的经验"为考察对象的学科，胡塞尔的现象学为知识创造理论带来了极富启发性的概念和视角。

其次，在学术方法的层面上，胡塞尔的现象学与知识创造理论也具有很高的相互亲和性。

胡塞尔的现象学与一般的从个人视角出发的哲学和心理学有所不同，它更加关注"他人"和"环境"是如何影响"个体"或"自我"的。它在某种程度上从社会学的角度深入探讨了社会环境（即"他人的存在"）对个体的影响，从而让研究者深入理解主观与客观、自我与环境，以及"我们"与"我"之间的相互作用。此外，这一学科还深入研究了"什么是自我"和"他人是什么样的存在"等深刻的问题。因此，当我们在研究社会因素与个体的关系时，胡塞尔的现象学为组织性知识创造理论提供了高度匹配的视角。

另外，与线性逻辑分析型的战略论不同，知识创造理论中的"叙事"战略是以人类的主观为起点的。它是通过根据动态变化的情境来生成意义和价值的。与此同时，"叙事"战略在朝向未来的过程中，也在不断地创造、塑造着世界[29]。而现实不仅包含了现在，还包括了过去的记忆和未来的未知维度。或者说，这种流动的过程本身就是现实。正如之前所论述的，人们会无意识地在时间和空间轴上记住过去；同时，又会在现在的时刻意识到"来自未来"的事物。这与现象学中关于"过去保持"和"未来预设"的概念具有相似的思路。

综上所述，胡塞尔的现象学提供了一系列线索，用于解答在知识创造理论中不可避免的问题。这些问题包括：从个人经验中产生的、成为知识主体的"主观性"，是如何形成的？如何才能与他人共享经验？以及，隐性知识是通过什么样的过程产生的？

向着实现美好生活的社会前进

哲学家斯蒂芬·图尔敏（1922—2009）曾经发出一个警告：近年来，越来越受到重视的数学理论经济学虽然推动了金融资本主义，但是却忽略了现实与人性。这一现象让过于偏重理论的学术研究陷入了僵局。他还进一步论述：我们已经经历了第一阶段——"人文时代"，在这个阶段中，人们重视历史和传统，并且在特定的情境中，采取"合公道"（reasonable）的行动方式行事；然后，我们进入了第二阶段——"科学理性主义时代"，在这个阶段中，人们更加看重"理性"，认为"合理"（rational）即"理性"，不过，强调逻辑的严格性并且过度侧重理论，也导致了人们忽视了基于具体现实情况的理性思考，从而在现代社会引发了僵局。图尔敏进一步提出，未来，我们即将迈入第三阶段——这应该是一个"合理性"与"合公道"并存的时代。他坚信，唯有通过道德复兴和人文主义的复兴，才能打破现代社会的僵局。

因此，在理解了"世界从根本上是充满不确定性的"这一概念以后，我们就应该更加重视历史和经验。与此同时，我们不仅需要回归"智慧"的真正含义，还要持续地探讨知识活动的深层本质。根据实际的情境做出决策和行动，才是我们目前每个人都应当积极追求的事[30]。

拉链、扣子等连接性商品的全球知名品牌 YKK 的创始人——吉田忠雄，总是强调他自己提出的"森林管理"理论。这一概念的核心思想是"全员管理"[31]。具体来说，在"森林"中，既有年轮层层堆积的粗大树木，又有年轻、纤细的树木。有的树木高大，有的树木矮小。"森林管理"理论，就是让每个人根据自己的个性和所擅长的能力来发挥作用。在这个每个人都发挥作用的过程中，没有人是被支配的，大家都在一起前进。每个人都是劳动者，也都是管理者。吉田忠雄希望，无论公司规模如何扩大，创业者都不应该丧失这种充满活力的"森林"精神。他渴望公司能成为一个让每个人都可以自由发言的平台。

YKK 的"森林管理"理论主要有两个特点。一个特点是精神性的特征，即企业精神文化中有一个被组织成员共同拥有的核心价值观，叫作"善之循环"。这一循环可以让组织成员产生一种精神上的团结一体感。在一个自主分散型的组织结构中，始终具有"统一全体方向"的意识，是非常必要的。虽然"正确且真诚的信念"对于公司员工、客户和更为广泛的社会利益相关者来说是极为重要的，但是"善之循环"体现的是一种具有强大凝聚力的企业精神。对它的另一种解读是："不为他人的利益着想，就不会有自身的繁荣。"企业是社会的重要组成部分，它只有在和社会共存的基础上才能持续存在。同时，企业只有通过分享自身的利益才能得到社会的认可。这也是"善之循环"思想的核心思维方式。

另一个特点是结构性的特征，即员工、股东和管理层是以一种独特的方式相互融合的。到目前为止，经济学家和管理学者还在持续探讨"企业组织到底属于谁"的问题。另外，关于"股东中心"与"企业中心"的结构性对立的争论，目前尚未有一个明确的结论。而 YKK 的划时代业务模式正是这种二元对立的实际结合。根据"股票是参与业务的凭证"这一观点，YKK 构建了一个组织结构，其中员工、股东和管理层三者的关系都相当和谐。尽管大部分的讨论都是基于"非此即彼"的笛卡儿二元论的观念，YKK 的组织构架却采纳了"二者兼顾"的思维模式，目的在于让各个要素和谐地结合在一起。

与此同时，"森林管理"的本质在于第一个特征："善之循环"的内化。由于 YKK 的所有管理结构和公司举措都是为了促进"善之循环"，并且在此基础上实现更大的目标，所以组织内的每一个人都需要在自己内心的深处共享"善之循环"。正因为 YKK 的管理目标被全体成员共同拥有，才使得股东、员工和管理层在组织结构中能够和谐地共同运作。而"善之循环"和"森林管理"这样的理念，也并非一开始就已经构建完整。实际上，它们是在日常管理中逐渐诞生的。在针对品质、成本和海外市场的激烈竞争中，这些理念逐步形成并持续完善，最终成为 YKK 的实践管理哲学。

在不同的情境与人际关系中，如何构建一个更为理想的未来，成了我们战略性思维的中心。为此，我们可以通过多种手段结合集体的智慧和知识，持续地在广泛的社会环境中进行实践。这样，我们不仅能够为"生活方式"注入更深的价值，还可以为未来编织一个连贯的故事。当我们利用 SECI 螺旋模型和实践中积累的知识不断地追寻那个"理想"的未来时，追求过程中的"目标与手段"也就得到了进一步的丰富与拓展。

知识的生成是在各种关系中实现的。参与知识创新的每个人都是在相互的、主观的关系中不断地建立和调整这些联系的。因此，未来的企业仍需要将企业、政府、学校和公众（也称"产官学民"）融入知识创新的过程中去，跨越组织之间的障碍，以开放的精神来合作与创新。而作为个体的我们，在面临未知的情境时，也仍然可以通过积极地与世界互动、发挥创造力与好奇心，推动社会道德的进步。总之，一个社会只要能够构建出这样的知识生态系统，经济的繁荣自然会接踵而至。这种共创的实践也正是亚里士多德所描述的通往"美好生活"的路径。

如何在一个具有时空维度的"叙事"中定位自我，取决于个人经验的深度与思想的高度。重要的是，我们要有面对当前危机和矛盾的勇气，并且坚定为解决这些问题而不断地向未来发起挑战的决心。此刻的我们，必须不断追求更好的"生活方式"。

对　话

日本人的集体"本质直观"能力

野中郁次郎 × 山口一郎

讨论会、聚会：高层次的主体间性

山口

在本书的第 2 部分中，野中先生介绍了两个引人注目的企业实践——本田公司的"讨论会"和京瓷的"聚会"。这两者均可被看作高层次的主体间性行为。当成年人进行基于理性的对话时，每位参与者的独立性都是不可或缺的前提。

然而，当置身于这种环境中，对话的中心逐渐由"谁"转向了"什么"，尤其是那些需要大家共同分享和解决的核心问题。在这种情境下，人们关注的焦点不再是"谁在讲"，而是"正在讨论什么"。当每位参与者都被问题深深吸引，逐渐忘记了自己，与问题融为一体的时候，他们便进入了一种"无我"的高度聚焦状态。此时，个体与他人之间的界线似乎不再那么明显了。

组织性知识创造在"讨论会"和"聚会"等社交场合得以实现，其背后是成年人之间形成的"吾与汝的关系"。当显性知识，即"我与它的关系"，通过语言传达到极致时，难以用言辞描述的隐性知识就会以直观的形式展现。更加值得关注的是，当成年人之间形成"吾与汝的关系"时，他们似乎会在无意之中回到一个自我与他人还没有明确分界，即自我意识形成之前的"婴儿状态"。也就是说，婴儿时期的"吾与汝的关系"在这种情境下得到了重现。每一个参与这场创造性对话的人都仿佛体验到了回到那纯真的儿童时代的感觉。

野中

在"吾与汝"的交互中，个体不仅能够实现自我认知，而且还可以借助"汝"这一桥梁去探究"我与它"的联系。同时，这种交互也促进了个体与更广泛的社会及世界建立联系。因此，尽管在 SECI 模型中，从"知识的认识论"视角看，隐性知识与显性知识被视为两个独立的方面；但从"知识的存在论"视角出发，它们实际上构成了一个不可分割的整体。

山口

本书的第 2 部分描述了"前川公司的自动去骨机案例"。这是一个十分生动且容易理解的实例。案例主要探讨了如何将流水线上员工的身体经验进行机械化转变。在此过程中，显性知识显然起到了核心作用，所有工作步骤和知识都必须被明确地量化以方便机械化操作。然而，真正推动技术进步的是研发团队成员亲身投入流水线，从而深入理解工作流程并积累经验。研发初期，团队过度专注于用"切割"这一概念来描述工作流程，因此忽略了"剥离"这一术语，它其实能更好地揭示"提取鸡肉"过程中的隐性知识。但在他们意识到这个盲点后，技术随之实现了重大突破。

正是由于突破了过度依赖"切割"这一概念所带来的知识显性化的局限性，人们逐渐认识到，基于实际操作的经验所习得的隐性知识与"剥离"这一动作的关联更紧密。在前川公司的自动去骨机案例中，尽管最初使用"切割"这一术语来描述去骨过程，但随着时间和经验的积累，他们发现"剥离"是一个更加恰当的描述。这种新的理解最终被研发组的全体成员共同理解和接纳。

野中

正如山口先生所说，与仅仅只有数天经验的其他开发者不同，花费了一整年的时间去深入实践并将隐性知识进行共享的开发者，才能最终真正领悟知识。

山口

　　当我们尝试将经验性的知识转化为显性知识时，真正的理解往往源于亲身的实践和体验。这种理解反映了人类的"身体性意义"，即通过身体活动和感觉获得的深层次的知识和经验。这种隐性知识也正是匠人技艺的核心。即使使用最尖端的技术，机械模仿也存在其局限性。尤其在制造业中，这种局限性更为突出。

　　前川公司的自动去骨机案例向我们展示了，隐性知识能否成功外化取决于我们如何在面对实际问题时突破显性知识的限制，理解哪些方面可以或不能机械化。尤其在接触到显性知识的边界时，我们需要冲破这些界限，重新进入隐性知识的深层领域，努力洞察那些无法通过显性知识准确描述的事物的真实本质。

　　因此，这一过程的核心是在隐性知识和显性知识之间不断地进行"往返式"的探索。这意味着人们不应该仅停留在某一端，最好通过这种"动态的往返"方法，逐步深化对知识的理解，进而达到一个更高的认识层面。

野中

　　正如山口先生所指出的，我们身处一个持续旋转并升华的知识螺旋之中，需要在各个层面上不断完善和提高自己的认识。这也解释了为什么在 SECI 模型中，隐性知识与显性知识不是孤立的，它们以"知识存在论"的形式紧密结合，构成一个整体。

集体"本质直观"与日本人

野中

　　更为有趣的是，根据这个自动去骨机的案例，前川公司制定了"使'跳跃式创新'成为可能的 10 大原则"。尽管我们已在本书第 2 部分进行了阐述，但这里仍然列出这 10 大原则，以进一步强调其重要性。

　　1. 是否珍视来自现场的信息？

2.是否能够无私地共享感觉和感知？

3.是否能够组建多元化的人才团队？

4.是否能够摒弃个人私心，达到追求公共利益的高度？

5.在团队中，全体成员能否"消除自我"？

6.感觉和感知信息，是否在团队内流通？

7.是否具有"存在地域性问题"的意识？

8.是否能100%相信人的直觉？

9.是否能用简洁的话语进行意思和信息的传达？

10.组织的所有成员是否都处在一个可以"跳跃式创新"的状态中？

尽管前川公司在制定这"10大原则"时并未过于强调其重要性，但实际上，每一条原则都蕴含着深厚的内在意义。

重新审视这10大原则后，我逐渐认识到，虽然有时候，单独的个人也能够通过"本质直观"来做出判断，但是相比之下，在团队协作中运用"本质直观"往往能够实现更高水平的知识生产。这一点或许正是日式管理的独特之处。若需要为其命名的话，"集体'本质直观'"或许是一个非常合适的称呼。

山口

我们生活的世界，从本质上讲，是一个由众多的主观体验所组成的复杂网络。深入地说，这种我们称为"本质直观"的认知，只有在"主体间性"的基础上才能真正成形。正是在人与人之间深入而富有意义的交往中，由时间打造的实际场景才逐渐浮现。只有在这种相互互动的情境中，人们在"主体间性"的背景下才能更深入地去理解和体验事物，进而形成一种共同的"本质直观"。这种"本质直观"之后可能会进一步转化为一个引人入胜的故事，最终这个故事会在社会上被大家广泛分享。

当我们面对一个待解的问题时，有时会遭遇如下场景：在场的每个人似乎都能在某一刹那直观地洞察事物的核心。如果按照特定逻辑处理事务或开展工作，我们似乎可以直达预设的完美结果。在这关键时刻，未来的走向仿佛已经清晰地展现在眼前，如同内心深处已经画出了一幅完美的策略图。这或许正是野中先生所描述的"集体'本质直观'"。而在走向这个理想状态的道路上，"实践智慧型领导力"的重要性不言而喻。

野中

在稳定的环境中，依赖逻辑演绎和现有的管理框架通常是行之有效的方法。但在一个不断变化的日常环境中，即使是大型组织也可能发现这些框架无法顺利运作。在这种背景下，个人的影响力往往是有限的。相反，"集体'本质直观'"这种从领导者到普通员工的集体参与方式就显得尤为关键。那么，"集体'本质直观'"这个概念在现象学中是被怎样解释和描述的呢？

山口

从理论上说，虽然"本质直观"涉及多人并包含主体间性，但胡塞尔并没有明确指出"'本质直观'仅能在主体间性的背景下形成"。我觉得需要特别强调的是，时间这个概念实际上源于人们之间的交流和共同经历的时刻，它是基于主体间性的。例如，正是母亲与婴儿之间深厚的情感联系和沟通（深度充实），才塑造了那种被称为"活生生的现在"的真实体验。

野中

的确如此。我对各种组织形态进行了深入研究，得出的结论是，日本人在实现集体性瞬时灵感方面可能是表现得最好的。如果深入探讨笛卡儿的"我思故我在"这一观点，我们会发现，我们很难触及"集体性灵感"。但是，从主体间性逐渐形成的过程中，我们可以看出作为创新源泉的"本质直观"在组织层面是能够迅速实现的。在前川公司这样的"独法"组织等创新型组织中，这种场景被有意识地转化为日常实践。

> **山口**

笛卡儿的哲学重视从个人角度对存在进行思考，强调通过思考来确认自己的存在，而这种存在最后又回归到个人。相对地，柏拉图持有一个更为抽象的观点，他认为有一个与我们日常生活相差很大的理想的思想世界。而亚里士多德，他从实际的、个体化的经验出发，探索事物的深层本质。在这之中，胡塞尔代表了一个独特的观点，他强调人与人、生命与生命之间的直观本质是通过互动产生的。

西田几多郎和胡塞尔的区别

> **野中**

尽管现象学起源于西方哲学，但对日本人而言，它却有着深深的吸引力。仔细思考，其中可能隐藏着某些特殊的因素。

> **山口**

或许这是因为日本人深信，身体的感知与现象学之间存在紧密的联系。在探讨哲学如何深入研究"身心合一"中的"身体"这一问题时，这正好与现象学中的一个核心问题相契合。

> **野中**

日本著名能乐大师安田登曾经明确指出，在日本古代，"身"这个字就是用来表示身体的，也就是当时并没有"身体"①这一说法。而"身"字与"实"字有着相同的词源，都意味着"充实的内在"。这里的"充实的内在"指的正是"灵魂"或者说"精神"。对古代的日本人而言，他们并不将"身体"与"灵魂"视为两个独立的存在，换句话说，他们的观念中并没有二元对立。

---

① 此处"身体"的日文为"からだ"（karada），与"身"的日文读音（shin）不同。——编者注

因此，安田先生还进一步表明，这也正是为什么日本人对身体的理解与西方人截然不同，但现象学仍然能够深入人心的原因。而在明治维新时期引入西方的身体运动理论以后，这种和谐性便遭到了破坏。

山口

从身体性这一讨论角度看，仅通过"实在论"与"唯心论"这样的二元区分来认知整个世界和实际情境，很显然是一种过于简化和失之偏颇的构思方式。而从这种角度观察，现象学与日本文化的匹配程度，无疑是十分高的。

野中

此外，在日本独特的哲学领域，不得不提到京都大学的西田几多郎所提出的"西田哲学"。

山口

西田先生的卓越之处在于，他构建了一种围绕"纯粹经验"展开的哲学，这种经验存在于主体与客体分开之前。但是，我觉得这种看法过于简化了我们所处的社会的复杂性和内在的矛盾。马丁·布伯描述的"吾与汝的关系"，不只涉及与实际社会中的个人之间的互动，还包括了与"永恒的汝"的深层关系。布伯认为，只有在与真实的"汝"建立关系后，我们才能与"永恒的汝"相联系。而与之相对，西田先生则选择以"无"的视角中的"永恒的汝"作为他的起点。

野中

西田哲学中，还提到了"绝对无"这样的表达方式。这个词并不是一个基于某物"存在"前提下的"相对无"概念，而是一个无论如何都无法成为术语或固有名词的概念。然而，他并没有明确地解释，为什么从这样一个"绝对无"中，会衍生出现象学所探讨的意义或价值观。因此，现象学的独到之处可能在于，它将这一问题追溯到了人类本能的最终根源，例如亲子关系，并且对类似于这样的关系进行了深刻的阐释。

山口

现象学提出了一种追求深层次、本质理性的理念。当遭遇各种实际问题时，它鼓励人们运用从家庭之爱中衍生出的实践理性以及这种爱，进一步扩展到对全人类的关爱，通过哲学性的讨论持续寻找解决方案。现象学不仅为日本人带来深刻的启示，对于那些坚持追求"真、善、美"的企业，其影响也是深远的。

野中

在西欧，人们普遍尊崇以本杰明·富兰克林为代表的"诚实""勤勉"以及"时间即金钱"的观念。这些理念为当时的资本主义发展提供了动力。但随着市场的不断扩大，追求利润逐渐取代了对人类生活方式和生命价值的关注。马克斯·韦伯在他的《新教伦理与资本主义精神》中提到，尽管在新教影响深厚的国家，新教伦理确实在某种程度上助长了资本主义的发展，但资本主义不应仅仅是冷酷无情的分析主义，而应重视生命的活力和人的生活方式。

在本书的第2部分，我们探讨了菲尔普斯的看法。他主张："从历史的视角看，文明步入繁荣主要靠的是'草根创新'的推广，而不是只依赖于少数天才所驱动的创新。"他强调，一个成功的经济体，也就是所谓的"良好经济"，是将创新深植于社会基层并视其为社会运动的经济体。这种经济体中的基层如同一个高度分散而自律的系统，使国家得以充分发展。对于日本来说，这种社会模式应该并不陌生。

未来的社会不再单由少数天才领导，而更应由那些能与他人产生共鸣并在此基础上创新的人士来引导。日本基于创造性共同体的组织模式，很可能展现其优势。这意味着，我们应将整个社会和世界视为一个生态系统。只有这样，由多元利益相关者组成的跨学科团队才能通过打破知识界限的对话和共鸣交流，把新的思想转化为实践。

要想通过对话交流产生主体间性，关键在于"共鸣"。这超越了简单地与他人达成共识，更是表达出"如果换作是我，我也会这么做"的深度共鸣。真正从内心产生的"共鸣"不仅仅是靠"how to"这样的技巧获得的认同，更需要深入探索人们的生活方式。当达到这种深度的共鸣时，"集体的'本质直观'"便会显现，进而孕育出新的创新。

如何在无意识中创造"相遇"

山口

相反，胡塞尔关于主体间性的看法在欧洲并未被广泛接受。在欧洲的文化背景中，"个体"被视为生活的核心单元。基于"个体"的这一观点，个人的生活方式、企业的策略以及社会的结构才得以形成。

然而，对于日本人而言，在"吾与汝的关系"形成之前，由于有一种基于相互理解的文化氛围，他们能够在"无我"中实现"集体性的直觉"。

所谓的"我与它的关系"，基本上是指如何通过语言将个人的思维和看法表达出来，甚至进行书面的锻炼。因为只有经过这样的持续训练，我们才能够打下扎实的逻辑推理基础。在这个训练过程中，达到的那种"无心"状态，实际上与集体"本质直观"是相互联系的。

然而，在逻辑推理这一领域，虽然不能一概而论，但日本人通常在这方面的表现并不十分突出，特别是在类似"师父与徒弟"这样的关系中。也就是说，当人们投入大量时间将身体经验转化为技能传承时，他们往往会忽略详细且逻辑严谨的显性知识。当涉及"为什么必须这样做"或"是否有其他途径"这类问题时，人们常常容易落入"人际关系导向"的简化决策过程中。

尽管我从未在企业环境中工作，或许我只是个"门外汉"，但我想知道是否存在这样一个文化：在这个文化的环境中，每个人都能够用语言明确表达自己的观点和想法。这似乎是理所当然的，但我们必须强调，这实际上是一个不可缺少的关键点。

> **野中**

不管是在"讨论会"还是"聚会"中，我们都追求一个终极目标：当所有议题都被充分讨论后，达到一种"无心"、无偏见的状态，从而催生那种灵光一现的直觉。这种直觉往往在深入的知识性辩论和挑战后才会涌现。而企业由于受到时间的约束，往往会有意地分派高难度的工作给员工，将员工推向"无心"的极限。虽然员工最初可能觉得这是一种压迫，但当两位或多位专家面对面、深入讨论时，他们最终可以通过共享的显性知识进入那种"无心"的状态。我认为，这是简单的头脑风暴很难达到的境界。

HondaJet 于 2016 年首次交付，紧接着在 2017 年跻身小型商务喷气机市场的全球销量榜首。它的成功归功于一个创新概念：将发动机安装在机翼上方。要实现这一前沿的设计，仅仅做部分的优化是不够的。涉及机身、发动机和机翼的各方专家须深度合作，组成一个跨学科的"Scrum"团队。在这样的团队构架下，他们逐步解决了与"机身、发动机和机翼"三个核心部分相互关联的问题，从而完美体现了"集体的'本质直观'"。值得注意的是，在项目的执行过程中，他们并未饮酒。这也证明了，有效的"讨论会"并不一定需要依赖酒精。

> **山口**

原来如此。除了通过持续的努力和创新，引导员工达到接近"无心"状态的极限，还有什么其他的方式能挖掘"集体的'本质直观'"的潜能吗？

> **野中**

在数字化深入发展的今天，这种"无心"的境界或许容易被忽略和削弱。因此，我们更需要一种创新思维，能在不经意之间促进人与人的真实"相遇"。近些年来，办公空间设计中也体现了许多这样的创意。以运营优衣库的迅销公司在有明的办公室为例，为了促进不同部门与层级的员工之间的面对面交流，它放弃了传统的多层办公结构，而选择了单层开放式的设计。这种设计哲学，实际上是从日本传统住宅中的"玄关"和"邻里"概念中汲取了灵感。正如山口先生所言，只有当人与人之间产生真实的"相遇"时，才能孕育出宝贵的时光，进而激发更多的创新与活力。

后　记

　　这本书的构想起初是由 2016 年 6 月举办的第 10 届 Topos 会议激发的。当时，这一会议以"人类世界的发展与建设"为主题。在此次会议上，我与野中先生进行了一场以"为什么现在要讨论现象学"为题的深刻对话。在这次对话中，野中先生对"下一代人的发展"这一主题表述了深刻而清晰的见解。他不仅试图将现代哲学中的一个主流——现象学的观点和方法，纳入管理学"当前"的指引，即"知识创造"之中，还尝试将这些知识作为"实践知识"加以利用。

　　回顾这次深刻对话的成因和经过，我突然意识到，我在现象学与管理学这两个不同学科间进行共创研究的旅程竟已近 20 年之久。而这个时间跨度的起点，可以追溯到 1997 年，那一年我与野中先生首次见面。彼时，他刚读完我的博士论文的日文译版——题为《他者经验的现象学》（国文社，1985 年）。由于对胡塞尔所描述的"主体间性"的概念产生了浓厚兴趣，因此他还特意约我见面。

　　回想起当时的情况，野中先生坦言自己对胡塞尔的观点"感到十分困惑"。然而，对我个人而言，我之所以能够全身心地投入"知识创造理论"和"SECI 模型"的研究，并且在这一领域展开深入的知识研讨，很大程度上要归功于野中先生对 SECI 模型的理论支柱——波兰尼的"隐性知识"概念的引入、发展和深化。

隐性知识是依赖于"内化"而建立的。在学术讨论中，人们通常会将这一概念与威廉·狄尔泰（1833—1911）和西奥多·利普斯（1851—1914）提出的"移情"（Einfühlung）概念进行相互比对，而"移情"也正是胡塞尔在主体间性理论中的核心观点。随着这个理论观点逐渐清晰，我与野中先生的对话开始逐渐演变为一种跨学科的共创研究形态。在这一研究的范式中，SECI 模型中关于知识螺旋式的创造运动与胡塞尔对主体间性"本质直观"的创造性发展相互交融，并且这种结合一直延续至今。

自从现象学作为一门现代的哲学诞生以来，它对多个学科领域，包括逻辑学、语言学、精神病理学、社会学、发展心理学以及体育运动学等，都产生了深远且重要的影响。尤其值得一提的是，在瓦雷拉的"神经现象学"中，不仅实现了现象学与脑神经科学相辅相成的共创研究，更为跨学科研究提供了一个有力的指导方针。

当前，跨学科研究正在不断地取得进展。在这样的背景之下，对于野中先生，我要表示最崇高的敬意。他是全球首位成功地将现象学中关于主体间性和"本质直观"的概念融入知识创造管理学之中，从而实现了现象学与管理学之间跨学科共创研究的卓越学者。

在本书收尾之际，我还要深切地感谢角川出版社的藤冈岳哉先生。他在编辑加工过程中对本书内容进行了细致的推敲，给予了极其宝贵的意见。

山口一郎

2019 年 3 月

注 释

第 1 章

1. 在面对生死的问题时，无论是在真实的世界中寻求答案，还是在内在的自我（我）中寻求答案，都是无法得到真正解答的。只有在同时考虑到这两种立场的情况下，以"吾与汝的关系"（第 7 章将详细解释说明），才能找到答案。对此，可以参照哲学家布伯的立场，详见ブーバー（一九六七）『ブーバー著作集1』（田口義弘訳、みすず書房）九六～九七頁。

2. 关于笛卡儿与现象学的关系，将在第 7 章中进行详细说明。

3. 梅洛－庞蒂对这种解释进行了批判，认为它是"古典心理学"中"一类符号解读"的描述方式。这是他的批判观点："于我而言，在看到别人的身体时，我不仅仅只看到他们特定的外在动作和说话方式，我还会将我自己对自己身体的感受或体验，相应地投射到他们的身体之中。"（即，梅洛－庞蒂倾向于用自己对自己身体的感受和体验，去理解和解释他人的身体动作和说话方式。他将自己的感受、情感和意识投射到他人的身体中后，用这种方式来理解和感知他人。）（山口一郎〔二〇〇八〕『人を生かす倫理』知泉書館、二八四頁）。

4. 这两篇论文被收录在『現代思想　特集オートポイエーシスの源流』（2001,vol.29–12）中。关于《现在——时间意识》所涉及内容，请参照第 5 章。

5. 关于以上这四个观点，请参照ヴァレラ F.「神経現象学」『現代思想　特集オートポイエーシスの源流』一二二～一三〇頁。

第 2 章

1. 请参照リベット B.（二〇〇五）『マインド・タイム』（下條信輔訳、岩波書店）。

2. 关于镜像神经元的发现，请参照リゾラッティ G.・シニガリア C.（二〇〇九）『ミラーニューロン』（柴田裕之訳、茂木健一郎監修、紀伊國屋書店）以及イアコボーニ M.（二〇一一）『ミラーニューロンの発見』（塩原道緒訳、ハヤカワ・ノンフィクション文庫）。此外，关于镜像神经元与胡塞尔的相互主观性理论的关系，请参照山口一郎（二〇一一）『感覚の記憶』（知泉書館）第 1 部、第 1 章。

3. 胡塞尔将色彩与空间、声音与时间之间持续性的、相互不可或缺的本质关系，称为"相互基础化"。请参照フッサール（一九七四）『論理学研究 3 』（立松弘孝・松井良和訳、みすず書房）一九、五三頁。

第 3 章

1. 请参照ヘリゲル E.（一九八一）『弓と禅』（稲富栄次郎・上田武訳、福村出版）。

第 4 章

1. 关于与"自发"意思相近的被动意向性的"被动"的含义，请参照山口一郎（二〇〇二）『現象学ことはじめ』（日本評論社）一二四～一三〇頁。

2. 胡塞尔使用了"被动意识"（Passives Bewusstsein）这一术语，并且表达了"被动意识的分析，引导了（被动综合的）联合现象学的研究方向"。参照『受動的綜合の分析』山口一郎訳、一九九七、国文社、二八三頁。

第 5 章

1. フッサール E.（一九六七）『内的時間意識の現象学』（立松弘孝訳、みすず書房）三八頁。

2. 关于"过去与未来"这一时间概念在通常意义上的含义，请参照山口一郎『現象学ことはじめ』第三章、第五節。

第6章

1. 请参照里贝特的著作《心智时间》。

2. 在击中看不见的球以后，击球手能够回过头来说"那是一个直球"或者"那是一个曲球"。这是因为在 0.5 秒以后，看不见的球的轨迹会在他的记忆中被无意识地保留下来。

3. 这张原图发表在瓦雷拉的 *The Specious Present: A Neurophenomenology of Time Consciousness* 一书中，见"Naturalizing Phenomenology"部分，第 276 页。该论文的摘要版本见「現在‐時間意識」『現代思想　特集オートポイエーシスの源流』一七〇～一九八頁。

4. 关于这个神经细胞群的自我选择（耦合）与胡塞尔的"过去保持"理论的关系，可以参照山口一郎『人を生かす倫理』三五四～三五八頁。

5. 请参照ヴァレラ「空性の現象学（Ⅰ）」(『現代思想　特集オートポイエーシスの源流』) 一四〇～一六〇頁。

6. 详细请参照 Depraz,N. The rainbow of emotions: At the crossroads of neurobiology and phenomenology, in:Phenomenology and the Cognitive Sciences, 2008。

7. 请参照ヴァレラ　F．「空性の現象学（Ⅰ）」『現代思想　特集オートポイエーシスの源流』一五三頁之后。

8. 阿赖耶识位于人类最深层次的无意识层面上。在这一层面之上，存在着被称为"潜在自我意识"的末那识、意识（自觉性的意识），以及五识（五种感官，即视觉、听觉、嗅觉、味觉和触觉）这些层面。它们相互关联并且互动。关于唯识学说与胡塞尔现象学的关系，请参照山口一郎（二〇〇四）『文化を生きる身体』（知泉書館）第四部。

9. 请参照フッサール　E．『受動的綜合の分析』第 36 節。

第 7 章

1. 脑科学家小西行郎指出，"婴儿即便是在闭着眼睛喝奶的情况下，视觉皮层、前额叶、体感觉皮层以及运动皮层等多个大脑区域都是活跃的"。(小西〔二〇〇三〕『赤ちゃんと脳科学』集英社新書、四〇頁)

2. 关于从这种原共感觉到个别性感觉区域产生（形成）的详细内容，请参照山口一郎『感覚の記憶』第二章「個別的感覚質（クオリア）の生成」一九一〜二四六頁。

3. 在相互主观性理论的背景下，关于"情绪调律"更详细的内容，可以参见山口一郎『人を生かす倫理』第三部、第 1 章「間身体性と相互主観性の発達」第二節（6）。"情绪调律"形成的相互主观性，已经得到实践验证，具体内容请参照同书第 247 页及之后的内容。

4. 请参照ポランニー M.（一九八〇）『暗黙知の次元』(佐藤敬三訳、紀伊國屋書店) 四四〜四五頁。

5. 关于这一论点的详细内容，请参照山口一郎（二〇一八）『発生の起源と目的』(知泉書館) 第二部「受動的綜合の位置づけ」、第三章「暗黙知と受動的綜合」三三四〜四〇一頁。

对话

1.「理論と情熱の融合経営」『日経ビジネス』二〇〇七年十月一日号、六三頁。

2. 关于"叙事战略"，本书第 11 章有详细论述。

第 8 章

1. サイモン H. A.（一九八二）『システムの科学』(稲葉元吉・吉原英樹訳、パーソナル・メディア社) 第 3 章。关于西蒙的理论体系，请参照サイモン（二〇〇九）『新版 経営行動』(二村敏子・桑田耕太郎他訳、ダイヤモンド社)。

2. 例如，关于这种展望，可以参照：クラーク A.（二〇一二）『現れる存在』(池上高志・森本元太郎監訳、ＮＴＴ出版)、Johnson M.（二〇一七）Embodied Mind, Meaning, and Reason University of Chicago Press 以及ヴァレラ F. J.・トンプソン E. T.・ロッシュ E.（二〇〇一）『身体化された心』(田中靖夫訳、工作舎)。在脑科学领域，关于镜像神经元 (一种可以使人如同感受自己的行为一样感受他人行为的神经细胞) 和关于心智理论 (theory of mind，从他人的行为推断其思想的能力) 的研究都取得了很大进展。然而，值得注意的是，《国富论》的作者亚当・斯密在他的著作《道德情操论》中提出的"同感"概念，也受到了脑科学家的关注，参照堂目卓生（二〇〇八）『アダム・スミス』中公新書。

3. フッサール E.（一九九五）『ヨーロッパ諸学の危機と超越論的現象学』(細谷恒夫・木田元訳、中公文庫)。

4. ポランニー M.（二〇〇三）『暗黙知の次元』(高橋勇夫訳、ちくま学芸文庫)。关于日本学者对波兰尼的研究，可以参照栗本慎一郎（一九八八）『意味と生命』(青土社)、渡辺幹雄（二〇〇六）『ハイエクと現代リベラリズム』(春秋社)。波兰尼的"知识论"，已经发展成为与经济学家弗里德里希・哈耶克的关于"市场是知识发现之地"的市场论和"自生秩序"的概念、政治学家迈克尔・奥克肖特的"实践知识"的概念，以及管理学中"知识管理"的概念等相关的理论。关于波兰尼的隐性知识，主要参考文献包括：ポランニー『暗黙知の次元』、ポランニー（一九八五）『個人的知識』(長尾史郎訳、ハーベスト社)、ポランニー（一九八九）『科学・信念・社会』(中桐大有・吉田謙二訳、晃洋書房)、ポランニー（一九八五）『知と存在』(佐野安仁・澤田充夫・吉田謙二監訳、晃洋書房)、栗本『意味と生命』、渡辺（一九九六）『ハイエクと現代自由主義』(春秋社)。

5. ドイル C.（一九五一）『緋色の研究』(延原謙訳、新潮文庫) 第一部、第二章。

6. 关于溯因推理的概要，可以参照米盛裕二（二〇〇七）『アブダクション』(勁草書房)。

7. 对于将夏洛克·福尔摩斯的推理称为"溯因推理"这一点，可以参照シービオクT. A.·ユミカー＝シービオク，J.（一九九四）『シャーロック·ホームズの記号論』（富山太佳夫訳、岩波書店）。另外，也可以参照内井惣七（一九八八）『シャーロック·ホームズの推理学』（講談社現代新書）。

8. 请参照野中郁次郎·紺野登（二〇〇三）『知識創造の方法論』（東洋経済新報社）。

9. 代表性的文献包括：野中郁次郎（一九九〇）『知識創造の経営』（日本経済新聞社）、野中郁次郎·竹内弘高（一九九六）『知識創造企業』（梅本勝博訳、東洋経済新報社）、野中郁次郎·遠山亮子·平田透（二〇一〇）『流れを経営する』（東洋経済新報社）、野中郁次郎·紺野登（二〇一二）『知識創造経営のプリンシプル』（東洋経済新報社）。

10. 西尾巌（一九九二）『ヘミングウェイ小説の構図』（研究社出版）。

11. 隐性知识并不是无法通过语言进行表达的。安东尼·吉登斯提出了一个关于意识的三层次理论，包括语言意识（discursive consciousness）、实践意识（practical consciousness）和无意识的动机／认知（unconscious motive/cognition）。アンソニー·ギデンズ（二〇一五）『社会の構成』（門田健一訳、勁草書房）相对于语言意识是能够"进行口头或语言表达"的意识，实践意识则是"虽然知道自己的行为及其所处社会环境的条件，但是不能以论述的方式进行表达"的意识。虽然语言意识对应于显性知识，实践意识则对应于隐性知识，但是二者之间还是存在着相互渗透的关系的。另外，下条信辅引用了西格蒙德·弗洛伊德的观点，提出了"前意识"的概念。"前意识"位于无意识与有意识之间，描述的是"未被意识但是是潜在知识"的状态。另外，人类也可以通过某种努力或触发，将"前意识"进行意识化。他强调前意识是意识与无意识的交界，是个人内心与物理性的社会（他人）环境的交界，也是重叠在个人与社会关系之上的意识（下條信輔〔二〇〇八〕『サブリミナル·インパクト』ちくま新書）。

12. 知识创造涵盖了学习，但是二者是存在根本差异的。根据海保博之的观点，学习是将新的信息融入现有的知识网络中，从而丰富知识的网络；而创造则是通过将现有的知识以全新的方式组合，创造出过去不存在的东西（海保〔一九九九〕『連想活用術』中公新書）。学习和创造虽然最终都丰富了知识的网络，但是二者在附有新链接的信息是"被外部给予的"还是"自发产生"的这两个方面存在差异。内在自发性的知识来源是信仰（或信念），是涉及存在论领域的。学习理论的根源和隐喻，是基于"刺激—反应"的行为理论和信息处理模型；而知识创造理论的根源，则是哲学的认识论和存在论。

13. 经济学，原本是基于"理性人"这一假设发展起来的。但是最近，这种情况正在发生变化。在行为经济学中，由于经济学与心理学相互结合，人们开始对整体性的、感情丰富的个人形象进行实证研究。因为人类的决策过程是包括两种思考模式的：一种是直观的、无意识的、情感驱动的、能够迅速得出结论的思考方式（称为"系统1"），另一种则是有意识的、分析性的、逻辑性的、需要更多时间来得出结论的思考方式（称为"系统2"）。这两种系统之间会相互作用，其中系统1先于系统2发挥作用，并以直观或情感的方式表达出来。这就像隐性知识与显性知识一样。然而，这些论述并未成为描述组织性知识创造理论的依据。

14. 古森重隆（二〇一三）『魂の経営』（東洋経済新報社）第四章。

15. ドラッカー P.F.（一九九三）『ポスト資本主義社会』（上田惇生訳、ダイヤモンド社）三〇三頁。

第9章

1. ① 关于"场"的研究，建议参照从生命科学的立场出发进行研究的清水博等人的著作。② "情境"指的是语境、背景等。

2. 关于稻盛会长在京瓷和JAL取得的成果，参照了以下的文献：引頭麻美编著（二〇一三）『JAL再生』（日本経済新聞出版社）、北方雅人・久保俊

（二〇一五）『稲盛流コンパ』（日経 BP 社）、金子寛人（二〇一七）『JAL の現場力』（日経 BP 社）。

3. 京瓷精细陶瓷馆的展示资料。

4. 大田嘉仁（二〇一八）『JAL の奇跡』（致知出版社）一一八～一二〇頁。

5. 大田『JAL の奇跡』一二七～一二八頁。

6. 小林三郎（二〇一二）『ホンダ イノベーションの真髄』（日経 BP 社）。

7. 『Forbes JAPAN』（プレジデント社）二〇一八年十二月号、三六～三八頁。

8. 「エーザイ内藤王国　29 年目 CEO あと 10 年の使命」『週刊東洋経済』（東洋経済新報社）二〇一六年四月九日号、八六～八九頁。

9. ナデラ　S．（二〇一七）『Hit Refresh　ヒット・リフレッシュ』（山田美明・江戸伸禎訳、日経 BP 社）六四頁。

10. 吉岡秀子（二〇一八）『セブン-イレブン金の法則』（朝日新書）。

11. 勝見明（二〇一七）「『鈴木流経営学』を読み解く」『理念と経営』十二月号、七六～七九頁。

12. 野地秩嘉（二〇一八）『トヨタ物語』（日経 BP 社）二八四頁。

第 10 章

1. 日语版本（二〇一四）『増補新装版　組織と市場』（千倉書房）。

2. 有关本田宗一郎的事例，请参照野中郁次郎（二〇一七）『本田宗一郎』（PHP 経営叢書）。

3. 木村敏（一九九七）『からだ・こころ・生命』（河合文化教育研究所）。

4. Sokolowski,R.（二〇〇〇）"Introduction to Phenomenology", Cambridge University Press.

5. 藤間孝則（二〇一五）『ホンダジェット』（新潮社）一一五～一二〇頁。

6. 基于作者在 2017 年 8 月 29 日的访谈。

7. 『一橋ビジネスレビュー』二〇一八年春号、二〇五頁。

8. 关于日本人的知识特质，可以参照松岡正剛・澤村修治・柴山佳太・西部邁・富岡幸一郎「日本文化の本来性とは何か」『表現者』二〇一七年九月一日号、三〇、五六頁。

9. 村田久行編著（二〇一七）『記述現象学を学ぶ』（川島書店）二九三頁。

10.『日本経済新聞』大阪夕刊、二〇一六年十二月二十日付。

11. 请参照レイコフ G．・ジョンソン M．（一九八六）『レトリックと人生』（渡辺昇一ほか訳、大修館書店）、瀬戸賢一（一九九五）『メタファー思考』（講談社現代新書）、瀬戸賢一（二〇一七）『よくわかるメタファー』（ちくま学芸文庫）、西村義樹・野矢茂樹（二〇一三）『言語学の教室』（中公新書）。

12. 野中郁次郎「成功の本質」『Works』N0. 146、二〇一八年二月号（リクルートワークス研究所）、末延則子（二〇一八）『仕事は、臆病なほうがうまくいく』（日経 BP 社）。

13. 前川正雄（二〇一一）『マエカワはなぜ「跳ぶ」のか』（ダイヤモンド社）、前川製作所社内資料「トリダス開発インタビュー」。

14. 前川『マエカワはなぜ「跳ぶ」のか』。

15. ミンツバーグ H．（二〇〇六）『MBA が会社を滅ぼす』（池村千秋訳、日経 BP 社）五三〜五四頁。

第 11 章

1. ドラッカー P.F.『ポスト資本主義社会』。

2. やまだようこ編著（二〇〇〇）『人生を生きる』（ミネルヴァ書房）。

3. 野家啓一（二〇〇五）『物語の哲学』（岩波現代文庫）。

4. 关于管理学的应用，请参照：野中郁次郎・紺野登（二〇〇八）「戦略への物語りアプローチ」『一橋ビジネスレビュー』五六巻二号、野中郁次郎・廣瀬文乃（二〇一四）「集合知の共創と総合による戦略的物語りの実践論」『一橋ビジネスレビュー』六二巻三号。

5. David Carr, "Time, Narrative and History", Indiana University Press, 1991, p. 65.

6. 古森重隆（二〇一三）『魂の経営』（東洋経済新報社）、Shigetaka Komori （二〇一五）"Innovating Out of Crisis", Stone Bridge Press.

7. ホワイト H.（二〇一七）『メタヒストリー』（岩崎稔監訳、作品社）。

8. Roger C. Schank and Robert P. Abelson, "Scripts, plans, goals and understanding. An inquiry into human knowledge structures". Hillsdale: Lawrence Erlbaum Associates, 1977。在认知心理学中，"脚本"（行为规范）是指，在特定的情境或场合下的一系列预先设定好的"适当的"行动。例如，去餐厅时的脚本包括：①由服务员引导入座，②浏览菜单，③点菜，④付钱，⑤离开餐厅。因此，脚本就是在特定的场合下，进行已经预设好的适当的行为模式或顺序。

9. 虽然在当今时代，诸如情景规划和设计思考等方法变得非常流行，但还是建议参照紺野登・野中郁次郎（二〇一七）『構想力の方法論』（日経 BP 社）。

10. 稲盛和夫（二〇一四）『京セラフィロソフィ』（サンマーク出版）。

第 12 章

1. 有关日本管理的比较性实证研究，请参照以下文献：加護野忠男・野中郁次郎・榊原清則・奥村昭博（一九八三）『日本企業の経営比較』（日本経済新聞社）、野中郁次郎・加護野忠男・小松陽一・坂下昭宣（一九七八）『組織現象の理論と測定』（千倉書房）、入山章栄（二〇一六）「世界の経営学に『野中理論』がもたらしたもの」『ダイヤモンド・ハーバード・ビジネス・レビュー』二月号。

2. 请参照野中郁次郎・竹内弘高（二〇一一）「『実践知』を身につけよ 賢慮のリーダー」『ダイヤモンド・ハーバード・ビジネス・レビュー』九月号、野中郁次郎・寺本義也・戸部良一編著（二〇一四）『国家経営の本質』（日本経済新聞出版社）、野中郁次郎・荻野進介（二〇一四）『史上最大の決断』（ダイヤモンド社）。

3. 柳井正（二〇一五）『経営者になるためのノート』（PHP研究所）一四七～一四八頁。

4. フェルプス E.（二〇一六）『なぜ近代は繁栄したのか』（小坂恵理訳、みすず書房）vii～xv頁。

5. 柳井『経営者になるためのノート』八三～八四頁。

6. 野中・竹内「『実践知』を身につけよ賢慮のリーダー」一七頁。

7. 柳井『経営者になるためのノート』五六頁。

8. 鈴木敏文（二〇〇八）『朝令暮改の発想』（新潮社）。

9. 野中「成功の本質」『works』No.143、五五～六一頁。

10. 野中郁次郎『本田宗一郎』一四六頁。

11. 关于"Communitarian"和"Communitarianism"，可以参照美国政治学者迈克尔·J.桑德尔的著作：マイケル・サンデル（二〇一一）『これからの「正義」の話をしよう』（ハヤカワ・ノンフィクション文庫）。同时，对于"communitarian management"，建议参照ヘンリー・ミンツバーグ（二〇〇九）「『コミュニティシップ』経営論」『ダイヤモンド・ハーバード・ビジネス・レビュー』十一月号。

12. 关于"Agile"和"Scrum"，建议阅读 Takeuchi,H.and I.Nonaka（一九八六）"The New New Product Development Game",Harvard Business Review, January-February。另外，可以参照サザーランド J.（二〇一五）『スクラム』（石垣賀子訳、早川書房），以及平鍋健児・野中郁次郎（二〇一三）『アジャイル開発とスクラム』（翔泳社）。

13. 稲盛和夫（二〇一八）「日本の経営が危うい：慢心せずにたゆまぬ努力を」『日経ビジネス』二〇一八年一月八日号、八～一三頁。

14. 一條和生・久世和資「人工知能」『一橋ビジネスレビュー』二〇一六年夏号。

15. 羽生善治・NHKスペシャル取材班（二〇一七）『人工知能の核心』（NHK出版新書）一四二～一四三頁。

16. オズボーン，M.「人工知能の時代に何を学ぶか」『日本経済新聞』二〇一五年九月七日付。

17. 酒井邦嘉・羽生善治「AIが問い直す、人間が生きる意味」『中央公論』二〇一七年四月号、一二一頁。

18. 甘利俊一（二〇一六）『脳・心・人工知能』（講談社）。

19. 西垣通（二〇一六）『ビッグデータと人工知能』（中公新書）一一一～一一二頁。关于质感的研究，建议参照茂木健一郎（一九九七）『脳とクリオア』（日経サイエンス社）等诸多文献。

20. 松田雄馬（二〇一八）『人工知能はなぜ椅子に座れないのか』（新潮選書）。

21. 入不二基義・今井むつみ 対談「身体から考える本物の『学び方』」『中央公論』二〇一七年十一月号、一七三頁。

22. 羽生善治・NHKスペシャル取材班『人工知能の核心』二一〇頁。

23. 長岡裕也（二〇一九）『羽生善治×AI』（宝島社）。

24. 关于人类智慧和人工智能的本质性差异，建议参照一直对人工智能乐观主义持警觉态度的哲学家休伯特・德雷福斯的观点。德雷福斯提出了一个五阶段的模型，描述了专家是如何通过学习获得专业技能和运用所获得的知识的。

25. 野中郁次郎「成功の本質」『Works』No.151、二〇一八年十二月号（リクルートワークス研究所）。

26. 野中郁次郎「成功の本質」『Works』No.151、二〇一八年十二月号（リクルートワークス研究所）。

27. サックス D.（二〇一八）『アナログの逆襲』（加藤万里子訳、インターシフト）。

28. 请参照西原和久編著（一九九一）『現象学的社会学の展開』（青土社）、廣松渉（一九九一）『現象学的社会学の祖型』（青土社）、（一九九四）『フッサール現象学への視覚』（青土社）。

29. 美国锡拉丘兹大学的卡尔・施拉姆教授，针对当下商学院的教育体制提出了深

刻的批评，尤其是商学院在创业学教育方面过于专注于"商业计划的编制"这一方面。施拉姆教授持认为创业是一门通过实践来习得的学问。基于现象学的理论框架，他强调："人们应该通过自己的亲身经验来认识和了解这个世界，而不应当依赖于对过去数据的分析来进行学习。人们应当更加注重通过生成个人独特的数据来进行学习。"他进一步指出："人们应该以自己所学的知识和经验作为基础，不断地积累新的经验，不断地进步，只有这样才能更全面地理解这个世界。"请参照「起業に戦略のフレームワークは必要ない」『ダイヤモンド・ハーバード・ビジネス・レビュー』二〇一九年五月号、一二八頁。

30. トゥルーミン S.（二〇一六）『理性への回帰』（藤村龍雄訳、法政大学出版局）。

31. YKK 吉田忠雄生誕 100 年事業プロジェクト編（二〇〇八）『YKK 創業者吉田忠雄とその経営哲学「善の循環」を語る』（千広企画）、吉田忠裕（二〇一七）『YKK の流儀』（PHP 研究所）。